insel taschenbuch 3420
Sigrid Damm
Caroline Schlegel-Schelling

Sigrid Damm
Caroline Schlegel-Schelling

Ein Lebensbild in Briefen

Insel Verlag

Umschlagabbildung:
Carl Gustav Carus, Frau auf dem Balkon, 1824
akg-images

insel taschenbuch 3420
Erste Auflage 2009
© Insel Verlag Frankfurt am Main und Leipzig 2009
Hinweise zu dieser Ausgabe am Schluß des Bandes
Vertrieb durch den Suhrkamp Taschenbuch Verlag
Satz: Memminger MedienCentrum AG
Druck: Druckhaus Nomos, Sinzheim
Printed in Germany
ISBN 978-3-458-35120-7

2 3 4 5 6 − 14 13 12 11 10

Inhalt

Sigrid Damm
Begegnung mit Caroline

Ich könnte begreifen, wie man die Dokumente eigner verworrner Begebenheiten seinen Kindern und auch der nach uns lebenden Welt als eine die Menschheit überhaupt interessierende Erfahrung hinterlassen kann.

Caroline

Als die ersten Meldungen 1789 aus dem revolutionären Paris nach Deutschland dringen, schreibt eine junge Frau: »Ich weiß nicht, wohin ich mich wenden soll, denn die heutigen Zeitungen enthalten so große unerhört prächtige Dinge, daß ich heiß von ihrer Lektüre geworden bin.« Wenig später geht die Schreiberin des Briefes, es ist die sechsundzwanzigjährige Caroline Böhmer, nach Mainz, dorthin, wo die Französische Revolution auf deutschen Boden übergreift. »Wer kan sagen, wie bald mein Haupt eine Kugel trift!« fragt sie, »ich ginge ums Leben nicht von hier – denk nur, wenn ich meinen Enkeln erzähle, wie ich eine Belagerung erlebt habe, wie man einen alten geistlichen Herrn die lange Nase abgeschnitten und die Demokraten sie auf öffentlichen Markt gebraten haben – wir sind doch in einem höchst interreßanten politischen Zeitpunkt, und das giebt mir außer den klugen Sachen, die ich Abends beym Theetisch höre, gewaltig viel zu denken.«

Der Teetisch, von dem hier die Rede ist, ist der Georg Forsters, des deutschen Jakobiners. Mit ihm, beeindruckt und beeinflußt durch seine große Persönlichkeit, erlebt diese Frau die Mainzer Republik. Die außergewöhnlichen zeitgeschichtlichen Umstände prägen in eigentümlicher Schärfe ihre Persönlichkeit, ihre Individualitätsauffassung und ihr Selbstwertgefühl.

Als Frau gezwungen, Zeitgeschichte und eigenes Dasein in enger Beziehung zu sehen, kommt sie in der Auseinandersetzung mit dem weltgeschichtlichen Gehalt der Französischen Revolution bei sich selbst an. Konsequent und beharrlich ringt Caroline ihr Leben lang darum, sich als Mensch zu verwirklichen. Sie wagt zu leben. Das ist ihre unerhörte Kühnheit.

Wer war Caroline? Wie war sie? Bildnisse gibt es viele;

von Zeitgenossen und Nachgekommenen, gehässige und gemeine in der Überzahl, freundliche und überschwengliche vereinzelt. Meist hat sie als Frau Interesse erregt, kaum als Mensch.

Generationen von Spießern verleumden sie moralisch. Anlaß: Die neunundzwanzigjährige Frau, seit fünf Jahren ist sie Witwe, verfügt frei über sich, und aus der Liebesbeziehung zu einem Angehörigen der französischen Revolutionsarmee geht ein Kind hervor. Das stellt sie in »eine Linie mit einer beliebigen Straßendirne«, wie Scherer 1874 schreibt, und für Jansen ist 1889 alles klar: Caroline huldige unter Goethes Einfluß, den er ausschließlich unter dem Aspekt betrachtet, daß er im »Concubinat mit Fräulein Vulpius lebe«, dem »Cultus der freien Liebe«. Selbst der verdienstvolle erste Herausgeber von Carolines Briefen, Georg Waitz, verzeiht ihr diese »lichtscheue Buhlschaft« nicht. Erst die Essays von Ricarda Huch und Helene Stöcker machen dem ein Ende. Am nachhaltigsten in der Öffentlichkeit wirken aber die vielen, in der ersten Hälfte des 20. Jahrhunderts meist von Frauen verfaßten, kitschig-süßlichen Darstellungen von Carolines Leben. Wollen sie Ungerechtigkeiten beseitigen, so ist ihre Wirkung doch in anderer Weise verheerend: Die klischeehafte und sentimentale Darstellung verzerrt diese historische Gestalt nicht minder.

Auf all das werden wir nicht eingehen. Vorurteilen und Dummheit kann man nicht begegnen, indem man sie wieder und wieder zitierend mitschleppt. Versuchen wir, uns Caroline ungezwungen und unvoreingenommen zu nähern.

Wir wollen kein neues Bildnis hinzufügen. Als Heutige begegnen wir ihr, treten mit ihr ins vertraute Gespräch, sehen Eigenes im Fremden, uns Erfülltes im Abstand der Zeit, in der gesellschaftlichen Revolutionierung; Unerfülltes, wo Caroline durch ihr vorurteilsloses Handeln, ihr politisches und ästhetisches Feingefühl, ihre lebhafte Empfänglichkeit uns »Maßstäbe für die Menschlichkeit« setzt.

Nicht weil sie mit großen Männern, dem Philosophen Schelling, dem Essayisten und Übersetzer August Wilhelm Schlegel, verheiratet war; nicht weil historisch interessante Persönlichkeiten wie Georg Forster, Friedrich Schlegel und Novalis ihre Freunde waren; nicht weil sie Goethe, Schiller und Herder kannte, wenden wir uns ihr zu. Unsere Lesart zielt auf sie selbst, ihre Auseinandersetzung mit der Welt und mit den Genannten.

Wir heben auch nicht ihre Arbeiten hervor. In die Archive müßten wir gehen, ihre Schriftzüge in den Übersetzungen August Wilhelm Schlegels, in den Arbeiten Schellings entziffern, ihr Romanprojekt besehen, versteckte Fußnoten in den Werken Schlegels beachten, z.B. das Vorwort seiner 1928 veröffentlichten »Kritischen Schriften«, wo er von einigen Aufsätzen sagt, sie seien »nicht ganz« von ihm, sondern »zum Teil von der Hand einer geistreichen Frau, welche alle Talente besaß, um als Schriftstellerin zu glänzen, deren Ehrgeiz aber nicht darauf gerichtet war«. Den Namen der Autorin aber nennt er nicht. Hier handelt es sich um Carolines wunderschöne Briefe über Shakespeares »Romeo und Julia«, die Schlegel wörtlich übernommen hat. Wir müßten spekulieren, welchen Anteil Caroline an der Arbeit über die Dresdner Gemäldegalerie hat, an jenen Gedanken vor allem über Raffaels Sixtinische Madonna. Wir müßten nachvollziehen, welche Ratschläge sie Gottfried August Bürger für seine Dichtungen und Übersetzungen gab, mit welchen Vorschlägen für Kürzungen sie Friedrich Schlegel bei der Entstehung seines Romans »Lucinde« zur Seite stand. Wir müßten untersuchen, wie sie Ironie handhabt, z.B. im Spottgedicht auf Fichtes »Wissenschaftslehre«, in der Parodie auf Friedrich Schlegels Dissertationsthesen. Und schließlich ihre meist unter fremdem Namen erschienenen Rezensionen lesen! Wir müßten ihre ruhmlose Arbeit als Lektorin, als Sekretärin Schlegels und Schellings, als Redaktionsassistentin der Zeitschrift »Athenäum« betrachten.

All das könnten wir tun, wir tun es aber nicht. Hieße es doch, Geschichte zu beschreiben, wie es über Jahrhunderte üblich war und ist, nach Taten, meßbaren Leistungen im Bereich der Politik, Ideologie, Kunst. So gesehen hat Caroline keine Chance. Ihre Leistung ist nicht meßbar. Liegt ihr Wert in ihrem einfachen Dasein? In der Tat. Carolines Kunst war die Kunst, in den ihr historisch aufgezwungenen engen Grenzen ihr Leben bewußt zu gestalten. Entschieden ergreift sie die Möglichkeiten, niemals nach vorgeformten Normen und gängigen Werten fragend.

Unser Ziel ist daher, Einblick in Carolines Entwicklung zu gewinnen; zu ergründen, welche inneren und äußeren Kräfte es sind, die sie befähigen, so selbstbewußt ihr Leben zu gestalten, ihre wirklichen Bedürfnisse unverstellt zum Maßstab ihrer Handlungen zu machen. Und welche ihrer nicht theoretischen, sondern praktisch vorgelebten Maximen Einfluß auf die ihr Nahestehenden haben, sie eine bedeutende literarische Strömung, die Jenaer Frühromantik, entscheidend mitprägen lassen; sie befähigen, ihren Freunden und Geliebten nehmend und gebend geistige Partnerin und produktive Anregerin zu sein.

Als »politisch-erotisch« bezeichnet Friedrich Schlegel Carolines »Natur« und fügt hinzu, »doch möchte das Erotische wohl überwiegend sein«. Caroline, die »ihre Privatbegebenheiten« in die »Stürme der großen Revolution« verwickelt, äußert sich nie zu Fragen der sozialen und juristischen Gleichstellung der Frau, wie es etwa die von Georg Forster bewunderte Engländerin Mary Wollstonecraft oder zeitgleich in Deutschland Rahel Levin tut. Oder in Frankreich Olympe de Gouges, die 1789 eine der »Déclaration des droits de l'Homme« entsprechende »Déclaration des droits de la Femme« vorschlägt, die alle männlichen Vorrechte abschaffen soll. Caroline war keine Vertreterin der Emanzipation im engen Sinne des Begriffs, wie er damals und auch heute oft gebraucht wird. War sie deshalb nicht für die Befreiung der

Frau? Lassen ihre Urteile über Geschlechtsgenossinnen nicht sogar auf Emanzipationsfeindlichkeit schließen? In scharfer Form tadelt sie Frauen, die in der Öffentlichkeit auftreten. So Philippine Gatterer und Friederike Münter, zwei Göttinger Dichterinnen, denen sie »Mangel an Originalität und Klarheit des Denkens vorwirft« und deren wenig bescheidene und unweibliche Art ihr mißfällt. So Sophie La Roche, deren Dichtung und den um ihre Person betriebenen Kult Caroline unausstehlich findet. Über die Tochter des Aufklärers Schlözer, der mit einundzwanzig Jahren ehrenhalber von der Göttinger Universität die Doktorwürde verliehen wird, schreibt die achtzehnjährige Caroline: »Was sagst Du … zu der sonderbaren Erziehung? … Es ist wahr, Dortchen hat unendlich viel Talent und Geist, aber zu ihren Unglück, denn mit diesen Anlagen und den bizarren Projecten des Vaters, die sie zu der höchsten Eitelkeit reizen werden, kan sie weder wahres Glück noch Achtung erwarten.«

Caroline erkennt sehr klar – und das Schicksal dieser Dorothea Schlözer wie das vieler Frauen bestätigt ihr –, daß der Ausbruchversuch, »im Zwek des Weibs« nicht den »Hauptzweck des Menschen« zu sehen, unter den gegebenen historischen Umständen oft mit Verzicht auf eine Familie, auf Kinder bezahlt werden muß, er überdies – um die Aufmerksamkeit der Öffentlichkeit auf die Frauen zu lenken – mit allerhand äußeren Auffälligkeiten und Verschrobenheiten kompensiert wird und selten über ein Mittelmaß hinausgelangen kann.

War Carolines Vorurteil die Furcht, »unweiblich« zu sein, wie Friedrich Schlegel sagt? Bittere, sozial harte Erfahrungen, die sie moralisch denunzierten, haben ihren Blick für ein mögliches historisches Wirkungsfeld geschärft, für die starre Rollenzuweisung durch die Gesellschaft, der sie wie keine andere entrinnen kann. Sie weiß: »Man schäzt ein Frauenzimmer nur nach dem, was sie als Frauenzimmer ist.« Und ist froh, daß ihr »Herz ein Gewand über die Vorzüge des Kopfs wirft, daß mir beide Aeußerungen als Verdienst anrechnen läßt«. Caroline ist entschieden für die Emanzipation, aber für die von Frau und Mann. Und sie will dabei nichts Lebenswichtiges verloren sehen, z.B. die Frau als Mutter, als freundschaftliche Partnerin ihrer Kinder. Können sie die Kinder allein nicht ausfüllen, wie die Clausthaler Jahre ihr bestätigen werden, so hat sie doch in ihrem Verhältnis zu ihnen immer etwas ganz Wesentliches gesehen. Wenn wir uns vergegenwärtigen, daß fast zweihundert Jahre danach Simone de Beauvoir im Kind den Hauptfeind der Emanzipation (»... Kinder sind für die Frau heute die schrecklichste aller Versklavungen«) sieht, wird deutlich, daß Caroline Grundfragen der menschlichen Emanzipation berührt.

Schelling spricht von Caroline als dem »seltenen Weib von männlicher Seelengröße, von dem schärfsten Geist, mit der Weichheit des weiblichsten, zartesten, liebevollsten Herzen vereinigt«. August Wilhelm Schlegel sieht in ihr »männliche Selbständigkeit mit weiblicher Lieblichkeit vereinigt«. Sind diese Urteile von feststehenden Rollenvorstellungen geprägt, so zielen die durch Carolines Persönlichkeit ausgelösten Gedanken des jungen Friedrich Schlegel auf Emanzipation überhaupt. Den Androgynenmythos modernisierend, proklamiert er die Vereinigung von Männlichem und Weiblichem zur harmonischen, »vollen ganzen Menschheit«. Will Friedrich Schlegel, sich gegen die einseitige Sicht der Frau als Geschlechtswesen wendend, nicht die Wertsumme der in ihr ruhenden geistigen und sittlichen Kräfte mobilisieren, in der Aufhebung der starren Rollenzuweisung die Emanzipation von Frau und Mann anstreben? So wie Clara Zetkin es im Jahre 1920 sieht: »Freieste Mitarbeit der Frau auf allen Gebieten des gesellschaftlichen Lebens bedeutet eine reichere, vielseitigere Qualität der Leistungen. Gerade weil wir Frauen unsere geistige, unsere sittliche Eigenart haben, nicht mißratene Kopien der sogenannten ›Herren der Schöpfung‹ sind, sondern weibliche Menschen, gerade deshalb vermögen wir eigene, neue, andere Werte in das Gesellschaftsleben einzusetzen. Das gesellschaftliche Leben würde nicht an Fülle, sondern auch an Mannigfaltigkeit, an Vertiefung und Verfeinerung gewinnen, wenn die Frau als ein frei entwickelter Vollmensch auf allen Gebieten mitwirken könnte.«

In den ihr gegebenen Verhältnissen sieht Caroline keine Möglichkeit, öffentlich zu wirken, sich als »Vollmensch« zu entfalten. So nimmt sie die unscheinbare Rolle der Anregerin, Gesprächspartnerin, der Mitarbeiterin an; wechselt die Gegenstände ihres Interesses mit dem Wechsel der Männer, denen sie in Freundschaft oder Liebe verbunden ist.

Mit feinem Gespür setzt Caroline sich immer wieder gegen das Drängen der Freunde nach literarischer Betätigung zur Wehr. »Lassen Sie sich weder [durch] Wilhelms Treiben noch ihre Arbeitsscheu den Gedanken verleiden, selbst Beyträge zu geben«, schreibt Friedrich Schlegel ihr 1797, sie zudem zu einem »Romänchen« überredend. Novalis sagt ihr 1799: »Möchten doch auch Sie die Hände ausstrecken nach einem Roman«. Sehr viele Frauen betätigen sich schriftstellerisch, im Kreis der Frühromantiker Sophie Bernhardi, die Schwester Tiecks; Sophie Mereau, die spätere Frau Brentanos; Dorothea Veith, Friedrich Schlegels Lebensgefährtin. Aber: Brentano z. B. macht Sophie, die in den drei Jahren ihres Zusammenlebens drei Kinder gebar, den Vorwurf, sie habe seinen »poetischen Tod« verschuldet. Dorothea gibt sehr bald eigene literarische Versuche auf und arbeitet ausschließlich, um für die Familie Brot herbeizuschaffen und Friedrich das Schreiben zu ermöglichen. Er sucht daraufhin seine für das Schaffen notwendige schöpferische Anregung in einer sexuellen Beziehung zu einer anderen Frau. Die unternommenen Versuche einer gleichberechtigten Entwicklung beider Partner scheitern am eigenen Unvermögen, an der Unvereinbarkeit von Lehre und Leben, Denken und Handeln, am grauen bürgerlichen Alltag mit seinen schwierigen materiellen Existenzbedingungen. Aufschluß über die reale Haltung zur geistigen Entwicklung der Frau gibt eine Bemerkung Friedrich Schlegels über Caroline. »Nun, sage ich, kann sie tun, was wir alle wollen – einen Roman schreiben. Mit der Weiblichkeit ist es nun doch vorbei…«, schreibt er 1798 an Schleiermacher. Fünfunddreißig Jahre alt ist sie da!

Caroline ist auf die Vorschläge ihrer Freunde nicht eingegangen, hat allen Verlockungen eigener schriftstellerischer Tätigkeit widerstanden. Ob wir ein »Romänchen« von ihr, hätte sie es geschrieben, heute mit Interesse und Gewinn lesen würden? Dorotheas Roman »Florentin« z.B. ist – wie viele Produkte ihrer Zeitgenossinnen – von geringerem Gewicht.

Carolines nicht für die Öffentlichkeit gedachten Briefe aber, diese intimen, unverstellten Selbstaussagen, an Freunde und Nächste gerichtet, lesen wir als erregende Dokumente einer ungewöhnlichen Persönlichkeit, die unter den widrigsten Bedingungen die »Kunst zu leben« erlernt und ausübt. Nicht der literarische, artifizielle Wert der Briefe interessiert uns vorrangig, wenngleich er außerordentlichen Genuß bereitet. Uns interessiert die in den Briefen gespeicherte Lebenserfahrung Carolines im Sinne von Novalis, der einmal denjenigen einen großen Menschen nennt, dessen Tagebuch das größte Kunstwerk sei.

Am 2. September 1763 wird Dorothea Caroline Albertine Michaelis in Göttingen geboren. Ihr Vater ist Professor an der dortigen Universität, gehört zu den angesehensten Leuten der Stadt, besitzt das prächtigste Haus. Er ist Mitglied der Pariser Akademie, empfängt in seinem Heim Gotthold Ephraim Lessing, Benjamin Franklin, Alexander von Humboldt, Johann Wolfgang Goethe. Das geistige Klima der Stadt Göttingen ist in den siebziger und achtziger Jahren von fortschrittlichen und demokratischen Ideen geprägt. Hier wirken der bekannte Schriftsteller und Naturwissenschaftler Lichtenberg und der Altertumsforscher Heyne.

Caroline wächst in Göttingen auf. Von ihrer Kindheit wissen wir wenig. Nie hat sie sich rückblickend dazu geäußert. Sehr glücklich war sie offenbar nicht.

Carolines Mutter, die Tochter des Oberpostmeisters in Göttingen, hatte in rascher Folge neun Kinder geboren, vier blieben am Leben. Körperlich überanstrengt durch die ständigen Schwangerschaften, wenig geistvoll und ohne Humor, schafft sie im Haus eine engherzige und kleinliche Alltagsatmosphäre. Ihr Ehrgeiz ist, die Töchter zu perfekten Hausfrauen zu erziehen. Zwei Jahre ist Caroline in einem Gothaer Internat. Auch über diese Zeit wissen wir nichts.

Die Briefe der Fünfzehnjährigen zeigen ein durchschnittliches, wohlerzogenes junges Mädchen. Ein affiges kleines Geschöpf, abgerichtet zu Tändeleien, in Eifersuchtsszenen sich gefallend. Im Zeitstil verfaßt sie die Briefe an ihre Freundin in französisch. Ausflüge, Gesellschaften, Klatsch über Freundinnen und Freunde, sehr wahllose Lektüre bestimmen ihren Gesichtskreis. Der Aufklärungsgeist, verwandelt und reduziert auf handhabbare Lebensregeln des Kleinbürgertums, nimmt sich in ihren Briefen bis etwa 1788 merkwürdig philiströs aus. Caroline drapiert sich mit Ansichten von Tugend und Vernunft, trägt sie als Phrasen vor. Moralisierend erteilt sie der jüngeren Schwester Lehren, für die ihr jegliche Lebenserfahrung fehlt. So preist sie den Trost des guten Gewissens, warnt vor der Philosophie des Lebensgenusses. Altklug schreibt die Achtzehnjährige: »...und wäre die Stimme der Leidenschaft auch noch so stark, so würd ich mich dennoch besiegen, denn die Redlichkeit meiner Gesinnungen und gutes Herz sind mir mehr wehrt als zeitliches Glück.« Zehn Jahre später sind die in Gemeinplätzen des Aufklärungsstils vorgetragenen Schicklichkeitslehren aus ihren Vorstellungen verschwunden. Der Stil ist offen, natürlich.

Aber bereits in den Briefen der noch kindlichen Caroline gibt es ungewöhnliche Töne. Hellwach reagiert sie auf die demokratischen und aufklärerischen Ideen, die ihr im Haus des

Vaters und dem der Freundin Therese Heyne begegnen. Michaelis fördert Carolines geistige Entwicklung, läßt sie Texte abschreiben und übersetzen, gibt ihr zu lesen, spricht mit ihr. Elternhaus, Freundeskreis, das Klima der Göttinger Universität lassen sie mit wesentlichen geistigen und künstlerischen Leistungen der bürgerlichen Klasse in Deutschland vertraut werden. Ist das die Voraussetzung dafür, daß sie sehr bald den Kontrast zwischen verkündetem Ideal und realer gesellschaftlicher Situation spürt?

Vorerst führt diese Wahrnehmung sie zu einer Abgrenzung von der ihr traditionsgemäß zugedachten Rolle. »Ich würde, wenn ich ganz mein eigner Herr wäre«, schreibt die Achtzehnjährige, »weit lieber gar nicht heyrathen, und auf andre Art der Welt zu nuzen suchen.«

Sie ist nicht ihr eigner Herr, hat nicht über ihr Leben zu bestimmen. Ihr Vater verheiratet sie. Das tut selbst ein so aufgeklärter Geist wie Moses Mendelssohn, der seine Tochter Dorothea, die spätere Lebensgefährtin Friedrich Schlegels, sehr fortschrittlich erzieht. Aber als sie siebzehn Jahre ist, verheiratet er sie mit einem um viele Jahre älteren, reichen Bankier. Carolines Vater, mit drei Töchtern »gestraft«, bestimmt für die Älteste einen jungen Mann aus dem näheren Freundeskreis, den dreißigjährigen Johann Franz Wilhelm Böhmer. Caroline kennt ihn seit der Kindheit, sie sind Nachbarn. Böhmer hat in Göttingen Medizin studiert und wird im Jahr 1784 als Berg- und Stadt-Medicus nach Clausthal berufen.

Caroline muß mit ihm gehen. Vier Jahre lebt sie neben Franz Böhmer in Clausthal, dem kleinen, sechstausend Einwohner zählenden Bergmannsstädtchen im Harz.

Sie versucht sich einzuleben – »Ich für mein Theil werfe mich alle Tage mehr in Clausthal herein, ohne mich in die hiesige Form zu gießen« – und fühlt sich doch als ein »elendes Geschöpf, das mit Gleichgültigkeit das Morgenlicht durch die Vorhänge schimmern sieht, und ohne Satisfaction sich niederlegt«. – »Ich bin zwecklos«, klagt sie.

Von Fontane oder Flaubert wissen wir grausam genau, wie solche von den Eltern geschlossenen Ehen aussehen können. Was wissen wir von dem, was in Caroline vorgeht? Niedergeschlagen versucht sie, sich mit engen Lebenstheorien Ruhe zu verschaffen. Da die »Zärtlichkeit für Böhmer nicht das Gepräge auflodernder Empfindungen« trägt, wird ihr »Glück bleibend sein, weil es nicht übertrieben ist«. Ihre Wünsche seien »mäßig«, die »Glückseeligkeit« aus »Kleinigkeiten« zusammengesetzt. Dreiundzwanzig Jahre ist sie alt, da sie resignierend schreibt: »Früh genug wird die Stunde kommen, die den Zauber bricht, wo das große Intereße des Lebens verschwindet – ein Tag dem anderen ohne Sturm und ohne Ruh folgt.«

Die harmonisch-versöhnende Beruhigung wechselt mit dem Aufschrei: »mein Herz war ein unwirthbares Eyland«. Und was hätte sie in der Tat von ihrem Leben zu erwarten gehabt? Ein kleines Glück durch Anpassung? Das Schwinden »des großen Interesses des Lebens« als Bedingung der Erträglichkeit dieses engen Lebens? Verzweifelt wehrt sie sich dagegen, im »Zwek des Weibs« den »Hauptzweck des Menschen« zu sehen.

Drei Kindern gibt sie in den Clausthaler Jahren das Leben. »Ich bin nicht mehr Mädchen, die Liebe giebt mir nichts zu thun als in leichten häuslichen Pflichten... Auch bin ich keine mystische Religions Enthousiastin – das sind doch die beyden Sphären, in denen sich der Weiber Leidenschaften drehn. Da ich also nichts nahes fand, was mich beschäftigte, so blieb die weite Welt mir offen – und die – machte mich weinen.« Tiefe Resignation: »mein Loos ist geworfen« wechselt mit offener Auflehnung gegen ihr Schicksal. Sie ist sich bewußt, daß sie »fähig« ist, »eine größre Rolle zu spielen«, die zu »höhern Hofnungen« berechtigt.

Ist es allein die Leere in der inneren Beziehung zu ihrem Ehemann, die sie unglücklich macht? Oder der Wechsel aus der weltoffenen Stadt Göttingen in die vom Bergbau geprägte Region im Oberharz? »Die Gesellschaften hier sind in 4 Abscheerungen geteilt, eine hölzerne Wand zwischen jedes Part nach den 4 Himmelswinden zu: die Weiber, die Männer, die Mädchen, die Junggesellen.« Caroline hat sich bereits in Göttingen über das Bornierte und Philisterhafte des Bürgertums lustig gemacht, als sie z. B. anläßlich von Goethes Besuch schrieb: »Und alle unsre schnurgerechten Herren Profeßoren sind dahin gebracht, den Verfaßer des Werther für einen soliden hochachtungswürdigen Mann zu halten.« In Clausthal schärft sich in dieser Hinsicht ihr Blick außerordentlich. Ironisch und sarkastisch porträtiert sie Spießigkeit und politische Unwissenheit der Honoratioren der Stadt. »Heut hab ich wieder visitirt«, heißt es, »bey Vetter Schichtrupp unter andern; dessen Frau – ein gutes Vieh – wie eine leibhaftige Tellermüze aussieht. Er ist fürchterlich unwißend. Hatte mal von amerikanischen Krieg gehört, wußte [nicht] ob ihn Hänschen oder Gretchen führt.«

So scharfsichtig Caroline ihre eigene Klasse beurteilt, so wenig hat sie einen Blick für das Los der untersten Schichten, für soziale Gegensätze, die in einer Bergarbeiterstadt wie Clausthal fast unmöglich zu übersehen waren. Im eigenen Hause, in den unteren Räumen, befindet sich die Praxis ihres Mannes, in der auch die Bergleute ein und aus gingen. Nichts davon spiegelt sich in ihren Briefen. Sie hat daran keinen inneren Anteil genommen. Sie lebt im oberen Stockwerk des Hauses. Getrennte Sphären?

In der Clausthaler Zeit bekommen die Kinder und die Bücher eine existentielle Bedeutung für Caroline. Als die Schwester statt Bücher bestickte Uhrbänder schickt, klagt sie: »Ich bitte Dich um Brod, und Du giebest mir einen Stein.«

Caroline liest wahllos, schlingt alles in sich hinein. In der Göttinger Zeit neben »Werther«, den die Siebzehnjährige las, »Iphigenie«, die die Zwanzigjährige im Manuskript kennenlernte. Bürgers Gedichte, Wielands »Oberon«, Shakespeare, Pope und oberflächliche Aufklärungsromane. Für alle begeisterte sie sich, wie die meisten ihrer Zeitgenossen, ohne Unterschied. Daran ändert sich auch in Clausthal wenig.

In einem Brief an ihren Freund Meyer, den Hof-Bibliotheks-Rat in Göttingen, wünscht sie sich »etwas amüsantes gut zu lesen, wenn man auf dem Sopha liegt. Das muß kein Foliant seyn, sondern was man mit einer Hand hält..., Zweytens möchte ich etwas zu lesen, wenn man auf dem Sopha sitzt und einen Tisch vor sich hat...«

Diese heitere Art der Zweiteilung wird in der Clausthaler Zeit dort, wo Caroline Bücher nach Antworten für eigene Lebenshaltungen befragt, von einem sich differenzierenden Urteil über Literatur abgelöst. Ihre Abneigung gegen Religiöses verstärkt sich, sie wird allergisch gegen alle Spuren der Empfindsamkeit, lehnt Richardson ab, parodiert sehr witzig und entschieden Sophie La Roche.

Die Unvereinbarkeit zwischen Aufklärungsidealen und Lebensrealität stärkt ihre Affinitäten zum Sturm und Drang. Wenig später sind Ton und Stil ihrer Briefe davon geprägt. In den Clausthaler Jahren ist Literatur ihr »Ersatz für die Welt«. In ihrer Einsamkeit bemalt sie – wie Werther – »die Wände, zwischen denen sie gefangen sitzt, mit bunten Gestalten und lichten Aussichten«, hoffend, »... über der gemalten Welt so leicht und gern sich selbst zu vergessen«.

1788 wendet sich unerwartet Carolines Leben. Ihr Mann zieht sich bei der Ausübung seiner ärztlichen Tätigkeit eine Blutvergiftung zu. Nach seinem Tod verläßt sie Clausthal. Die »weite Welt« steht ihr offen. Die gewonnene »Selbständigkeit«, die sie zunächst als den »wahren Werth des Lebens« empfindet, konfrontiert sie nun mit sozialen Härten und gesellschaftlichen Vorurteilen, denen eine alleinstehende Frau mit zwei Kindern ausgesetzt ist.

Die Briefe Carolines aus den Jahren 1788 bis zur Mainzer Zeit belegen eindrucksvoll, daß gerade der ihr von den Verhältnissen auferlegte Zwang, sich illusionslos ein Bewußtsein ihrer Lage und ihrer tatsächlichen Möglichkeiten zu schaffen, eine wesentliche Voraussetzung ihrer Persönlichkeitsentwicklung ist. In ihren eigenen Lebenserfahrungen liegt der Keim zur Bereitschaft, die Ideen der Revolution aufzunehmen.

Caroline geht zunächst nach Göttingen zurück. Der Sohn, der ein halbes Jahr nach Böhmers Tod geboren wird, stirbt in den ersten Lebenswochen. Mit ihren beiden Töchtern, der dreijährigen Auguste und der zweijährigen Therese, wohnt sie äußerst beengt im Hause ihrer Eltern. Ein von der Mutter geführter Kleinlichkeitskrieg über die Erziehung der Töchter und Carolines »freie« Lebensweise – sie verkehrt z.B. mit Gottfried August Bürger und mit Meyer – verleidet ihr das Leben. Vor allem die Angst, die Entwicklung ihrer Kinder zu gefährden, läßt sie nach Marburg gehen.

Im Hause des unverheirateten Bruders glaubt Caroline, »den Rheingegenden näher«, den »freyen Boden« zu wählen, für ihre Kinder eine bessere Atmosphäre, für sich mehr Freiheit und Ruhe zu finden. Auch das erweist sich als Illusion. Immer stärker wird ihr Drang, »den Weg der einmal erlangten Freiheit unverrückt zu gehen«, nach eigenem Ermessen und eigenen Vorstellungen zu leben, sich dieser »künstlichen Existenz« zu »entreißen«. – »Binnen eines Jahres muß das auch geschehen«, schreibt sie im Juli 1791 entschlossen.

Caroline hat wenig zu verlieren und viel zu gewinnen. »Wir sind stolze Bettler«, schrieb sie schon 1789 an Meyer, den Briefvertrauten dieser Jahre, »laßen Sie uns lieber einmal eine Bande zusammen machen, einen geheimen Orden, der die Ordnung der Dinge umkehrt, und wie die Illuminaten die Klugen an die Stelle der Thoren setzen wollen, so möchten denn die Reichen abtreten und die Armen die Welt regieren.«

Auf welches totale Unverständnis Carolines Streben nach Unabhängigkeit stößt und wie sensibel sie mit dem Wort vom »stolzen Bettler« den Zusammenhang von privat-persönlichen und gesellschaftspolitischen Dingen trifft, zeigt der kurze Briefwechsel mit den Gothaer Freunden Luise und Friedrich Wilhelm Gotter vom November 1791. Gotter hat für Caroline eine »gute Partie« gefunden, den Superintendenten Löffler, dessen Frau gerade gestorben ist. Caroline lehnt – nach drei Tagen Bedenkzeit – ab.

Die Gothaer Freunde empören sich. Gotter schreibt ihr: »An den Thoren meiner Vaterstadt hängt an einem schwarzen Pfahl eine schwarze Tafel mit der gastfreyen Aufschrift: Allhier werden alle Bettler in das Zuchthaus gebracht. – Das ist ein bißchen arg, ich räum' es ein. Aber daß eine hübsche Frau einem wohlgekleideten Manne, der Miene macht, sich ihrem Hause zu nähern, die Tür vor der Nase zuwirft und zum Fenster herausruft: Gebt euch keine Mühe! Ich bin nicht zu Hause, ich mache nicht auf – das ist ärger, als das Willkommen der Gothaischen Policei.« – »...allzu schwärmerische Begriffe von Freiheit« werfen ihr die Freunde vor. Sie sehen in ihr einen »Blaustrumpf«. Gotter vergleicht Caroline mit der »entkörperten Dame Biron«, deren »Sophistereien« sich dann auch durch einen Mann in »Seifenblasen« verwandelt haben.

Caroline sieht die Dinge anders. Die Begründung ihrer Ablehnung und Verteidigung eigener Lebensvorstellungen in den Briefen an Meyer gehören zu den aufregend-schönsten Dokumenten, die sie uns hinterlassen hat. Freilich, so kühne und radikale Töne finden sich nur in diesen Briefen am Beginn der neunziger Jahre, in Parallelität zu allgemeinen Hoffnungen auf gesellschaftliche Veränderungen.

Drei Jahre später schon, nach der Zerschlagung der Mainzer Republik, haben die durchlebten Erfahrungen ihren Individualitätsanspruch heftig ins Wanken gebracht. Der Versuch, sich als Frau eine eigene Existenzgrundlage zu schaffen, wird nicht wiederholt, scheitert an ökonomischen und moralischen Zwängen der gegebenen Gesellschaft. Die eingegangene Ehe mit August Wilhelm Schlegel ist unter diesem Aspekt bereits ein Ausdruck der Resignation. »Nun geht es doch aber endlich … im graden Gleise, wie Ihr lange gegangen seid…« wird Caroline nach der Heirat mit Schlegel im Sommer 1796 an Luise Gotter schreiben, gegen deren Lebensvorstellungen sie sich 1791 heftig zur Wehr setzt; »Ihr hattets gut mit mir im Sinn und wolltet mich auch wieder ins Gleis bringen«.

Das Heiratsangebot löst sich für Caroline am Beginn der neunziger Jahre zuletzt in die Frage auf: »willst Du gebunden seyn, und gemächlich leben, und in weltlichem Ansehn stehn bis ans Ende Deiner Tage – oder frey, müßtest Du es auch mit Sorgen erkaufen. Die träge Natur lenkte sich dorthin – und die reine innerste Flamme der Seele ergriff dieses – ich fühle was ich muß – weil ich fühle was ich kan … ach den Verfügungen des Himmels zum Troz folg ich meinem Geschick.« Sich ihrer selbst bewußt werdend, bezieht Caroline in ihrer Persönlichkeitsauffassung allgemeine Züge bürgerlich-demokratischer Lebensgesinnung sehr entschlossen auf die weiblichen Mitglieder der Gesellschaft. Sie grenzt sich von »weltlichem Ansehn« und »materieller Sicherheit« ab, wenn dafür der Preis der Selbstverleugnung, der Genügsamkeit und Begrenztheit zu zahlen ist. »Wer wollte sich aufopfern, … – das geschieht nur dem, der Lücken zu füllen – Leere zu verbergen hat.« Sie verteidigt eine reiche und erfüllte Subjektivität. »… ein jeder muß wissen, um welchen Preis er sein Leben gibt … Wer sicher ist, die Folge nie zu bejammern, darf tun was ihm gut dünkt.«

Caroline tat es. In ihrem weiteren Leben, das reich an Wechselfällen und ungewöhnlichen Ereignissen ist, wird sie »Folgen« nie »bejammern«. Selbst in schwierigsten, scheinbar ausweglosen Situationen läßt sich dieser leidenschaftlich nach Verwirklichung seiner selbst strebende Mensch nie treiben. Entschlossen nutzt Caroline die jeweiligen Umstände, in die sie gezwungen wird, versucht sich in ihnen zu entwickeln, sie zu beherrschen; das Leben und seine Werte immer von neuem überprüfend.

Die Anziehungskraft der Stadt Mainz ist für Caroline groß. Sie entschließt sich, im April 1792, dorthin zu gehen. Weder Eltern noch Bruder haben ihr Vorschriften zu machen, sie braucht »nicht länger die Ansprüche derer zu tragen, die keine an sie hatten«. Finanziell muß sie sich äußerst beschränken, sie mietet ein billiges Zimmer in der Welschen Nonnengasse, stickt Halstücher und macht Übersetzungen, um sich und Auguste zu ernähren. (Die kleine Therese war in Marburg an einer Infektion gestorben.) In Mainz erwarten Caroline Freunde, die Familie Forster. »Jeden Abend bin ich dort um Thee mit ihnen zu trinken, die interreßantesten Zeitungen zu lesen, die seit Anbeginn der Welt erschienen sind – raisonniren zu hören, selbst ein bischen zu schwazen – Fremde zu sehn u.s.w.«

Caroline begegnet Georg Forster zu einem Zeitpunkt, da er seine umfassenden natur- und völkerkundlichen Forschungsergebnisse immer stärker für die Politik nutzbar macht und den kühnen Schritt von der Erkenntnis zum Handeln, von der Theorie zur revolutionären Tat vorbereitet. Nicht zuletzt ist dies das Ergebnis seiner dreimonatigen Reise, die ihn durch die Länder der bürgerlichen Freiheit, durch Brabant und Flandern, nach England und Frankreich führte, wo ihn in Paris das Erlebnis des freiheitlichen Enthusiasmus des revolutionären Volkes auf dem Märzfeld nachhaltig bewegte. Caroline geben die Reden am Teetisch »gewaltig viel zu denken ... wir sind doch in einem höchst interessanten politischen Zeitpunkt ...« Für ihre Entwicklung war die Begegnung mit der starken Persönlichkeit Georg Forsters außerordentlich bedeutsam. Ohne ihn und die Mainzer Jahre ist ihre schöpferische Rolle im Kreis der Jenaer Frühromantiker kaum denkbar.

»Er ist der wunderbarste Mann«, schreibt Caroline über Georg Forster, »ich habe nie jemanden so geliebt, so bewundert und dann wieder so gering geschäzt.« Auch an anderer Stelle sind ihre Urteile über Forster scheinbar extrem widersprüchlich. Was fasziniert sie an ihm, was stößt sie ab? Es ist das für Caroline unbegreifliche Mißverhältnis zwischen seinem gewinnenden und anziehenden Wesen als Gelehrter und Politiker, als Mensch und Freund und seinem in ihren Augen unwürdigen und ihn erniedrigenden Verhalten als Mann.

Schon als Fünfzehnjährige hat Caroline Forster im Hause ihrer Freundin Therese Heyne kennengelernt. Forster war nach seiner Weltumseglung mit Cook ein berühmter Mann, und Caroline, die seinen »Doktor Dodd« gelesen hat, nennt ihn einen »Enthusiasten« und will seinen »Eifer für alles Große« erkennen. Sie fühlt sich von der Interessantheit seiner Persönlichkeit angezogen und ist glücklich, als er ihr, Gast im Hause ihres Vaters, einen bunten Stoff von seiner Reise aus Otahaiti schenkt.

Drei Jahre danach, 1781, weilt Forster wieder in Göttingen. Dieses Mal ist es die Freundin Therese, die ein Stück buntes Zeug von den Südseeinseln erhält. Wenig später wird sie Georg Forsters Frau. Nicht ohne Neid hat Caroline auf sie geblickt. »Außerordentliche Schicksaale sind für Theresen gemacht – sie haben ihren Grund in ihr selbst.«

Das Verhältnis Carolines und Thereses zueinander ist zeitlebens spannungsgeladen. »Auf ihre Freundschaft hab ich nie gerechnet – es giebt keine unter Weibern«, so Caroline; aber sie hält Therese für ein »außerordentliches Geschöpf«, – »ich liebe sie, weil sie mir merkwürdig ist«. Caroline hat Therese immer verteidigt, selbst als diese, um ihre eigene Haut zu retten, Verleumdungen über Caroline in die Öffentlichkeit bringt. Ja, sie sei »intolerant«, gesteht sie dem gemeinsamen Freund Meyer, aber »da steht ihr ein Grad von Energie im Wege, der ihr verbietet tolerant zu seyn«. Großzügiger kann man kaum urteilen.

Als Caroline im Frühjahr 1791 für vier Wochen Gast in Forsters Haus in Mainz ist, erfährt sie von der Ehekrise und der Liebe Thereses zu Huber. (Forster selbst war nicht da, befand sich, geflohen vor dem »häuslichen Unglück«, auf jener erwähnten Reise.) Caroline vermeidet jedes sittenrichterliche Urteil, ergreift aber entschieden Thereses Partei. »Forster ist unerträglich«, schreibt sie an Meyer. »Sie haben ihr jüngstes Kind an den inokulirten Blattern verlohren. – F. sorgt indeß für Ersatz, und das ist zehnfach ärger – und wenn Sie das nicht für ein Leiden halten, wenn sie F. billigen können, der doch wißen muß daß er seines Weibes Herz nicht besitzt, – nun so sind Sie ungerecht – wie die Männer alle.« Caroline macht Forster Vorwürfe, daß er Therese das Recht auf ein Leben mit einem anderen Mann verweigert, nach Kenntnis der Lage blind sein will, »nicht die Stärke [hatte], sich loszureißen«.

Als sie dann Forster in Mainz näher kennenlernt, läßt sie sich nicht mehr einseitig von Thereses Meinung beeinflussen. »Im Anfang drückte es mich, mich theilen zu sollen, zwischen der Neigung für ihn und meinem Gefühl für Therese, aber, nachdem ich klar eingesehen habe, daß alles grade so seyn muß, wie es ist, und nicht anders seyn kan, vereinige ich es recht gut, und bin gegen keinen mehr ungerecht.« Trotzdem hat sie Forsters Verhalten nicht gebilligt, der gegen den Willen seiner Frau ein Leben zu dritt will, selbst nachdem er erfährt, daß die beiden letztgeborenen Kinder nicht die seinen sind. Unverständlich war Caroline: Er, der das Recht auf Individualität vertritt, verweigert es dem ihm nächsten Menschen.

Den Widerspruch zwischen Proklamation und Lebensrealität aber hat sie nicht auszutragen, und so gewinnt die vielseitige Persönlichkeit Forsters für sie eine große Anziehungskraft. Ihr leidenschaftliches, von den Philistern als Sophisterei abgetanes Streben nach einem reichen, erfüllten Leben findet sie in seinen Anschauungen auf beglückende Weise bestätigt. »Nur der Geist, welcher selbst denkt, und sein Verhältnis zu dem Mannichfaltigen um sich her erforscht, nur der erreicht seine Bestimmung«, hat Forster in dem in Schillers »Thalia« veröffentlichten Aufsatz »Die Kunst und das Zeitalter« geschrieben. In ästhetischer Hinsicht begründet er die Bedeutung der Künstlerindividualität; von Caroline wird er sicher auf ihr Recht auf Individualität und Subjektivität bezogen. Zumal das keine Theorie bleibt und Forster der geistig ausgehungerten jungen Frau genug Nahrung gibt, um im Spiegel der Literatur das eigene Gesicht zu finden. Er bringt Caroline vor allem die große Revolutionsliteratur nahe, macht sie auf Mirabeau aufmerksam, gewinnt sie für die Übersetzung von Mirabeaus Briefen, die dieser aus dem Kerker an Sophie Menieur schrieb, gibt ihr Condorcets Werke zu lesen.

In der aufgeschlossenen, progressiven Atmosphäre im abendlichen Zirkel – sie lesen gemeinsam die Briefe Héloises an Abaelard, debattieren über Wielands Übersetzungen, sind bitter von Goethes »Großkophta« enttäuscht – gewinnt Carolines Persönlichkeit an geistigem Profil. Die Lektüre wird zielgerichtet, ihr Urteil sicherer. »Gelesen hab ich schon viel, und was mehr ist, viel Gutes«, schreibt sie. Im Forsterschen Kreis ist sie keineswegs nur Nehmende, sondern ebenso Gebende. »Es ist ein gescheutes Weib, deren Umgang unsern häuslichen Zirkel bereichert«, schreibt Georg Forster am 8. Mai 1792 an Lichtenberg.

Was sie aber vielleicht an Georg Forster am meisten fasziniert, ist seine Fähigkeit, sie aus dem engen Bereich des nur Literarischen herauszuführen, ihr den Blick für soziale und politische Vorgänge zu schärfen. Im Strudel sich überstürzender geschichtlicher Ereignisse, im Zwang der Alternative, sich zur feudalen Reaktion zu bekennen oder den revolutionären Kräften anzuschließen, arbeitet sich Caroline zu entschieden republikanischen Positionen durch. Sie, die in der Clausthaler Zeit kein Wort zur sozialen Not und zu den äußerst harten Lebensbedingungen der Bergarbeiter sagte, wird nun unter Forsters Einfluß auf das Problem der Emanzipation der Massen aufmerksam, spürt, daß die unteren Schichten mit ihrer Moralität die Basis der Nation darstellen. Im Dezember 1792 schreibt sie an Meyer: »Allein können Sie im

Ernst darüber lachen, wenn der arme Bauer, der drey Tage von vieren für seine Herrschaften den Schweiß seines Angesichts vergießt, und es am Abend mit Unwillen trocknet, fühlt, ihm könte, ihm solte beßer seyn? Von diesem einfachen Gesichtspunkt gehn wir aus…«

Caroline spricht von »wir«; wie Forster beurteilt sie – und das tun wenige Intellektuelle damals – die revolutionären Vorgänge in Frankreich und Mainz unter dem Gesichtspunkt, welche Erleichterungen sie dem einfachen Volk bringen. Mit bewunderndem Blick auf das Selbstbewußtsein der Vertreter des revolutionären Frankreich charakterisiert Caroline zugleich die Halbheit und politische Unreife der Deutschen, die Schwäche und Unsicherheit des Bürgertums, wenn sie schreibt: »Der Mittelstand wünscht freilich das Joch abzuschütteln – dem Bürger ist nicht wohl, wenn ers nicht auf dem Nacken fühlt. Wie weit hat er noch bis zu dem Grad von Kentniß und Selbstgefühl des geringsten sansculotte draußen im Lager.«

Die wenigen erhaltenen Briefe aus Mainz – übrigens die einzigen Zeugnisse eines weiblichen Zeitgenossen überhaupt – belegen eindrucksvoll die Entwicklung von Carolines weltanschaulichem und politischem Urteil.

Die erste Äußerung finden wir im Juli 1792 in bezug auf die »Zusammenkunft des Deutschen Reichs«, die – so schreibt Caroline – »für unseren bürgerlichen Sinn« kein Fest »seyn konte«. Sie meint das makabre Schauspiel, das sich der zum Bersten mit Fremden gefüllten Stadt Mainz in den Julitagen bietet. Während einige Dutzend Meilen westwärts auf französischem Boden die Zeichen der Revolution eine neue Welt verkünden, krönt der Erzbischof und Kurfürst von Mainz, Friedrich Karl Joseph von Erthal, in Frankfurt – am dritten Jahrestag des Sturmes auf die Bastille – Deutschlands letzten Kaiser, den vierundzwanzigjährigen Franz II., lädt ihn und den König von Preußen, Herzöge, Minister und Gesandte als seine Gäste nach Mainz ein.

Wenig später vereinen sich ebendiese feudalen Machtha-
ber zur Strafexpedition gegen das revolutionäre Frankreich,
und der Krieg beginnt, mit dem Österreich und Preußen die
Restauration der Monarchie in Frankreich betreiben wollen.
»Für das Glück der kaiserl. und königlichen Waffen wird
freylich nicht gebetet«, schreibt Caroline. Eindeutig antifeu-
dal ist ihre Haltung: »die Despotie wird verabscheut«. –
»Das rohte Jacobiner Käppchen« aber lehnt sie ab, von »rei-
fe(r) edle(r) Unpartheylichkeit« spricht sie Anfang August.
Diese gemäßigte politische Haltung entsprach durchaus Forsters derzeitigem Engagement in Mainz – er war vorerst kein
direkter Parteigänger des Jakobiner-Klubs.

Die Sympathie des Kreises für die Französische Revolution
aber war stark. Der dreiundvierzigjährige Goethe, der mit
Herzog Carl August am Rheinfeldzug teilnimmt, verbringt
im August 1792 zwei Abende in Forsters Haus. »Man
fühlte«, schrieb er in seinen Erinnerungen, »daß man sich
wechselseitig zu schonen habe: denn wenn sie republikanische Gesinnungen nicht ganz verleugneten, so eilte ich offenbar, mit einer Armee zu ziehen, die eben diesen Gesinnungen
und ihrer Wirkung ein entschiedenes Ende machen sollte.«

Wenig später unterliegen die Angreifer und erleben das Fiasko ihrer abenteuerlichen Politik. Die preußische Armee,
die bestgedrillte der Welt, wird am 20. September 1792 bei
Valmy von schlecht ausgerüsteten Sansculotten besiegt, und
die französischen Revolutionstruppen treten zum Gegenan-
griff an. Die Armee unter Führung General Custines dringt
vor. »…leider sind wir nicht weggenommen worden« – so
Caroline am 16. Oktober – , »bis Worms drang Custine vor,
und hat sich jetzt bei Speyer verschanzt.«

»Wir können noch sehr lebhafte Szenen herbekommen,
wenn der Krieg ausbrechen sollte – ich ginge ums Leben nicht
von hier«, hatte Caroline im April 1792 geschrieben, und
jetzt, im Oktober, kurz vor dem Einmarsch der Revolutionstruppen, bekräftigt sie es für sich und den Forsterschen Kreis

noch einmal: »Wir bleiben ... wir sind nicht reich und ich bin arm.« Der Hintergrund für ihre Bemerkung ist die fieberhafte Hast, mit der Hocharistokratie, Adlige und französische Emigranten die Stadt verlassen, Geld und Gut mit sich nehmend. Caroline berichtet, wie einen Tag nach der Flucht des Kurfürsten sich der erste Mainzer Bürger mit der dreifarbigen Kokarde auf die Straße wagte. (Sie habe das »nie, nie getan«, wird sie später in Jena sagen.) Die franzosenfreundliche Stimmung der zurückgebliebenen Bevölkerung begünstigt die kampflose Übergabe der wichtigsten Festung des Rheinlandes an die Heere der Revolution. Am 19. Oktober erlebt Caroline mit ihrer kleinen Tochter den Einmarsch der Revolutionstruppen.

Was tut Caroline in den entscheidenden Monaten in Mainz? Sie macht keine Geschichte, betrachten wir es unter dem Aspekt der meßbaren Leistung, sie hat keinen unmittelbar tätigen Anteil an der Mainzer Revolution. Das Statut des Jakobinerklubs sieht die Mitgliedschaft von Frauen nicht vor. Sie haben die Rolle des Zuschauers zu spielen, ihre politische Tätigkeit beschränkt sich auf die Teilnahme an offiziellen Ereignissen, auf Beifallskundgebungen im Klub, auf das Mitfeiern von Festen. Hat Caroline an den Sitzungen der Klubisten teilgenommen? Wir wissen es nicht. Aber sicher erlebt sie die Pflanzung des Freiheitsbaumes im November 1792 und am Neujahrstag 1793, als Forster seine »Anrede an die Gesellschaft der Freunde der Freiheit und Gleichheit« hält, erlebt, wie Adelsbriefe und die deutsche Reichsverfassung in das Feuer geworfen werden, während »die Kanonen donnerten, eine schmetternde Musik ertönte, und mehr als 10000 Menschen Ça ira und das Marseiller Lied sangen«, wie ein Zeitgenosse berichtet. »Abends brannten Pechkränze um den Baum, die Franzosen tanzten bis in die Nacht um denselben und sangen die Carmagnole.« Auch Caroline tanzte die Carmagnole.

Friedrich Schlegel, dem sie später ihre in dieser Zeit geschriebenen Briefe zeigt, spricht von einer direkten Teilnahme. »Ich wünschte auch«, schreibt er an seinen Bruder, »sie hätte öffentliche Angelegenheiten für immer den Männern überlassen.« Und er empört sich über den Einfluß des »ansteckenden allgemeinen Taumels der Eitelkeit, der Sinnlichkeit, der Neuheit und der Weiblichkeit, die sie nie verläßt«, und wundert sich – freilich im nachhinein, vom 24. November 1793 ist sein Brief – über Carolines »Glauben an die Ewigkeit dieser kurzen Republik«.

Nicht das »Maß« der Teilnahme ist entscheidend, sondern die Schlußfolgerung, die Caroline für ihre Persönlichkeitsauffassung zieht. Gerade die begrenzte weibliche Lebenssphäre zwingt sie, sehr schnell und radikal in der Bejahung der sozialen Umgestaltung der Gesellschaft, in der emotionalen und gedanklichen Verarbeitung der von Frankreich ausgehenden revolutionären Veränderungen, die Chancen der Veränderung des »ganzen Menschen«, insbesondere seiner ethischen Wertvorstellungen wahrzunehmen.

Die Zeit in Mainz wird für Caroline eine der erregendsten ihres Lebens. Das Bekenntnis zu republikanischen Ideen geht für sie einher mit dem Abstreifen herkömmlicher, ihr als Mädchen und Frau eingeschärfter Moralauffassungen. Tabus verlieren ihre Gültigkeit. Die seit fast einem halben Jahrzehnt allein lebende junge Frau geht eine Liebesbeziehung zu einem mit Forster befreundeten neunzehnjährigen Offizier der französischen Revolutionsarmee ein.

Mit Georg Forsters Beitritt zum Mainzer Jakobinerklub am 5. November ändert sich seine Lebensordnung und die des ihn umgebenden Kreises radikal. Er gibt »alles Angenehme seiner ruhigen Existenz« auf, wissend, wie er seinem aus Mainz geflüchteten Freund Sömmering schreibt, daß er sich »für eine Sache entschieden hat, der er ... sein häusliches Glück, sein ganzes Vermögen, vielleicht sein Leben aufopfern muß«. Am 21. November weist er in seiner Rede »Über das Verhältnis der Mainzer gegen die Franken« nach, daß die Bedingungen für revolutionäre Aktionen gegeben sind, und wendet sich von nun an voll den praktischen revolutionären Aufgaben zu.

»Ich bin nicht fanatisch, ich sah aber, daß dieses Forsters Weg war«, schreibt Forsters Frau Therese am 20. November 1792 an ihren Vater. Wenig später, am 7. Dezember 1792, verläßt sie mit ihren Kindern Mainz. Thereses Weggang ist der erste Schritt, den Caroline »ohne Rückhalt misbillig(t)«. »Sie, die über jeden Flüchtling mit Heftigkeit geschimpft hat, die sich für die Sache mit Feuereifer interreßirte, geht in einem Augenblick, wo jede Sicherheitsmaasregel Eindruck macht, und die jämmerliche Unentschiedenheit der Menge vermehrt – wo sie ihn mit Geschäften überhäuft zurückläßt – obendrein beladen mit der Sorge für die Wirtschaft – zwey Haushaltungen ihn bestreiten läßt, zu der Zeit, wo alle Besoldungen zurückgehalten werden.« Forster selbst hat die politische Seite der Sache noch etwas schärfer formuliert. Am 4. Dezember 1792 schreibt er an Huber, auch diesen beschwörend, daß Therese seiner »Ehre« das »Opfer« ihres Bleibens bringen müsse: »Publikum und Klub werden sagen: ... wir sind verloren, denn Forster schickt seine Frau und Kinder schon fort; und er hat auch nur das Maul aufgerissen, wie die anderen, um uns im Stich zu lassen, jetzt, da es gilt.«

Mit Thereses Weggang gibt es einen Einschnitt in Carolines Leben. Von nun an sorgt sie für Forster, für seine Wirtschaft, wohnt wohl auch in seinem Haus. Sie durchlebt mit ihm gemeinsam die vier schwierigsten Monate bis zum März 1793, in denen der Kampf um die Mainzer Republik ein Kampf auf Leben und Tod der Stadt und des sie umgebenden Landes ist. Caroline sieht, wie Georg Forster als »öffentlicher Beamter vor dem Volk« konsequent seinen eingeschlagenen Weg zu Ende geht.

»...Forsters Betragen wird gewiß von jedem gemißbilligt werden«, schreibt Schiller am 21. Dezember 1792 an Körner, »und ich sehe voraus, daß er sich mit Schande und Reue aus dieser Sache ziehen wird. Für die Mainzer kann ich mich gar nicht interessieren, denn alle Schritte zeugen mehr von einer lächerlichen Sucht, sich zu signalisieren, als von gesunden Grundsätzen...«

Die meisten Zeitgenossen, selbst die fortschrittlichen, »konnten einen Menschen nicht begreifen«, wie Forster in einem Brief am 1. Januar 1793 schreibt, »der zu seiner Zeit auch handeln kann und finden mich verabscheuungswerth, nun ich nach den Grundsätzen wirklich zu Werke gehe, die sie auf meinem Papier ihres Beifalls würdigten«. Einsam und unverstanden geht Forster seinen Weg. Sein Vater verstößt ihn, sein Schwiegervater sagt sich von ihm los, die Verbindungen zu Deutschland sind fast vollständig abgebrochen.

Caroline hält zu ihm. Sie bekennt sich – und darin unterscheidet sie sich von der überwiegenden Mehrheit der deutschen Intellektuellen – gerade in der Phase seiner direkten revolutionären Tätigkeit unbeirrt zu ihm.

Vielleicht weil sie die Reichweite seiner Taten nicht ermessen konnte? Weil sie niemanden hatte und hier eine Aufgabe fand? Ihre Briefe belegen, daß sie sich durchaus der Kühnheit dieses geschichtlichen Experiments bewußt war, wenngleich sie, wie alle Mainzer Revolutionäre, die Stärke der Reaktion und die Aufrüstung der Preußen völlig unterschätzte. Aber gerade aus ihrer weiblichen Sphäre heraus, die von der Erfahrung geprägt war, Denken und Handeln zu vereinen, bewundert sie Georg Forsters Fähigkeit, »so zu handeln, wie er dachte« und den »Adel, die Intelligenz, Bescheidenheit und Uneigennützigkeit« seiner Haltung. Forster lehrt sie verstehen, daß die Mainzer Revolution nicht – wie er sagte – in »ihrer gegenwärtigen Beziehung auf Menschenglück und Unglück« zu betrachten ist, sondern als »eins der großen Mittel des Schicksals, Veränderungen im Menschengeschlecht hervorzubringen«.

Was nun ist Caroline für Forster? Von »armen Weibern, die mit der Revolution nichts zu tun hatten«, spricht er. Wird

Caroline später ihre Bindungen zu den Brüdern Schlegel und zu Schelling auf der Basis gleichberechtigter Partnerschaft im Gespräch und in der Arbeit knüpfen, so bringt die Mainzer Zeit selbst ihr nicht das Glück einer solchen Beziehung. Die politische Situation überstürzt sich, verlangt rasches, allzu rasches Handeln, die persönlichen Lebensumstände der beiden sind zu verschieden und Forster durch seine Ehekrise, die für ihn eine Tragödie ist, zu sehr auf sich selbst zurückgeworfen.

Er schätzt sicher Carolines Klugheit, empfindet ihre Gegenwart als anregend und wohltuend, zumal, da sie für ihn und sein Haus sorgt, am Teetisch – an dem nur sie beide verblieben sind – die einzigen Gäste empfängt, die er in dieser Zeit zu sich lädt, den französischen Revolutionsgeneral Doyre und seinen Adjutanten, Leutnant Crancé. Ob Caroline Forster bei der Arbeit mit Abschriften oder dergleichen half, wissen wir nicht. Einen echten Gesprächspartner bei seinen weitreichenden und komplizierten politischen Entscheidungen sieht er in Caroline nicht. Und das kann sie ihm – als Frau ausgeschlossen von der aktiven und verantwortlichen Tätigkeit – auch schwer sein. Doch die Einsamkeit, über die Forster in seinen Briefen klagend spricht (er wünscht sich einen Freund, der seine »Ideen über die gegenwärtige Lage der Sache anhört und mit Teilnehmung prüft«), hat nicht ihre Ursachen in Carolines Verhalten und seiner Ehekrise, sie ist vor allem die Einsamkeit des zu früh Gekommenen.

Im Januar bereits steht der Ausgang der Revolution fest. Forster selbst sagt es in seinen Briefen. Die Aktionen der französischen Armee in Mainz sind nicht entschieden genug. Custine, ihr Führer, wird dafür im August 1793 in Paris von den Jakobinern guillotiniert. Caroline spricht von der »jämmerlichen Unentschiedenheit der Massen«, Forster bezeichnet die Ursache: »allein ihre lange Knechtschaft trägt die Schuld aller ihrer Mängel und Gebrechen«.

Hat Caroline am 17. Dezember 1792 noch geschrieben: »Ich bleibe hier – man gewöhnt sich an alles, auch an die tägliche Aussicht einer Belagerung«, so will sie ab Ende Januar Mainz verlassen. Auch Forster hofft, aus dem »politischen Geschäft aussteigen zu können«, geht dann aber unbeirrt seinen Weg. Hat er mit Caroline davon gesprochen? Hätte sie ihn allein gelassen? Deutlich ist ab Januar auch ein Umschwung in Carolines politischen Ansichten erkennbar: Der Enthusiasmus wird von Enttäuschung abgelöst. Als Georg Forster am 25. März 1793 im Auftrag der Mainzer Revolutionäre nach Paris aufbricht, zögert sie nicht länger. Wenige Tage später verläßt sie mit ihrer kleinen Tochter die Stadt Mainz.

Am 30. März, am selben Tag, da Georg Forster von der höchsten Institution der bürgerlichen Revolution in Paris den Anschluß des rheinisch-deutschen Freistaates an die Frankenrepublik fordert, haben die gegenrevolutionären Armeen des Königs von Preußen das Rheinland von Bingen bis Worms erobert und belagern Mainz. Vier Monate trotzt die Stadt, dieses letzte Bollwerk der Revolution auf deutschem Boden, der Reaktion. Am 23. Juli 1793 fällt Mainz in die Hände des Absolutismus zurück.

Enttäuscht und desillusioniert stirbt Georg Forster, der große deutsche Jakobiner, neununddreißig Jahre alt, im Januar 1794 im Pariser Exil. Wenig später, am 28. Juli 1794, fällt Robespierre durch die Guillotine, und mit ihm schwinden die Hoffnungen auf eine grundsätzliche Veränderung der sozialen Verhältnisse. Die praktische geschichtliche Bewegung beginnt von ihren Idealen abzufallen, die »Bourgeois-Orgie« (Engels) setzt ein.

Die Begeisterung für die Französische Revolution und die Zukunftshoffnungen, die diese in ihrer jakobinischen Phase erweckte, werden von Zweifel und Enttäuschung abgelöst. Die durchlebte Erfahrung, daß die Ideale der Revolution unabgegolten bleiben, durch die Realität widerlegt werden,

»der hochtönendsten Phrase überall die erbärmlichste Wirklichkeit entspricht« (Engels), weist, zumal unter deutschen Verhältnissen, einem revolutionären Charakter keinen Handlungsraum mehr zu. Wo ist ein Held? Die von dem jungen Friedrich Schlegel bewunderten »Götter der Revolution«, Robespierre, Mirabeau, Forster, sind nicht mehr.

»In den Frauen liegt jetzt das Zeitalter, nur unter ihnen gibt's noch interessante Charaktere, jede eine andere Art Disharmonie.« Der unmittelbare Anlaß für diese kühne Behauptung Friedrich Schlegels ist die Begegnung mit Caroline. Hatten bereits die Briefe, die diese Frau mit seinem Bruder wechselte, ihn angezogen, »ich bin bereichert durch die Briefe der B.«, schrieb er, so löste die persönliche Bekanntschaft ein starkes und nachhaltiges Erlebnis aus. »Alle seine Krankheit und Zerrissenheit heilte und vernichtete der erste Anblick dieser Frau, die einzig war, und die seinen Geist zum erstenmal ganz und in die Mitte traf. Die Vergötterung seiner erhabenen Freundin wurde für seinen Geist ein fester Mittelpunkt und Boden einer neuen Welt«, bekennt er später in dem Roman »Lucinde«. Politisches Schicksal, menschliche Reife und Ausstrahlungskraft der Weiblichkeit fesseln ihn gleichermaßen an Carolines Persönlichkeit.

Der einundzwanzigjährige Student, der bisher verächtlich von den Weibern sprach, begegnet Caroline im Spätsommer 1793 unter merkwürdigen Umständen in dem kleinen Städtchen Lucka bei Leipzig. Caroline ist schwanger, erwartet hier, verborgen vor der Gesellschaft, die Geburt eines Kindes.

Sie durchlebt eine der schwersten Krisensituationen ihres Lebens, die brutale und erniedrigende Zeit ihrer politischen Verfolgung. Waren ihre Aktionen in Mainz als Frau beschränkt, so trifft sie die Wut der feudalen deutschen Reaktion bei der Niederschlagung der Mainzer Republik und bei der Verfolgung der deutschen Jakobiner mit gleicher Härte wie die Revolutionäre. Ihre Anwesenheit in Mainz, ihre Bekanntschaft mit Georg Forster sind Anlaß genug, sie auf ihrem Weg nach Frankfurt gefangenzunehmen. Zusammen mit den Mainzer Klubisten wird sie in Königstein im Taunus eingekerkert. Der preußische König hält sie für die Frau des Jakobiners W. Böhmer. Er war Sekretär bei Custine, dem französischen Befehlshaber der Stadt Mainz. Der Kurfürst von Mainz hingegen läßt sie als Geisel festnehmen, offensichtlich, um sie gegen Forster auszutauschen. Auf dessen Kopf sind hundert Dukaten gesetzt.

Caroline weiß nicht, in welcher Gefahr sie schwebt. In Mainz herrscht Lynchjustiz, die auch Frauen und Kinder der Klubisten trifft. Eine Neunzehnjährige, die im Mainzer Theatern bei der Aufführung jakobinischer Dramen mitgewirkt hat, wird z.B. mit Gewehrkolben zusammengeschlagen. Zwei Tage später erliegt sie ihren Verletzungen. Goethe, der an der Belagerung von Mainz, wiederum an der Seite Herzog Carl Augusts, teilnimmt, wird Zeuge solcher Mißhandlungen. In der »Campagne in Frankreich« schildert er: »Aus einem Wagen« wird ein »Erzklubist« herausgerissen, man schleppt ihn »auf den nächsten Acker, zerstößt und zerprügelt ihn fürchterlich; alle Glieder seines Leibes sind zerschlagen, sein Gesicht unkenntlich«.

Nach dem Erleben der Mainzer Republik ist die Gefängnishaft für Caroline eine bleibende und tiefgreifende Erfahrung. Sehr klar erkennt sie die Zusammenhänge: »Königstein bildet eifrige Freiheitssöhne.« An Gotter schreibt sie in einem Brief, der nicht durch die Zensur geht: »Sie scheinen den Aufenthalt in Königstein für einen kühlen Sommertraum zu nehmen, und ich habe Tage da gelebt, wo die Schrecken und Angst und Beschwerden eines einzigen hinreichen würden, ein lebhaftes Gemüth zur Raserey zu bringen… Sie sprechen von Formalitäten, die sezen Anklage, Vertheidigung, Untersuchung voraus – wo fand dergleichen Statt? Räuberformalitäten übt man an uns… Mir müssen Sie es wenigstens nicht sagen, die ich 160 Gefangne sah, welche durch deutsche Hände gingen, geplündert, bis auf den Tod geprügelt worden waren...«

Während der Gefangenschaft bekommt Caroline Gewißheit, daß sie ein Kind trägt. Die Befreiung aus der Haft wird für sie eine Frage auf Leben oder Tod. Denn das Bekanntwerden einer unehelichen Schwangerschaft bedeutet nach den damaligen Gesetzen die Vernichtung ihrer Existenz: Entzug des Erziehungsrechtes für die neunjährige Auguste und Verlust des Witwengehaltes und damit ihrer materiellen Existenzgrundlage. Die notwendige Geheimhaltung der Schwangerschaft hat zudem auch einen politischen Aspekt. Der Vater des Kindes nämlich, Jean Baptiste Dubois Crancé, ist Angehöriger des französischen Freiheitsheeres. Er, Neffe eines Jakobiners, des Deputierten des Nationalkonvents Crancé, erlebt an der Seite des französischen Generals Doyre, mit dem er ebenfalls verwandt ist, die Mainzer Republik und verteidigt zu der Zeit, da Caroline mit anderen Klubisten in Königstein gefangen ist, die belagerte Stadt. Caroline kann den Kanonendonner hören und sieht den Widerschein des Feuers, mit dem Mainz in Flammen geschossen wird. Nicht nur als »Straßendirne« wie später, als Hure von Besatzern wäre sie in den Dreck gezogen worden.

Verzweifelt wendet sich Caroline an ihre Freunde um Hilfe. Die ihr bisher am nächsten Stehenden lassen sie im Stich. August Wilhelm Schlegel ist es schließlich, der neben der persönlichen Sympathie den politischen Mut aufbringt, sich für Caroline einzusetzen. Durch Wilhelm von Humboldts Vermittlung kommt die Gefangene zunächst von Königstein nach Kronberg. Carolines jüngster Bruder bewirkt dann durch eine Bittschrift an den König von Preußen – er stellt sich freiwillig als Arzt zum Dienst in den preußischen Hospitälern zur Verfügung – die Freilassung, die am 5. Juli erfolgt. Caroline ist bereits im fünften Monat schwanger. August Wilhelm Schlegel bringt sie nach Leipzig und dann in das südlich von Leipzig gelegene, schon zum Herzogtum Altenburg gehörende Städtchen Lucka. Er gibt seinem Bruder Friedrich den Auftrag, sich um Caroline zu kümmern und ihm, den seine Stelle als Hauslehrer nach Amsterdam zurückruft, ständig von ihrem Ergehen zu berichten.

Am 3. November 1793 schenkt Caroline einem Sohn das Leben. Friedrich Schlegel bezeichnet ihn heiter-übermütig als »kleinen citoyen« und will an »seiner Oberlippe Spuren einer moustache« entdeckt haben. Caroline teilt dem Vater die Geburt des Kindes mit und spricht mit Achtung von ihm: »Ich kann diesen Mann nie gering schätzen, werde mich des Verlorenen immer mit Liebe erinnern.« Sie fürchtet für das Leben des Geliebten in Frankreich, denn Crancé ist als Neffe eines Jakobiners in Gefahr. Sie zittert, wenn sie in die Zeitungen sieht: denn »schon mehr wie ein bekannter Kopf« sei ihr »entgegen gefallen«. Crancé erkennt das Kind an und hat »alles gethan, was in seiner Gewalt stand, um das Schicksal des Kindes auf die Zukunft zu sichern, und auf den Fall, daß er selbst noch in dem blutigen Abgrund unterginge«. Er fiel, nachdem er als Kriegsgefangener in die Hände Preußens geraten und später ausgetauscht worden war, im April 1800 beim Rheinübergang.

Caroline hat einen schrecklichen Tiefpunkt ihres Lebens überwunden. »Mein Leben ist mir wieder so lieb«, schreibt sie und bekennt sich zu ihrem Sohn, »dem Kind der Glut und Nacht«, und zu ihrer Liebesbeziehung zu Crancé: »wenn ich die Folge vor mir sehe – kan ich den Ursprung bereun?« Mut und Selbstbewußtsein gehören zu einer solchen Äußerung. Beides erlernt Caroline unter schwierigsten Bedingungen.

Den Zeitgenossen bleibt die Geburt des Kindes und Carolines Beziehung zu dem Franzosen verborgen. So kann z.B. ein von unbekanntem Verfasser 1793 erscheinendes tragikomisches Schauspiel mit dem Titel »Die Mainzer Klubbisten zu Königstein oder Die Weiber decken einander die Schanden auf«, das mit Klatsch und Halbwahrheiten die Mainzer Republik als einen üblen Haufen eitler Schwätzer und liederlicher Weiber darstellt und vor allem die Frage debattiert, wer es mit wem »getrieben« habe, von Carolines Schwangerschaft nichts berichten.

Die politische Inhaftierung aber zerrt Caroline auf unangenehme Weise an das Licht der Öffentlichkeit, als Revolutionsnärrin verschrien und als Abenteurerin verleumdet, ist sie einem »gehässigen Publikum schmählich überantwortet«.

Wird der geniale Forster als Scharlatan verunglimpft, so werden gegen eine Frau keine politischen Argumente vorgebracht. Sie trifft neben der direkten Verfolgung durch die reaktionäre Staatsmacht die Härte der moralischen Verleumdung. Nur in bezug auf ihre Verbindung zu Männern wird ihre Rolle in Mainz bestimmt: Gerüchte werden verbreitet, sie sei die Mätresse Custines, die Geliebte Georg Forsters gewesen. Leider haben an diesen Verleumdungen gerade auch fortschrittliche Kreise einen entscheidenden Anteil: Therese Forster, die sich damit allerdings verzweifelt gegen ungerechte, ebenso borniert moralisierende Angriffe der Gesellschaft gegen sich selbst zur Wehr setzt, der Dresdner Kreis um Körner und nicht zuletzt Friedrich Schiller. »Die Würde der Frauen« sieht er in ganz anderem; sein idealistisches Frauenideal im gleichnamigen Gedicht zeugt davon. Nachdrücklich und gehässig verurteilt er – der Caroline nur »Dame Luzifer« nennt – die Einmischung der Frauen in die Politik überhaupt. Sein berühmt-berüchtigtes Xenion auf Georg Forster bezeugt es auf makabre Weise: »O ich Thor! ich rasender Thor! und rasend ein jeder / Der auf des Weibes Rath horchend den Freiheitsbaum pflanzt.«

Wird vom Beginn der frühromantischen Bewegung gesprochen, so steht das Zusammentreffen der Brüder Schlegel, Carolines, Schellings und Tiecks im Sommer 1797 in Dresden und dann die Jenaer Gemeinsamkeit im Blickpunkt. Lucka, die kleine Stadt im Altenburgischen, wird kaum genannt.

Und doch war jene Freundschaft und geistige Partnerschaft zwischen der selbstbewußten jungen Frau, die ihre »Privatbegebenheit« in die »Stürme einer großen Revolution verwickelt« hatte, die im Widerschein der französischen Revolutionsereignisse auf Mainzer Boden sich selbst fand – und dem Philologiestudenten, der sich anschickt, die Schlußfolgerungen der Französischen Revolution für die Umgestaltung der deutschen wie der politischen Welt überhaupt zu ziehen, der geistige Kopf einer neuen literaturpolitischen Bewegung zu werden, außerordentlich bedeutsam.

Unter dem Eindruck dieser Begegnung setzt sich Friedrich Schlegel zum einen mit der Revolution in Frankreich und mit der Wirkung und Leistung Georg Forsters auseinander; zum anderen beginnt er, als einer der ersten in Deutschland, die Konsequenzen aus den revolutionären Entwicklungstendenzen der Epoche hinsichtlich einer zukünftigen Rolle der Frau zu ziehen. Beides trifft weltanschauliche und ethische Grundlagen der frühromantischen Bewegung.

Friedrich Schlegel, den 1791 die Revolution »vornehmlich mittelbar als Vehikel des Gesprächs mit sehr vielen Leuten« interessierte, wendet sich ihr 1793, also in jenem Jahr der Begegnung mit Caroline, zu. Es ist genau die Zeit, da sich demokratische Gruppierungen mit breiterer Massenbasis durchsetzen und in der mit plebejischen Schichten verbündeten Jakobinerdiktatur ihren politischen Höhepunkt erreichen. Es ist die Zeit, da sich die Mehrzahl der deutschen Intellektuellen – abgeschreckt durch den revolutionären Terror – von den Ereignissen in Frankreich und Mainz abwendet.

Der junge Friedrich Schlegel bekennt sich nachdrücklich und öffentlich in einem großen Aufsatz zu Georg Forster. Es gehört Mut dazu. »Die Freiheitsfreunde hüllten sich seitdem in tiefes Schweigen, … sie gingen traurig herum, mit gebrochenem Herzen, mit geschlossenen Lippen«, so charakterisiert Heine später das politische Klima. Wer auf sein Fortkommen bedacht ist, schweigt lieber. Lichtenberg, aufgefordert, über seinen Freund Forster zu schreiben, bekennt in einem privaten Brief: »O wie gerne, wie gerne hätte ich ihm ein paar Bogen gewidmet, wäre ich noch das kinderlose und wegen der Zukunft unbekümmert frei denkende und frei schreibende Wesen, das ich ehemals war. Jetzt muß es beim frei Denken sein Bewenden haben.« Forsters Schicksal teilte auf andere Weise auch Gottfried August Bürger. Verfemt von seiner Stadt Göttingen, die zu betreten auch Caroline verboten ist, stirbt er im Juli 1794, sechsundvierzig Jahre alt. Lichtenberg beobachtet mit dem Fernglas aus seiner Wohnung das einsame Begräbnis des Dichters. Caroline bewegt Bürgers Tod sehr. »Armer Mann«, schreibt sie noch im Mai 1794 an Meyer. »Wär ich dort, ich ginge täglich hin, und suchte ihm diese lezten Tage zu versüßen, damit er doch nicht fluchend von der Erde schiede.« Ebensolchen Anteil nimmt sie an Forsters Schicksal. Bis zu seinem Tod steht sie mit ihm im Briefwechsel. »Seine Festigkeit als Bürger verläßt ihn nicht, unverbrüchlich gehört er seinem neuen Vaterland...«, schreibt sie kurz vor Forsters Tod aus Lucka, nachdem sie Nachrichten von ihm aus Paris bekommen hat.

Die wenigen erhaltenen Briefe Carolines aus dieser Zeit geben Auskunft, daß ihre politische Haltung entschieden republikanisch geblieben ist, »weder ihr Herz gebrochen« noch »ihre Lippen geschlossen sind«. Den in Amsterdam weilenden August Wilhelm attackiert sie geradezu, wie aus Äußerungen Friedrichs zu schließen ist. »Auch denkt er etwas anders über meine Freunde, die Republikaner... Seine Partheylosigkeit über diesen Gegenstand ist ein Reiz mehr seiner Unterhaltung. Ach ich werde ihm noch Leidenschaftslosigkeit ablernen...« Lenkt Caroline als Augenzeugin der Mainzer Ereignisse und von Forsters Handeln den jungen Schlegel auf dessen Schicksal, so schwärmt sie ihm auch von Mirabeau vor und weist ihn auf Condorcet hin. »Friz, es gibt 2 Bücher, die Sie lesen müßen«, schreibt sie ihm, »und das Eine derselben knüpft sich in meiner Erinnerung an die Materie vom Wißen an. Das ist Condorcet.«

Hat Forster Carolines Begierde, zu wissen, zu erkennen, gefördert und gelenkt, so wird ihr im Zusammensein mit Friedrich zum erstenmal das Glück zuteil, Anregende und Gebende zu sein. Ohne dessen Herausforderung wäre es nicht denkbar. Der junge Schlegel stärkt auf schönste Weise durch seine Bewunderung, die sicher auch Verliebtheit ist, durch seine Gier nach partnerschaftlichem Gespräch und Beisammensein Carolines Selbstbewußtsein und Selbstwertgefühl. Er ist es auch, der sie zu eigenen Arbeiten ermuntern will und ihr als erster den Kunstcharakter ihrer Briefe bewußt macht. Und das in einer seelisch und körperlich äußerst schwierigen Lebensphase, da sie gesundheitlich stark angegriffen, politisch und moralisch von der Gesellschaft geächtet, »bürgerlich tod« ist, da Caroline das Kind eines Mannes erwartet, mit dem sie nicht zusammen leben will und kann.

»...ein fester Mittelpunkt und Boden einer neuen Welt...« ist Caroline für den jungen Schlegel. Unter dem Eindruck ihres politischen und menschlichen Schicksals wird die Französische Revolution für ihn Ausgangspunkt einer Debatte über dringende Fragen der Emanzipation, der Moral und der Gesellschaftsethik; zunächst in den Schriften »Über die weiblichen Charaktere bei den griechischen Dichtern« und »Über die Diotima«; dann in dem Romanfragment »Lucinde«, dessen Grundidee in den Jahren 1793 und 1794 entsteht. Er verteidigte darin die Ideale der Französischen Revolution als Verteidigung der Liebe gleichberechtigter Partner. Dieser Gedanke enthält zum einen über die Zeit hinausreichende Elemente eines neuen Menschenbildes, zum anderen gibt er die theoretische Grundlegung für das historische Experiment des freilich nur kurzen Zusammenlebens der Jenaer Frühromantiker.

Der Widerspruch zwischen öffentlichem Urteil über Caroline und dem, was er erlebt und erfährt, über ihre politischen

Anschauungen, ihre Auffassungen von Liebe und Freundschaft, ihr Verhältnis zum Kind, ihrem unter schwierigsten Bedingungen vertretenen Recht auf Selbstbestimmung ihrer Persönlichkeit, sind ihm wesentlicher Impuls, und viele Ansichten Carolines finden wir in seinem Romanfragment wieder. »Es ward Grundsatz«, heißt es in »Lucinde«, »die gesellschaftlichen Vorurteile, welche er bisher nur vernachlässigte, nun ausdrücklich zu verachten.«

Friedrich Schlegel formuliert seine Auffassungen über Liebe, Ehe, die Stellung der Frau und der Geschlechter zueinander sowohl in der Auflehnung gegen die herrschende Moral als auch gegen ein idealistisches Frauenideal, wie es z.B. Friedrich Schiller vertritt. Schlegel sieht in der Frau zunächst den Menschen und akzeptiert sie als ein gleichgestelltes Wesen, als soziale Persönlichkeit. Zugleich proklamiert er – für seine Zeit unerhört – ihre vollkommene sexuelle Gleichberechtigung.

Als Freundschaft und Sinnlichkeit sieht Caroline die Liebe. In Mirabeaus Briefen an Sophie Menieur findet sie das »in schönster Weise« bestätigt. Auch Friedrich Schlegel drängt auf eine Synthese von Sinnlichkeit, Empfindung und vollster Bewußtheit. Er vereint in Polemik gegen eine einseitig radikal-sinnliche »Emanzipation des Fleisches« wie auch gegen eine nur seelisch-schwärmerische Liebe beides zu einer Utopie der schöpferischen menschlichen Selbstverwirklichung. Im Namen der »Freiheit, Gleichheit und Brüderlichkeit« fordert er eine harmonische Entwicklung, sieht er in der Einheit von Weiblichkeit und Männlichkeit die Allegorie der »vollen ganzen Menschheit«.

Das Weibliche ist für Friedrich das Zielstrebige, Organische, die Weitergabe des Lebens. Als er Caroline begegnet, ist sie hochschwanger. Die Geburt des Kindes und ihr Glück über den Sohn erlebt er mit. Was ihn nicht minder beeindruckt, ist ihr partnerschaftliches Verhältnis zu ihrer elfjährigen Tochter. Ton und Umgangsformen Carolines nimmt Friedrich später auf, als er, der Sechsundzwanzigjährige, seiner kleinen zwölfjährigen Freundin bezaubernde Briefe schreibt, Briefe, wie sie kaum jemals ein Erwachsener an ein Kind gerichtet hat.

In Schlegels Liebes- und Eheauffassung spielt das Kind eine entscheidende Rolle. Bisher war das in der Literatur so noch nicht ausgesprochen worden. In der Ehe, die wie bei Fichte und Jean Paul auch bei Friedrich Schlegel mit der Liebe gleichgesetzt wird, finden beide Partner in dem die Zukunft verkörpernden Kind ihren sozialen Auftrag. Entschieden greift Schlegel dabei die bestehenden Eheformen an, sieht in ihnen allenfalls »provisorische Versuche und entfernte Annäherungen zu einer wirklichen Ehe«, bezeichnet sie, wie später die Junghegelianer und Marx, als »Konkubinate«. – »Da liebt der Mann in der Frau nur die Gattung, die Frau im Mann nur den Grad seiner natürlichen Qualitäten und seiner bürgerlichen Existenz, und beide in den Kindern nur ihr Machwerk und Eigentum.« Nur die Natur allein hat für ihn das Recht, den Menschen zu binden.

Caroline verfolgt Entwurf und Ausführung des Romans »Lucinde« mit großer Anteilnahme. Manuskriptteile gehen hin und her. Caroline macht Änderungsvorschläge, korrigiert, streicht. War die Grundkonzeption 1793/94 entstanden, so wurde das Werk erst Jahre später in der unwahrscheinlich kurzen Zeit von vierzehn Tagen niedergeschrieben. Der relativ große Zeitraum zwischen Entwurf und Ausführung ist folgenreich. Geschieht die Konzipierung noch ungebrochen unter dem Aspekt, die durch die Revolution angeregten Emanzipationsbestrebungen in einem großen zukünftigen Gesellschaftsentwurf leidenschaftlich zu debattieren, so fällt die Schreibphase schon in die Zeit des Zweifels an den Ergebnissen der Revolution. Insofern geht das Programm der »Lucinde« in Schlegels Intention »viel weiter«, als der »überhastet aufs Papier gewühlte, auf den engen Bezirk von Liebe, Ehe und Sexualität beschränkte erste Teil erkennen läßt«.

Der Versuch, in der »Lucinde« eine neue Moral auf der Grundlage der Gleichberechtigung zu gründen, scheitert. Die politische Revolution ließ sich nicht durch die ästhetische ersetzen. Dennoch: Friedrich Schlegel rüttelt mit seinem Angriff auf existierende und überkommene Moralnormen heftig am morschen feudal-bürgerlichen Überbau. Die Reaktion auf den 1799 veröffentlichten Roman »Lucinde« zeigt, daß er als Oppositionsschrift aufgenommen wird. Nicht das Künstlerisch-Ungelöste, Fragmentarische ruft Erregung hervor, sondern pharisäerhaft tritt man für eine angeblich beleidigte Moral ein. Trafen Caroline bornierte Vorurteile, so fällt auf Friedrich nun ebenfalls der Vorwurf der Sittenverderbnis. Wie eng aber politische und moralische Sphäre zusammenhängen, zeigt uns auf kuriose Weise das Reskript der Zensurbehörde der Universität Hannover an den Prorektor der Universität Göttingen vom 26. September 1800, in dem beiden die »Ehre« widerfuhr, gemeinsam genannt zu werden: Caroline und Friedrich werden aus Göttingen »verbannt«, dürfen die Stadt nicht betreten. Sie: wegen ihrer politischen Vergangenheit, er: wegen seiner »sittenverderblichen Schriften«.

Die Freundschaft zwischen Caroline und Friedrich ist für beide ein tiefes und beglückendes Erlebnis. »Die Überlegenheit ihres Verstandes über den meinigen habe ich sehr frühe gefühlt«, bekennt der junge Mann unverstellt und schreibt: »Ich bin durch sie besser geworden. … Welches Weib! … Alles, was von ihr kommt, ist mir merkwürdig. … Ich habe bei Weibern nie etwas von diesem Triebe nach dem Unendlichen gefunden …« Das schöpferische Verhältnis aber sollte keinen Bestand haben. Kaum vier Jahre danach verkehren beide, im selben Hause lebend, nur in »höflicher Korrespondenz offener Zettelchen«. Die Gründe für die tiefe Entfremdung, die von seiten Friedrichs zu unglaublichen Gehässigkeiten, aber auch von Carolines Seite zu Unsachlichkeiten führen, sind vielschichtig und differenziert. Keinesfalls – wie leicht lösen solche Klischees die Probleme – ist es allein der Einfluß von

Schlegels Gefährtin Dorothea. Unterschiedlicher Lebensstil, persönliche Entfremdung (Carolines Abkehr vom Bruder August Wilhelm und ihre Liebe zu Schelling), Friedrichs Existenzsorgen, sein Scheitern in der Öffentlichkeit, schließlich die Negierung früher vertretener Grundpositionen, die Wendung zur Religion sind Ursachen. Hinzu kommt, daß Friedrich in einer bestimmten Phase seiner Entwicklung Caroline als die große Anregerin brauchte, ihre Rolle für ihn dann aber zu Ende gespielt ist.

»Was ich bin und sein werde, verdanke ich mir selbst; daß ich es bin, zum Teil Ihnen«, gesteht er Caroline am dritten Jahrestag ihres Kennenlernens freimütig, Egozentrik nicht verbergend. Die ganze Wahrheit ist wohl, daß er die schon früh an sich gestellte Frage, »... ich weiß aber nicht, ob ich sie selbst verehre oder ihr verschönertes Bild in dem Spiegel einer edlen männlichen Seele«, zugunsten des letzteren beantwortet.

Schon in Lucka, Ende 1793, Anfang 1794, denkt Caroline über ihr zukünftiges Leben nach. Ungewöhnlich für ihre Zeit ist ihr Bekenntnis zu dem unehelichen Sohn. Entschlossen entwirft sie Pläne für ein Leben mit beiden Kindern. Sie lehnt sowohl das Heiratsangebot des Franzosen Crancé ab, als auch seinen Vorschlag, den Sohn zu Verwandten nach Frankreich zu bringen und zu adoptieren. Ihre Vorstellungen, abgetrennt von der Welt zu leben (»hätte ich eine Hütte in einer freundlichen Gegend – ich verstünde so gut allein zu leben mit meinen Kindern«), sind nicht von Dauer. Es zieht sie in ein geistig-kulturelles Zentrum. Prag, Berlin, Riga, Dresden sind in ihren Überlegungen. Aber alles scheitert an finanziellen Fragen, und so geht sie zunächst zu ihren Freunden nach Gotha.

Ein Jahr lebt sie dort. Diese Zeit ist die deprimierendste ihres Lebens. Am Ende hat sie alle selbstbewußten Pläne aufgegeben. Sie heiratet, wohl wissend, daß dies die einzige Chance ist, wieder Fuß in der Gesellschaft zu fassen.

Als »Ungeheuer« bezeichnet Friedrich Schlegel in der »Allegorie der Frechheit« die öffentliche Meinung. Caroline sollte dies am eigenen Körper spüren. »Unter Menschen ist die Frölichkeit meiner Ruhe von mir gewichen«, schreibt sie aus Gotha. »Das politische Urtheil, das hier so schneidend ist, wie an irgend einem Ort, gilt als Vorwand, um sich erklärt von mir zu wenden ... meine Existenz in Deutschland ist hin, ... beinah alles ist wahr geworden, was ich damals voraussah, als ich überlegte, ob es besser sei zu sterben oder zu leben.« Gotters, bei denen sie wohnt, geraten »in Verlegenheit durch ihre Gegenwart«. Die Gothaer Gesellschaft beginnt das Haus zu meiden, obwohl Caroline »den Mund nicht öffnet über Politika«.

Verzweifelt klagt sie: »Wer kent mich, wie ich bin – wer kan mich kennen. Man hält mich für ein verworfnes Geschöpf, und meint, es sey verdienstlich, mich vollends zu Boden zu treten.« Der von Gotter im Zusammenhang mit Carolines Ablehnung des Heiratsangebots gebrauchte makabre Vergleich vom Bettler vor den Gothaer Stadttoren bekommt eine beängstigende Realität. Man läßt sie spüren, wohin sie ihre »Sophistereien« gebracht haben. »Ich bin ja ausgestoßen und muß wenigstens ins Freye blicken können – in einen Spiegel, der mich nicht entstellt zurückwirft.«

Ein solcher Spiegel ist für sie in dieser Zeit die Begegnung mit dem Großonkel ihres Sohnes, dem französischen Revolutionsgeneral Doyre. Nach dem Fall von Mainz wird er von den Preußen gefangengenommen und kommt durch Gotha. In einem anderen Spiegel erkennt sie sich unverstellt: in der Begegnung mit August Wilhelm Schlegel, dem Freund, der ihr uneigennützig in ihrer verzweiflungsvollen Lage in Königstein geholfen hat. Im Frühjahr 1795 geht Caroline, die die Atmosphäre in Gotha nicht mehr erträgt, zu ihrer Mutter nach Braunschweig. Sie hofft, endlich ihre finanzielle Lage zu klären. Vergeblich! Im Sommer desselben Jahres besucht sie August Wilhelm. Im Spätsommer zieht er nach Braunschweig.

Ein Jahr später heiraten Caroline und August Wilhelm. Für den achtundzwanzigjährigen Schlegel, der am Beginn seiner beruflichen Karriere steht, gehört Mut zu diesem Schritt. Sein Bekenntnis zu der Verfemten ist nicht ohne Risiko. Der Bruder drängt ihn, »Carolines politische Lage würde dadurch ganz verändert werden. Mit einem neuen Namen würde sie eine neue Person annehmen.«

So selbstverständlich, wie uns das spätere Wirken beider im Jenaer Kreis erscheint, war es nicht. »Ich bin entschlossen, Deutschland zu verlassen«, schrieb Caroline unter dem Eindruck ihrer Aufnahme in Gotha. Nun steht die Frage der politischen Emigration für beide. »Geben Sie mir doch auch nur einige Nachricht über Euer Amerikanisches Projekt«, bittet Friedrich. »... Das war doch hoffentlich nur eine flüchtige Phantasie, daß Ihr ... Euch dem Revolutions-Riesen in den Rachen stürzen wolltet?« Als Friedrich Schiller Schlegel nach Jena einlädt, lösen sich die Probleme.

»Schlegel konnte Dich retten, aber doch nicht führen kann er Dich«, warnt Therese Forster und schreibt: »Die bloßen gesellschaftlichen Verhältnisse sind Dir gefährlich.« Eben jene gesellschaftlichen Umstände sind es, die Caroline eine Vernunftehe eingehen lassen. Nach all dem Erlebten hat sie nicht die Kraft, sich eine eigene Existenz zu schaffen. Die Ehe macht ihr die Rückkehr in die Gesellschaft möglich und gibt ihr und ihren Kindern Sicherheit.

Selbstkritisch enthüllt sie später die Motive ihrer Bindung an Schlegel. »Schlegel hätte immer nur mein Freund seyn sollen, wie er es sein Leben hindurch so redlich, oft so sehr edel gewesen ist.« Sie »hätte behutsamer seyn sollen«, schreibt sie 1803, »die Heyrath mit ihm nicht einzugehen, ... Es ist zu entschuldigen, daß ich nicht standhafter in dieser Überzeugung war, und die Ängstlichkeit andrer, dann auch der Wunsch, mir und meinem Kinde in meiner damaligen zerrütteten Lage einen Beschützer zu geben, mich überredeten...«

Vier Jahre lebt sie mit August Wilhelm Schlegel zusammen,

drei weitere in formaler Ehe. Durch Goethes Vermittlung wird sie 1803 ohne Prozeß und große Formalitäten durch Herzog Karl August geschieden.

»Du verdankst ihr mehr, als Du ihr je erwidern kannst«, schreibt Friedrich seinem Bruder August Wilhelm über Caroline, und Alexander von Humboldt spricht von dem »entschiedenen Einfluß«, den Caroline auf dessen Bildung ausgeübt.

Wie leben Caroline und August Wilhelm zusammen? Der scharfzüngige und bissige Heine schreibt in der »Romantischen Schule«, A. W. Schlegels Geburtsdatum habe er in »Spindlers Lexikon der deutschen Schriftstellerinnen« gefunden, damit auf Schlegels Impotenz anspielend! Hat August Wilhelm Schlegel in seinen vielen Beziehungen zu berühmten Frauen nicht immer wieder verzweifelt Selbstbestätigung gesucht, Erniedrigungen und Demütigungen in Kauf nehmend, als er z.B. nach der Trennung von Caroline zwölf Jahre mit Germaine von Staël zusammenlebt, als Sekretär, Ideengeber, Bediensteter, niemals als ihr Mann? Nach dem Tod dieser Frau schließt der einundfünfzigjährige August Wilhelm mit der siebenundzwanzigjährigen Sophie Paulus einen Ehevertrag. Er bleibt nur Papier, nach zwei Tagen trennen sie sich. Die Jahre des Zusammenlebens mit Caroline – für Schlegel die fruchtbarsten und produktivsten überhaupt – waren ausgefüllt und harmonisch. Einmal schreibt Caroline polemisch gegen Schillers Anschauung, die Frauen (= Blumen) brauchten die Liebe eines Mannes, um »zu gedeihen«: »...denken Sie nicht, daß ich diese verleugne«, aber »es braucht nicht eben die zu diesem oder jenem Mann zu sein...« – »Ich kann ohne Liebe leben, aber wer mir die Freundschaft nimmt, der nimmt mir alles, was mir das Leben lieb macht.« Das ist ein Schlüsselsatz für Carolines aus dem Leben gewonnener Erfahrung über die Liebe, genauer gesagt über Erotik und Sexualität. Natürlich äußert sie sich an keiner Stelle ihrer Briefe über ihre intimen Beziehungen, über ihre Wünsche und Bedürfnisse. Ob Carolines erster Ehemann sie außer zur Mutter von drei Kindern auch zu seiner Partnerin und Geliebten werden läßt, können wir nicht wissen.

Ihre Witwenzeit dann gibt ihr keinerlei Rechte auf sich selbst, will sie nicht ihre beiden Kinder gefährden. Man hätte sie ihr entzogen, hätte sie ein uneheliches Kind zur Welt gebracht. In den damaligen Ehen ist es durchaus üblich, daß die Frau im Rhythmus von ein oder zwei Jahren den körperlichen Belastungen einer Schwangerschaft ausgesetzt ist. Auch Caroline graut, als sie vor der Frage steht, aus sozialen Erwägungen die Ehe mit Löffler einzugehen, vor erneuten Schwangerschaften »...und was die kleine Familie betrifft«, schreibt die Freundin beschwichtigend, »die da noch kommen soll, so hat mich Deine geschäftige Einbildungskraft, die diese schon Dutzendweise herum laufen sieht, herzlich zu lachen gemacht.«

Die Kindersterblichkeit ist hoch, und die vielen Schwangerschaften fördern keineswegs das Bedürfnis der Frau, ihren Körper in erotischer Beziehung zu ergründen und Verlangen zu entwickeln. Zudem werden ihr keine Rechte zuerkannt. Als Friedrich Schlegel in der »Lucinde« eine vollkommene sexuelle Gleichberechtigung der Frau proklamiert, wird er als Sittenverderber gebrandmarkt; die Spießer schreien laut auf, am lautesten vermutlich die, die unter dem Ladentisch erstandene »Wollustliteratur« genüßlich lesen. Und Schlegel hat auch noch die Kühnheit, Ursachen zu benennen: »Prüderie ist Prätention auf Unschuld, ohne Unschuld. Die Frauen müssen wohl prüde bleiben, solange Männer sentimental, dumm und schlecht genug sind, ewige Unschuld und Mangel an Bildung von ihnen zu fordern.«

Wenn Caroline in der Atmosphäre von Mainz überkommene Tabus abstreift und neue Maßstäbe einer Sittlichkeit in der freien Verfügung über sich selbst findet – vielleicht war die kurze Beziehung zu dem jungen Franzosen die erste, die sie als Frau beglückte –, so sind die Folgen für sie so lebensbedrohend, stürzen sie in eine so tiefe Krise, daß auch dieses Erlebnis nicht dazu angetan sein konnte, für Caroline die intime Beziehung zu einem Mann als etwas Notwendiges und Schönes zu sehen. Freundschaft aber ist für sie lebenswichtig. Die ersten dreieinhalb Jahre ihrer Wohn- und Arbeitsgemeinschaft mit August Wilhelm Schlegel sind für Caroline die beglückendsten im Hinblick auf Bekanntschaften und Freundschaften, die sie schließt, im Hinblick auf den schöpferischen Kreis, den sie – unermüdlich tätig – in ihr Haus zieht; die produktivsten, da sie an den Konzeptionsbildungen einer kühnen literarischen Bewegung junger Leute Anteil hat. Es sind die Jahre, die ihren Namen untrennbar mit der Frühromantik verbinden.

Am 8. Juli 1796 kommen Caroline und August Wilhelm in Jena an und beziehen eine Wohnung am Löbdergraben nahe dem Roten Turm.

Heiter-übermütig ist der Ton, in dem Caroline – glücklich über Aufgeschlossenheit und Achtung, mit der man ihr begegnet – von der ersten Jenaer Zeit berichtet. Goethe macht ihr seinen Besuch. Sie lernt Schiller kennen, erlebt Fichte im Jenaer Klub.

Als sie im Dezember einige Tage in Weimar weilt, begegnet sie Herder, Wieland, Corona Schröter. In das Haus am Frauenplan wird sie geladen. »Göthe gab ein allerliebstes Diner, sehr nett, ohne Überladung, legte alles selbst vor, und so gewandt, daß er immer dazwischen noch Zeit fand, uns irgend ein schönes Bild mit Worten hinzustellen.«

Zuweilen parodiert sie in ihren Berichten den Klatschstil, zuweilen aber läßt sie sich selbst zu einem klatschhaften Ton hinreißen, vor allem, wenn sie über Frauen urteilt, z. B. über Charlotte von Kalb oder Christiane Vulpius.

Die einzige Äußerung, die sich in ihren Briefen zu Goethes Zusammenleben mit Christiane findet, zeigt, wie wenig Caroline, die so vorurteilslos an die Dinge des Lebens heranging, sich in diesem Fall über das allgemeine Zeiturteil erheben kann. »Was ich sah, paßte alles zum Besitzer – seine Umgebungen hat er sich mit dem künstlerischen Sinn geordnet, den er in alles bringt, nur nicht in seine dermalige Liebschaft, wenn die Verbindung mit der Vulpius (die ich flüchtig in der Comödie sah), so zu nennen ist. Ich sprach noch heute mit der Schillern davon, warum er sich nur nicht eine schöne Italiänerin mitgebracht hat?«

Carolines und August Wilhelms Ehrgeiz ist es, ihr Jenaer Heim zum Mittelpunkt des gesellschaftlich-literarischen Lebens werden zu lassen. Die Atmosphäre der ersten Mainzer Monate im Hause Forsters, die lebhaften Debatten der Gleichgesinnten über Politik und Literatur sind Caroline noch in lebhafter Erinnerung. Geistige Kultur, frauliche Entschiedenheit, Attraktivität und menschliche Wärme Carolines tragen dazu bei, daß ihr Haus das Zentrum frühromantischer Gemeinsamkeit wird, es hier zur ersten Gruppenbildung in der deutschen romantischen Literatur kommt. Energisch zieht sie junge Leute in ihr Haus. Goethe ist dem Kreis freundschaftlich verbunden. Fichte steht ihm nahe. Als ihre poetischen und ihre philosophischen Lehrmeister sehen die jungen Leute diese beiden.

Caroline bewundert an Goethe zeitlebens nicht nur seine Werke, sondern vor allem die Vitalität und Harmonie seiner Persönlichkeit, die Kunst, sein Leben bewußt zu gestalten. Die produktive Haltung des Kreises zu Goethe hat Caroline nicht unwesentlich mitbestimmt, z.B. als sie die Brüder Schlegel für die »Iphigenie« begeistert oder August Wilhelms Arbeiten über »Herrmann und Dorothea« und die »Römischen Elegien« fördert. Auch zum »Wilhelm Meister«, der dann Anlaß heftiger Streitigkeiten des Kreises und der Angriffe auf Goethe wird, hat sich Caroline nur bejahend geäußert. Sie liest den Roman, den Goethe bei seinem ersten Besuch in Carolines Haus, hinter den Pferdesattel geschnallt, mitbrachte. Während sie an Goethes Werk und Persönlichkeit Realismus und Erdverbundenheit bewundert, stört sie an Schiller das Abstrakte, nur Idealische. Aufschlußreich ist eine Episode, die Caroline berichtet: »Über ein Gedicht von Schiller, das Lied von der Glocke, sind wir gestern Mittag fast von den Stühlen gefallen vor Lachen.« Die Frühromantiker sind nicht bereit, die in diesem Gedicht vollzogene Idealisierung und Harmonisierung der bürgerlichen Wirklichkeit zu akzeptieren, sie empfinden sie eher als unerlaubte Glorifizierung einer philiströsen und engstirnigen Welt.

Die Versammelten entwickeln ihre philosophischen und literarischen Grundsätze in unmittelbarer Nachfolge der bürgerlichen Revolution in Frankreich, wollen, ihrem Beispiel folgend, in Deutschland eine geistige Revolution auslösen. Gegen »das alte offizielle Deutschland, das verschimmelte Philisterland« treten die »Jakobiner der Poesie«, wie sie Varnhagen von Ense nennt, mit den Waffen der Kritik an.

Jung sind sie alle! Anfang Zwanzig bis Mitte Dreißig. Zum Teil haben sie wichtige öffentliche Ämter inne. So August Wilhelm Schlegel und Friedrich Wilhelm Joseph Schelling. Mit dreiundzwanzig Jahren wird letzterer als Professor nach Jena berufen. Großen Zulauf und Erfolg haben die Vorlesungen beider. Im gemeinsamen, mit viel Witz und Ironie und jugendlicher Leidenschaft geführten Kampf gegen politische und literarische Feinde schließen sie sich zusammen. Dem Kreis gehören keineswegs nur Schriftsteller an, sondern Philosophen, Naturwissenschaftler, Ärzte, Ästhetiker, Literatur- und Kunstkritiker, Maler, Bildhauer. Friedrich Schlegel und Dorothea Veith, der Naturphilosoph und Mineraloge Henrik Steffens, der Physiker Johann Wilhelm Ritter, der Übersetzer Johann Diederich Gries, die Dichter Novalis und Ludwig Tieck sowie dessen Bruder Christian Friedrich Tieck, der Bildhauer; für kurze Zeit auch Clemens Brentano und der Maler Tischbein mit seiner Frau. Briefliche Verbindungen gibt es zu Schleiermacher und Rahel Levin nach Berlin.

So wie die Beziehungen zu anderen Kunstgattungen, vor

allem zur Malerei, gefördert werden, strebt man eine innige Verbindung zwischen Philosophie und Literatur, Literatur und Naturwissenschaften an. Novalis z.B., der an der Bergakademie in Freiberg studiert hat und Aufseher der Salinen in Weißenfels ist, hält an dieser Tätigkeit fest, sieht sie in Beziehung zu seiner Dichtung. »Philosophieren«, sagt Friedrich Schlegel, »heißt die Allweisheit gemeinschaftlich suchen.« In einem intensiven, ungezwungenen geistigen Austausch bereichern sie sich wechselseitig, streben danach, ihre Individualitäten zu respektieren und voll zu entfalten, die männlichen wie die weiblichen gleichermaßen. Ein Kreis findet sich zusammen, der in »logischer Geselligkeit« und »gesellschaftlichem Witz« die höchste geistige Produktivität sucht. Das »Symexistieren«, wie Friedrich sagt, das gemeinsame Essen, die gemeinsame Wohnung, wie das »Symfaulenzen« sind ihre Symbole. Durch die wechselseitige Bereicherung verschiedener Künste und Wissenschaften wollen sie das Ideal einer »Symphilosophie« und »Sympoesie« verwirklichen. Sie glauben, in dieser mit den Mitteln des Geistes zu erringenden Synthese die als problematisch empfundene Zeitsituation zu meistern. Im Winter 1797/98 entsteht der Plan, sich mit der Zeitschrift »Athenäum« ein Forum der Öffentlichkeit zu schaffen. Friedrich ist der Initiator. Im Mai 1798 erscheint das erste Heft in einer Auflage von 1250 Exemplaren. Zwei Jahre lang wird die Zeitschrift unter großen finanziellen Schwierigkeiten verlegt. Die Zeit ihres Erscheinens umschließt die entscheidenden Jahre des frühromantischen Wirkens.

Caroline hilft August Wilhelm in den ersten Jenaer Jahren vor allem bei der Übersetzung der Werke Shakespeares. Sie ist ihm Mitarbeiterin und Abschreiberin. »Wir sind fleißig und sehr glücklich. Seit Anfang des Jahrs komme ich wenig von Wilhelms Zimmer. Ich übersetze das zweite Stück Shakespear. Jamben, Prosa, mitunter Reime sogar.« Später verlagert sich ihr Interesse mehr zum »Athenäum«. Ihre Vorbehalte gegen das Unternehmen (im Brief vom 15. November

1798 an Novalis spricht sie sich gegen die Zeitschrift aus, da sie Kraft und Zeit der beiden Schlegels übersteige) hindert sie nicht daran, für das »Athenäum« tätig zu sein. Sie regt an, organisiert, übernimmt die Arbeit eines Redakteurs und Sekretärs. Ihr Anteil liegt mehr im Praktischen, nicht in eigenen Beiträgen. Friedrich fordert Caroline auf, Artikel für die Zeitschrift zu schreiben. Auch aus ihren Briefen will er Fragmente herauslösen und aus ihnen eine »philosophische Rhapsodie« komponieren. Caroline verneint. Sie hat keinen Ehrgeiz. Und ihre einzige Arbeit, die dann im »Athenäum« Aufnahme findet, will sie viel lieber in Goethes »Propyläen« abgedruckt sehen.

Im Frühjahr 1799, fast ein Jahr nach dem Erscheinen der ersten Nummer ihrer gemeinsamen Zeitschrift, wird Fichte im Ergebnis des Atheismusstreites aus Jena vertrieben. Wesentliches aus Fichtes Theorien hat die Gruppe zur Grundlage eigener Anschauungen gemacht. An seiner Wissenschaftslehre, »dem ersten System der Freiheit«, fasziniert die jungen Leute die Persönlichkeitsauffassung, das Ich, das tätig der Welt sein Gesetz aufprägt und in dem sich die Illusionen und Hoffnungen des Citoyen, des politisch aktiven und selbstbewußten Bürgers, verkörpern.

Caroline, die sich vorher nur zu Fichtes Person äußerte, beschäftigt sich nun auch mit seinem philosophischen System. Entwaffnend offen schreibt sie, daß sie »über diese Dinge ohne irgend eine Kenntnis des philosophischen oder metaphysischen Wortgebrauchs« spricht, ja »viele Bedürfnisse des spekulierenden Geistes« gar nicht kennt. »Das Gute um des Guten willen, das begreife ich in ihm, das erhebt meine Seele, und ausserdem bewundre ich an ihm die Höhe des menschlichen Geistes und interressiere mich für den Verfechter der Freyheit des Denkens – seine persönliche Bravheit abgerechnet.«

Caroline ergreift Partei für Fichte. Es sei »sehr schlimm für alle Freunde eines ehrlichen und freymüthigen Betragens«, schreibt sie an die Freundin. »Wie Du von der ersten Anklage, die von einem bigotten Fürsten und seinen theils catholischen theils herrnhutischen Rathgebern herrührte, zu denken hast, wirst du ungefähr einsehn... Alle Hofdiener, alle die Professoren, die Fichte überglänzt hat – er hatte 400 Zuhörer in dem letzten Winter – schreyen nun über seine Dreistigkeit, seine Unbesonnenheit. Er wird verlassen, gemieden.«

Entschieden kritisiert Caroline Goethes Haltung, die »weder warm noch kalt, doch eher das letztere« sei. In demselben Brief, gerichtet an den Mitstreiter Gries, geschrieben am 9. Juni 1799, steht ein Satz, der das Leben des Kreises in den folgenden anderthalb Jahren bestimmen sollte: »Wir halten uns in den schlimmen Zeiten enge zusammen.« August Wilhelm formuliert es noch schärfer. An Novalis schreibt er: »Der wackere Fichte streitet eigentlich für uns alle, und wenn er unterliegt, so sind die Scheiterhaufen wieder ganz nahe herbeigekommen.«

Fichte unterliegt. »Wir gehören doch alle zu der einen Familie der herrlich Verbannten«, sagt Friedrich, auf Fichtes Schicksal anspielend. Mit Recht deutet der Kreis Fichtes bittere politische Erfahrungen als Vorboten der eigenen. Die Vorstellung von einer breiten gesellschaftlichen Tätigkeit, eines öffentlichen Wirkens erleidet im Verlauf des Streites um Fichte und am Ende des Jahres unter dem Eindruck des 18. Brumaire des Napoleon Bonaparte einen heftigen Schock. Die politische und kulturelle Misere Deutschlands, die Zersplitterung der Staaten, das »Drohen des Scheiterhaufens«, ihr Leben unter »kümmerlichen Moosmenschen«, wie Novalis an Caroline schreibt, lassen sie aber noch nicht aufgeben, führen im Gegenteil im Sommer und Herbst des Jahres 1799 zu einem engen Zusammenschluß.

Carolines Haus, eher bescheiden und ohne jenes reiche großbürgerliche Ambiente des Berliner Salons von Henriette Herz, wird das Zentrum, von dem wichtige Impulse der literarischen Opposition ausgehen.

Die Formierung der Kräfte geht einher mit dem Rückzug in den privaten Kreis. Was die Gesellschaft als Ganzes nicht verwirklicht, wie die jungen Leute im Taumel ihrer Revolutionsbegeisterung erhofften, wollen sie nun in der Praxis ihres eigenen Zusammenlebens realisieren und verstehen dies durchaus als Modell einer gesamtgesellschaftlichen Utopie.

Caroline tut alles, um den Kreis, der sich gegen Mittag und am Abend bei ihr versammelt, zu vergrößern. War Caroline glücklich, als sich im Herbst 1796 mit der Ankunft Friedrichs »die heilige Dreyzahl« des »häuslichen Zirkels« in eine »partie quarrée« verwandelt, hofft sie Anfang 1799 auf ein gemeinsames Leben mit den Freunden. »Sehr möglich, daß ein Dach uns alle noch in diesem Jahr versammelt«, schreibt sie am 20. Februar. Sie bietet Friedrich und Dorothea an, in ihrem Haus zu leben. Novalis, Carolines Freund und Briefpartner, schreibt an sie: »Denken Sie nur unseren prächtigen Kreis. Vor dem Jahre standen wir noch so verwaist da... Jetzt kann erst rechte Freundschaft unter uns werden...«

Was Caroline für kurze Zeit gelingen soll, schwebte auch Fichte vor: »Er meint, wir sollten alle eine Wirtschaft machen, er weiß allen Schwierigkeiten scharfsichtige Gründ entgegensetzen zu lassen.«

Carolines Beharrlichkeit hat Erfolg. Spätsommer und Herbst 1799 sind Höhepunkte einer »schönen Geselligkeit«, die die Gemeinsamkeit im geistigen Bereich wie im täglichen Leben beinhaltet. Friedrich und Dorothea kommen. Sie versuchen ein Leben zu viert, müssen sich ziemlich einengen, das Haus ist nicht groß. Im Oktober weilt Tieck mit seiner Frau in Jena. Novalis bleibt über Wochen da. Sophie Tischbein kommt mit zwei Kindern. Die Kinder toben in den engen Räumen! Schelling ist ständiger Gast. An Carolines Mittagstisch sitzen zu dieser Zeit täglich etwa fünfzehn bis achtzehn Personen.

Caroline hofft auf einen gemeinsamen Winter. Diese Hoffnungen aber erfüllen sich nicht. Von »plötzlichen Umwandlungen« spricht sie. »So sieht unsre winterliche Geselligkeit ganz anders aus als unsre sommerliche… Wir sehn fast niemand außer uns, die bloßen Bekannten haben sich ziemlich von den Freunden geschieden.«

Caroline führt es auf den Streit um das »Athenäum« zurück. In wachsendem Maße stoßen die Frühromantiker auf die Abwehr der literarischen Öffentlichkeit. Ein Ausdruck dafür ist der frontale Angriff auf das »Athenäum« in einer Rezension von Ferdinand Huber vom 21. November 1799.

Carolines Verteidigung des »Athenäums« in den Briefen vom 22. und 24. November 1799 an Huber ist rührend und groß zugleich. Rührend, weil ihr ausdrücklich die Abwesenheit Friedrich und August Wilhelm Schlegels die Feder in die Hand gibt und sie dies entschuldigend betont: »…ich habe geschwiegen, wie ich das eben in politischen Angelegenheiten auch thun würde, im Glauben, daß, aller unsrer Vernunft zum Trotz, die Männer dieses doch besser verstehen.« Groß ist es als ein Zeugnis ihrer literaturpolitischen Haltung. Hier artikuliert sich die Caroline der Mainzer Zeit und beurteilt sehr scharfsichtig die politischen Fronten der literarischen Szene. Caroline erinnert Huber an Mainz: »Sie kennen revoluzionäre Zeiten, und sollten an der Weise nicht kritteln. Was Sie wollen, nennt man im Politischen halbe Maßregeln.« Im zweiten Brief sagt sie ihm unverhohlen, auf welche Seite er sich mit seiner Kritik schlägt: »Wie heiß werden Ihnen auch Böttiger, Kotzebue, die ALZ, Nicolai etc. samt allen Gegnern Fichtens und alles, was Höfen und Fürsten anhängt, dafür danken.«

Mit männlicher Arroganz reagiert Huber. Einer Frau zu antworten, findet er unter seiner Würde. Nicht an Caroline, an Schlegel schreibt er: »Ich bin zu galant, um zu sagen, daß ein Brief von einer Frau des Zurückschickens an seinen Eigentümer nicht wert ist.«

Caroline wehrt sich gegen Hubers Vorwurf der Fraktionsbildung. »Was sprechen Sie von Faction? Keine Revoluzion ohne Faction... Ich habe Ihnen das schon gesagt, es ist ein allgemeiner Kampf.« Und sie verteidigt die gemeinsame Zielstellung des Kreises leidenschaftlich. »Denken Sie nicht, daß diese Männer sich unter einander schmeicheln, und etwas weis machen: sie kennen sich, sie sagen sich ihre Wahrheiten, aber sie haben ein Ziel – und das haben sie sehr fest in den Augen.«

Caroline täuscht sich. Der Kreis geht auseinander, zerfällt so schnell wie kaum eine andere literaturgeschichtliche Gruppierung. Die tiefen historischen Ursachen werden den Beteiligten kaum bewußt. Gerade die Nähe, das tägliche Miteinander, die Debatten im Herbst 1799 bringen sehr kraß Verschiedenheit und Unvereinbarkeit ästhetischer und weltanschaulicher Anschauungen zutage. Man war sich einig, von welchen »alten Perücken die Lorbeerkränze gerissen« werden sollen, geriet aber sofort in heftigen Streit, wenn es um gemeinsame Ziele und gar Wege zu deren praktischer Realisierung ging. Schleiermacher hat das bereits um 1800 sehr genau beobachtet. »Wenn man betrachtet, wie gänzlich verschieden in ihren Produktionen und in ihren Prinzipien, in der Art, wie sie dazu gekommen sind und wie sie selbst sich ansehn, Friedrich Schlegel, Tieck und August Wilhelm Schlegel sind, so muß man wohl gestehn, daß hier keine Neigung sein kann, offensiv eine Sekte zu bilden, sondern höchstens defensiv...« Von »Sprachverwirrung« beim »Turmbau zu Babel« spricht Steffens in einem Brief an Tieck aus dem Jahre 1814, sich der Jenaer Gemeinsamkeit erinnernd: »So gewiß, wie es ist, daß die Zeit, in welcher Goethe und Fichte und Schelling und Schlegel, Du, Novalis, Ritter und ich uns alle vereinigt träumten, reich an Keimen mancherlei Art war, so lag doch etwas Ruchloses im Ganzen. Ein geistiger Babelturm sollte errichtet werden, den alle Geister aus der Ferne erkennen sollten. Aber die Sprachverwirrung begrub dieses Werk des Hochmuts unter seine eigenen Trümmer. Bist du der, dem ich mich vereinigt träumte, fragte einer den anderen – Ich kenne deine Gesichtszüge nicht mehr, deine Worte sind mir unverständlich – und ein jeder trennte sich in den entgegengesetzten Weltgegenden...«

Caroline wird hier wie auch in den Briefen der Freunde nie in bezug auf das geistige Profil der Gruppe erwähnt. Über ihr Äußeres, ihre »Weiblichkeit«, finden wir um so mehr klatschhafte Urteile bei vielen Zeitgenossen. Persönlichkeiten wie Schiller, Humboldt und Hegel machen hier keineswegs eine Ausnahme. Das hängt mit Zeitgeschmack und Rollenauffassung zusammen. Doch die Ursache liegt auch mit darin, daß Caroline wohl geistiges Klima und produktive Atmosphäre des Kreises wesentlich mitbestimmt, aber kein eigenes Programm vorlegt. Sie weiß, wie sie Novalis gegenüber sagt, »von nichts etwas als von der sittlichen Menschheit und der poetischen Kunst«. Und: »blutwenig von der Literaturgeschichte.« Alles mündet für sie in Anregungen zur »Kunst, zu leben«.

Unter dem Aspekt einer im Goethischen Sinne auf das Harmonische orientierten Lebensauffassung beurteilt sie auch das Schaffen ihrer Freunde. »Sie glauben nicht, wie wenig ich von eurem Wesen begreife, wie wenig ich eigentlich verstehe, was Sie treiben«, schreibt sie am 4. Februar 1799 an Novalis. Und: »Was ihr alle zusammen da schaffet, ist mir auch ein rechter Zauberkessel.« Caroline wagt aus ihrer stark antireligiösen, ja beinahe atheistischen Haltung Novalis gerade dort zu widersprechen, wo er das Christentum in seine Vorstellung einbezieht. Mit vielen der Produkte aus der Sphäre der »Nebler und Schwebler«, wie Caroline mit Goethe sagt, kann sie sich nicht abfinden. Sie liebt poetische Stellen, z. B. die Bergmannslieder im »Ofterdingen«, mag Tiecks »Genoveva«. Zu seinem »Sternbald« hat sie sich jedoch sehr kritisch geäußert, Grundzüge romantischen Denkens damit charakterisierend: »...es fehlt an durchgreifender Kraft – man hoft immer auf etwas entscheidendes... Viele liebliche

Sonnenaufgänge und Frühlinge sind wieder da; Tag und Nacht wechseln fleißig, Sonne, Mond und Sterne ziehn auf, die Vöglein singen; es ist das alles sehr artig, aber doch leer, und ein kleinlicher Wechsel von Stimmungen und Gefühlen im Sternbald, kleinlich dargestellt.«

Es bleibt, wie Hegel das stärker auf den Begriff bringt, »ein Sollen, Bestreben, Sehnen«, das »in dieser Einsamkeit..., zu keinem Inhalte, keiner Bestimmung ... im Praktischen sowenig als im Theoretischen zu einer Realität kommt«, nur eben die Wirklichkeit »bequengelt«. – »Diese Subjektivität bleibt Sehnsucht, ... verglimmt in sich...«

Stimmen Carolines Freunde zunächst mit Fichte, was den Kampf gegen die Realität der Feudalgesellschaft – in Illusion über das Wesen der bürgerlichen Revolution – überein, so läßt sie die Verzweiflung über die Ergebnisse der Revolution nur noch krämerhaften Alltag, philisterhafte Enge, platten Ökonomismus empfinden. »...nur die prosaische Fratze« sah er in »unserem ganzen modernen Leben«, sagt Heine später über August Wilhelm und über Friedrich: »er fühlte alle Schmerzen der Gegenwart, aber er begriff nicht die Heiligkeit dieser Schmerzen und ihre Notwendigkeit für das künftige Heil der Welt.«

Hilflos gegenüber durchaus wahrgenommenen Widersprüchen der neuen geschichtlichen Etappe, ignorieren sie die Realität, siedeln das Individuum aus der Geschichte aus und pflanzen es in ein phantastisches Reich der Poesie. »Meine Phantasie wächst, wie meine Hoffnung sinkt«, sagt Novalis 1797. Und Friedrich Schlegel: »Das wahre Universum ist im Innern.«

»...bleiben sie in der magischen Atmosphäre, die sie umgibt, und mitten in einer stürmischen Witterung, mitten unter kümmerlichen Moosmenschen wie eine Geisterfamilie isoliert, so daß keine niedern Bedürfnisse und Sorgen sie anziehen und zu Boden drücken können«, schreibt Novalis am 20. Januar 1799 an Caroline. Die »niedern Bedürfnisse« aber beschleunigen das Auseinanderfallen des Kreises. Das Leben aller wird durch nackte Existenzsorgen, durch große ökonomische Unsicherheit bestimmt. Der von dieser jungen Schriftstellergeneration erstmals als Gruppe unternommene Versuch, »freiberuflich« zu arbeiten, schlägt fehl, ihre zumeist theoretischen und kritischen Publikationen haben es auf dem literarischen Markt schwer. August Wilhelm verdient sich nach dem Studium sein Geld als Hauslehrer, in Jena dann mit Übersetzungen (die Vielzahl und Schnelligkeit seiner Shakespeare-Übersetzungen ist bedingt durch harten ökonomischen Zwang). Die Professur bessert seine finanzielle Lage, aber das akademische Lehramt bietet auch keine hinreichende Lebensbasis. Friedrichs Lage ist noch schlechter. Im Juni 1800 macht er einen verzweifelten Versuch, in Jena eine Anstellung als Professor zu erhalten. Nach vielen Verhandlungen, begleitet von Intrigen, promoviert er und hält im Winter 1801 als Privatdozent zwei Vorlesungen, die mit einem finanziellen Fiasko enden. Als August Wilhelm 1800 nach Berlin geht und dadurch seine Jenaer Professur verliert, sind seine Einnahmen als Privatdozent so gering, daß sie für Carolines und sein Leben nicht reichen. Carolines Ersparnisse und ihre Erbschaft sind inzwischen aufgebraucht. In den Briefen der beiden zwischen 1800 und 1803 nimmt das Geldthema einen breiten Raum ein. Schlegel hat noch jahrelang mit der Abtragung seiner Schulden in Berlin zu tun. Im Februar 1802 muß er von Schelling sechshundert Reichstaler borgen. Zu den wirtschaftlichen Schwierigkeiten und den divergierenden weltanschaulich-ästhetischen Anschauungen kommen persönliche Spannungen und Gegensätze, ja Feindschaften.

Das auslösende Moment dafür sind die Beziehungen zwischen Caroline Schlegel und Friedrich Wilhelm Joseph Schelling. Mit Hölderlin und Hegel hat sich Schelling als Stiftsschüler in Tübingen für die Französische Revolution begeistert. Hochbegabt und kühn greift der junge Philosoph schon mit seinen ersten Schriften, die großes Aufsehen erregen, in die Epochendebatte ein. Goethe veranlaßt, daß er als Professor an die Jenaer Universität berufen wird. Er ist Schelling in der Jenaer Zeit und auch später in Freundschaft verbunden.

Caroline, die Schelling im April 1797 flüchtig in Dresden kennengelernt hat, lädt ihn gleich nach seiner Ankunft in ihr Haus ein. Bald ist er ständiger Gast. Ist es Zufall, daß genau seit der Zeit Carolines Schriftzüge in August Wilhelms Manuskripten nicht mehr zu finden sind? »Was Schelling betrifft, so hat es nie eine sprödere Hülle gegeben. Aber ungeachtet ich nicht sechs Minuten mit ihm zusammen bin ohne Zank, ist er doch weit und breit das Interressanteste was ich kenne«, schreibt Caroline am 4. Februar 1799 an Novalis, und dieser erwidert: »Je tiefer ich in die Untiefe von Schellings Weltseele eindringe, desto interessanter wird mir sein Kopf.« – »Glauben Sie, Freund, er ist als Mensch interessanter, als sie zugeben«, schreibt Caroline an Friedrich; Schelling ist »eine rechte Urnatur, als Mineralie betrachtet, echter Granit«.

Der junge Schelling findet in Caroline eine Gesprächspartnerin, eine Freundin. Ihre Persönlichkeit beeindruckt ihn. Er liebt sie. »Unter den großen Philosophen ist es nur Schelling«, sagt Jaspers, »für den eine Frau durch ihre Persönlichkeit von entscheidender Bedeutung wurde, und zwar nicht nur durch erotische Leidenschaft und menschliche Verbundenheit, sondern in eins damit ursprünglich durch ihr geistiges Wesen. ... Schelling ... wurde erst durch Caroline gelokkert zu der Freiheit und Weite, die er erreicht hat.«

Und Caroline? Was löst dieser Mann in ihr – der für damalige Begriffe schon alternden Frau – aus? »Wie ich in mir selbst erwachte«, schreibt sie ihm später, »da macht es sich so, daß ich lange, lange glaubte, in der Wirklichkeit wäre das Glück niemals zu Hause und nichts, was dem innern Dasein eigentlich entspräche. Und durch diese erste Erziehung bin ich immer ein wenig bescheiden geblieben.« Nun, da sie in Schelling dem Menschen begegnet, der eine unbedingte und tiefe Empfindung in ihr weckt, »bescheidet« sie sich nicht mehr. »Wer wollte sich aufopfern, ... das geschieht nur dem ... der Leere zu verbergen hat«, hatte Caroline bei ihrem Entschluß, nach Mainz zu gehen, gesagt. Ihr in den revolutionären Umwälzungen gewonnenes Selbstbewußtsein, ihr Mut, sich radikal zu sich zu bekennen, bricht wieder durch. Wir haben aus der Zeit der beginnenden Liebe, der Zeit der vielleicht tiefsten Erschütterung und Beglückung Carolines keine Briefe. Wehrte sie sich gegen diese Liebe? Ihre schwere Krankheit im Frühjahr 1800, in der offensichtlich der innere Konflikt für beide einen Höhepunkt erreichte, und Carolines flehender Brief an Goethe, Schelling Silvester 1800 zu sich zu nehmen, sind die einzigen Zeugnisse.

Den in Carolines und August Wilhelms Haus Versammelten bleibt die Annäherung zwischen Caroline und Schelling nicht verborgen.

»Wegen Schelling und der Schlegelin nimm Dich doch ja in acht!...«, schreibt Fichte am 23. Oktober 1799 an seine Frau. »Schelling macht sich einen üblen Namen, und das tut mir sehr leid. Wäre ich persönlich in Jena gegenwärtig, so würde ich warnen... Macht denn doch der Mann der Sache nicht ein Ende?« Alle Klischees sind hier vereint. Welches Mißverhältnis zu dem, was Fichte in seinen Werken über die Ehe und die Beziehung der Geschlechter schreibt. August Wilhelm denkt nicht daran, ein Ende zu machen. Wie hätte er es auch tun sollen? Doch nur mit den üblichen Gewaltmitteln. Enttäuscht und tief getroffen stellt er sich den Dingen mit bewundernswerter Sachlichkeit. Anders Friedrich Schlegel und Dorothea Veith. War Friedrich, der vielleicht um des Bruders willen auf Caroline als Frau verzichtet hatte, über die Wendung ganz einfach verbittert? Und Dorothea? Mit fraulichem Spürsinn hat sie bald entdeckt, daß Caroline August Wilhelm nicht liebt; beide verhalten sich, schreibt sie, mehr »als liebende Freunde, es ist nicht viel vom Sakrament zu merken«. Warum versagt sie, die gerade den Mut auf-brachte, sich von einem ungeliebten Mann zu trennen, der anderen dieses Recht? Wie auch immer die Motive im einzel-nen gewesen sein mögen, dies ist der Beginn von persönlichen Zerwürfnissen. Das eigentlich auslösende, zu häßlichsten Verleumdungen und Intrigen gegen Caroline Schlegel und Schelling führende Moment ist aber ein Ereignis, das Caro-line auf das tiefste trifft, ihr Lebenskraft und Mut nimmt. Im Sommer 1800 verliert sie ihre fünfzehnjährige Tochter Augu-ste. Auf einer Reise stirbt sie in Bocklet innerhalb weniger Tage an der Ruhr.

Caroline ist eine wunderbare Mutter, die für ihre Zeit ganz ungewöhnliche Vorstellungen von Erziehung hat. Sie ist ih-ren Kindern stets Partnerin, Freundin. Sie läßt sie »zu freier Entfaltung« kommen, hält sie »bloß in Entfernung vom Gemeinen«. Erziehung ist ihr »nicht Abrichtung« ... »keine Kunst«, sondern »nur eine gewiße Unthätigkeit, welche höchstens vor bösen Gewohnheiten zu bewahren und die er-sten entscheidenden Eindrücke zu lenken sucht«.

Vier Kinder hat sie geboren. Der erste Sohn lebt nur we-nige Wochen. Ihre kleine Therese stirbt mit drei Jahren. »Ich habe nur noch eins« – Auguste –, »und es ist mir unschätz-bar, weil doch meine einzige feste Bestimmung in ihm liegt.« Den kleinen »citoyen«, für den sie so entschlossene Lebens-pläne hat, muß sie zunächst in Lucka bei Pflegeeltern lassen. »Wenn wir allein sind, sprechen wir von ihrem Bruder«, schreibt Caroline, »den ich sehr sehr wohl, schön und leben-dig verlassen habe.« Auguste bewahrt das Geheimnis um den kleinen Bruder, dessen Existenz beide gefährdet. Als Caro-line verreist, vermeidet sie den Weg über Leipzig, um nicht der Versuchung anheimzufallen, ihren Sohn zu sehen.

Am 20. April 1795 stirbt der Kleine – anderthalbjährig – an den Frieseln. Caroline ist nicht bei ihm, und sie muß ihren Schmerz verbergen. Das Schicksal, Kinder in sehr frühem Al-ter zu verlieren, teilt sie bei der damaligen hohen Kindersterblichkeit mit vielen Frauen. Traf sie der Verlust ihrer drei Kinder schwer, so rührte der Verlust des vierten an ihren Lebensnerv.

Auguste, die Erstgeborene, hat ihr Leben geteilt, in Mainz, wo sie Forster »Väterchen« nennt, in der Gefangenschaft auf dem Königstein, wo sie die »frühe Vertraute« von Carolines Leiden ist. Die Atmosphäre im Jenaer Kreis bringt ihre Fähigkeiten und Anlagen voll zur Entfaltung. Alle lieben sie, August Wilhelm und Friedrich Schlegel, Schelling. Sie muß ein ungewöhnlich heiteres, natürliches und anziehendes Geschöpf gewesen sein.

Im Sommer 1799 trennt sich Auguste erstmals von der Mutter, geht nach Dessau. Die Briefe, die Caroline ihr dorthin schreibt, ungeduldig auf ihre Rückkehr wartend, sind Zeugnisse ihrer tiefen Bindung an die junge Erwachsene. »Wärst Du nur erst da, kämst durch die Lüfte geflogen in dichte Schleyer gehüllt ... Du bist eine neue Bekantschaft für mich, mein Töchterchen nicht mehr, sondern ein Schwesterchen aus der Ferne kommend.«

Sieht Caroline, vom Verlust der Fünfzehnjährigen tief getroffen, im Tod Augustes ein »Zeichen« gegen ihre »verbotene Liebe«? Wie anders ist es zu erklären, daß sie – die von Religion und Mystik nie etwas wissen wollte – sich von nun ab Schelling verweigert, von ihrer Liebe als einem »Verbrechen« spricht und sich nachdrücklich zur Ehe mit Schlegel bekennt. Stendhal hat in seinem Roman »Rot und Schwarz« in der Gestalt der Madame Rênal psychologisch sehr glaubhaft geschildert, wie die Frau, in jahrtausendelanger Tradition gefangen, in der Krankheit des Kindes ein Zeichen Gottes zu erkennen meint und sich zur Sühne vom Geliebten trennt. Die Gesellschaft bestärkte sie noch in solch widersinniger Auffassung.

Ist für Caroline die Haltung ihrer Mitwelt vielleicht überhaupt das auslösende Moment? Nicht die Philister, sondern ausgerechnet die, die gegen Krämergeist und verlogene Moral angetreten sind, erheben ihre Stimme. Kein Geringerer als Novalis schreibt: »...Wilhelm dauert mich am meisten. Hat ihr Tod einen Zusammenhang mit Carolines Geschichte? ... Der Himmel hat sich ihrer angenommen, da ihre Mutter sie verließ und ihr Vater sie hingab... Für die Mutter ist es eine ernste Warnung. Ein solches Kind läßt sich nicht so leicht wie ein Liebhaber erhalten. Sie ist nun ganz frei, ganz isoliert.« Nimmt Novalis das Wort vom »Sühneopfer« nicht in den Mund, so sprechen es andere aus, Friedrich, Dorothea, Frau Paulus. Caroline habe die Tochter mit Schelling verkuppeln wollen, da sie ihn selbst liebte, mußte diese sterben.

Schelling, der von seinen Eltern aus sofort nach Bocklet reiste, als er von Augustes Krankheit erfuhr, wirft man vor, er habe in die Behandlung der Ärzte »hineingepfuscht«. Er wandte die damals sehr umstrittene Brownsche Methode an, die Caroline ein Jahr zuvor das Leben gerettet hatte. Einen »vorsätzlichen Totschlag« nennt der Theologe Berg in einer Satire auf Schellings Philosophie Augustes Tod. 1802 werden Caroline und Schelling gezwungen, nochmals die genauen Todesumstände des Mädchens zu rekapitulieren, um sich zu verteidigen. August Wilhelm stand im Gegensatz zu den Freunden auf Carolines und Schellings Seite, protestierte öffentlich gegen die »Ehrenschändung«.

Können diese entwürdigenden Umstände Carolines Verhalten erklären? Ihre Briefe aus den Jahren 1800 bis 1803 zeigen ihren verzweifelten Kampf; den einen, den Geliebten, nicht zu verlieren, den anderen, den in Dankbarkeit und vor Recht und Gesetz verbundenen Mann, zu behalten.

Ihre Briefe an Schelling bezeugen, daß dies der einzige Mann ist, dem sie Geliebte, Frau, Freundin und Mitarbeiterin in einem sein wollte und konnte. Im Herbst 1800 bekennt sie sich zu ihrer Liebe. Schellings Ring ist »der einzige echte Trauring für mich, und er bleibt einzeln... Liebe mich, ich knie vor Dir nieder in Gedanken und bitte Dich darum. ...verlaß mich nicht«, fleht sie Schelling an. »Wenn Du mich von Dir losmachen wolltest, so würdest Du mein Leben mit zerreißen.« Zugleich lehnt sie ein gemeinsames Leben ab und verweigert sich ihm entschieden als Frau. Ihn durch ihre leidenschaftlichen Geständnisse an sich ziehend und ihn zugleich zurückstoßend, bringt sie den Vierundzwanzigjährigen in eine tiefe Krise.

Die Vorschläge, die Caroline dem Geliebten in ihrer Not macht, die Rollen, die sie ihnen beiden zuteilen will, lesen wir heute nicht ohne Befremden. Sie wünscht sich Schelling zum Sohn. Goethe bezeichnet sie als Schellings Vater, sich als seine Mutter: »Er der große Gewaltige und ich als die kleine Frau. Er liebet Dich väterlich, ich Dich mütterlich – was hast du für wunderbare Eltern.« Ja, Caroline nennt sich die »sterbliche Mutter« und ihn den »göttlichen Sohn«. Sie gibt ihm den »heiligen Segen«, »als Deine Mutter begrüße ich Dich, keine Erinnerung soll uns zerrütten. Du bist nun meines Kindes Bruder... Es ist fortan ein Verbrechen, wenn wir uns etwas anderes sein wollten.«

Ganz anders lesen sich die Briefe an August Wilhelm. Keine Überhöhung, keine Gefühlsemphase, aber auch kein echtes Gefühl. Freundschaftlich versucht sie den, der sie im Februar 1800 verlassen hat und nach Berlin ging, zurückzuholen. Sie will ihn wieder als Mittelpunkt des Jenaer Kreises sehen, will nicht wahrhaben, daß die Gruppe endgültig und unwiderruflich zerfallen ist. Zudem überschätzt sie August Wilhelms Rolle im Kreise der Jenaer Romantiker. Sie, die immer einen so klaren Blick in der Beurteilung der Dichtung bewies, läßt sich nun verführen, August Wilhelms poetische Leistung überzubewerten. Oder ist es nur Taktik, um den sensiblen und wenig selbstbewußten Schlegel wieder an sich zu binden?

Die Geschichte um sein Drama »Ion« ist aufschlußreich. Goethe studierte das Stück mit großer Sorgfalt am Weimarer Theater ein. Am 3. Januar 1802 wird es uraufgeführt. Caroline bespricht es am 16. Januar in der »Zeitung für die elegante Welt«. Ihre Rezension ist freundlich, ausführlich, eigentlich aber eine an der Aufmachung und Darstellungskunst orientierte Beschreibung. Wie anders sollte sie ein solch blutloses und leeres Stück besprechen? Schlegels nach Euripides verfaßtes Drama findet keine gute Aufnahme.

Enttäuscht verteidigt Schlegel sich öffentlich gegen einige Kritiken, auch gegen die Rezension seiner Frau. Caroline wirft er vor, sie kenne kein Griechisch und habe nicht einmal die Übersetzung des Euripides gelesen.

August Wilhelm sieht sich als Dramatiker gescheitert. Was soll er in Jena? Immer wieder schiebt er seine Rückkehr hinaus. Er weiß, Caroline liebt ihn nicht. Was kann ihm das »Gelübd« sein, das sie ihm gibt: »Ich kann niemals Schelling als Freund verleugnen, aber auch in keinem Falle eine Grenze überschreiten, über die wir einverstanden sind.«

»Sie macht keine Ansprüche an mich, begleitet aber jede meiner Tätigkeiten und mein ganzes Leben mit reger Teilnahme«, sagt August Wilhelm seiner Freundin Sophie. Caroline schreibt fast jeden Tag. Ihre Briefe sind rein berichtend; Mitteilungen, Vorgefallenes, Neuigkeiten, Klatsch. Unfähig, sich zu verstellen, verrät sie sich durch ihren Ton. Zuweilen ist er überzogen heiter, hektisch-kokett. Vergleicht man ihn mit den in dieser Zeit an Schelling geschriebenen Briefen, läßt ihr Ton durch Kälte und inneres Unbeteiligtsein ahnen: hier ist die Trennung schon vollzogen.

Als Caroline und Schlegel sich nach langem Drängen ihrerseits im März 1802 in Berlin wiedersehn, wird der Bruch endgültig. Sie beschließen, ihre Ehe zu lösen, und werden ein Jahr später, am 17. Mai 1803, geschieden.

Daß ein »freundliches und selbst freundschaftlich zärtliches Verhältnis« zwischen Caroline und ihm immer fortdauern wird, schreibt August Wilhelm. Und in der Tat, er verhält sich Caroline gegenüber äußerst fair und sachlich. Nie läßt er sich zu gehässigen Äußerungen hinreißen, obwohl mehr als genug durch seinen Bruder und dessen Frau dazu angetrieben. Auch Schelling bleibt er freundschaftlich verbunden, beide hören nicht auf, sich als für gemeinsame Ideen Kämpfende zu betrachten und sich gegenseitig zu unterstützen. Auch bei späteren Begegnungen, so im Mai 1804 in München, fällt kein Wort der Mißachtung, alle sind bemüht, die »Bitterkeit der Erinnerung auszulöschen«.

Für Caroline löst schon die Gewißheit der Trennung die Konfliktsituation. »Ich kann Dir nicht ausdrücken, wie ruhig ich seit dem Moment bin, wo wir uns entschieden hatten«, schreibt sie im Februar 1803 an die Freundin, »ich bin fast glücklich zu nennen, und meine Gesundheit hat beträchtlich gewonnen.«

Caroline und Schelling verlassen Jena. Am 26. Juni 1803, kaum einen Monat nach der Scheidung, werden sie auch vor dem Gesetz Mann und Frau. Schellings Vater traut sie in der Prälatur Murrhardt. Im November desselben Jahres ziehen sie nach Würzburg. Schelling ist von der Universität berufen worden.

Beide fühlen sich in dem »verruchten Nest« nicht wohl. Die Würzburger Universität ist von einer religiösen Lehratmosphäre beherrscht, Schellings Ideen sind hier entschieden zu kühn. Angehende Priester z. B. dürfen seine Vorlesungen nicht besuchen. Er wird befehdet und erhält im November 1804 einen scharfen offiziellen Verweis. Gegen Caroline wird eine regelrechte Verleumdungskampagne gestartet. Sollte sich für sie in Würzburg das Gothaer Schicksal wiederholen? Auch hier ist das »politische Urteil schneidend«, freilich nicht so, um sich wie dort »erklärt von ihr abzuwenden«. Immerhin kam sie als Frau des in ganz Deutschland berühmten Philosophen. Aber: »Ihre Lebensgeschichte ist ziemlich im Umlauf ... sie mochte raisonnieren, soviel sie wollte, so konnte sie weder den Königstein noch Mainz wegwaschen, da wußten die Würzburger sehr gut, was für eine Rolle sie dort gespielt hatte«, schreibt Frau Paulus an Charlotte von Schiller nach Jena. Die Würzburger Professorenfrauen in ihrer Beschränktheit, ihrem Neid auf Caroline, die so »anders« ist, urteilen: »Die Törin! ... Es wäre zweckmäßig für ihre Lage, wenn sie wüßte, wie man eine gute Suppe kocht und eine Wasch behandeln muß.« Caroline, die Weibergesellschaften, Teestunden und Kaffeekränzchen sowieso haßt, legt keinen Wert auf den Umgang mit diesen Frauen, »...ich weiß gar zu gut – wie viel – das heißt wie wenig, überhaupt der Haß und die Liebe von dergleichen Wesen wert sind, beides gilt mir keinen Kreuzer«.

Trotzdem leidet Caroline darunter. Denn es sind ihre einstigen Freunde Friedrich und Dorothea Schlegel, die sie in Briefen an die mit ihr im gleichen Haus lebende Frau Paulus verleumden. Es ist jener Friedrich, den Carolines Mainzer Schicksal faszinierte, der den großen Forster-Aufsatz verfaßte, der nun – auf die napoleonische Herrschaft in Würzburg anspielend – schreibt: »Geht es ihr wohl unter dem Einfluß der Franzosen? Mir deucht, es müßte ihr sehr wohl gehen, von da ging sie aus, nun ist sie wieder da und hat ihren Kreislauf vollendet...« Und er hofft, daß der »Teufel sie bald holen mag...«. Schelling empfiehlt er, bei der Entwicklung seiner Theorie der »Gicht, Krätze und Schwerenot« von »seiner Frau als einem treffenden Symbol Gebrauch« zu machen. Dorothea übertrifft Friedrich noch. Sie schreibt von einem »eifrigen Katholiken«, der einen »recht kräftigen Exorzismus studiert« hat, um, wenn er nach Würzburg kommt, »...die Legion Teufel aus Madame Luzifer zu bannen...«. Mit dem »Teufelsgeißelchen«, das die besondere Eigenschaft hat, den Satanas wenn er sich auch in den schönsten Engel verkleidet habe, ... in seiner ursprünglichen Gestalt zu zeigen...«, wird er es tun. »Dies ... in einem eleganten Teezirkel heimlich der Madame Luzifer unter den Allerwertesten geschoben, müßte von erfreulicher Wirkung sein. Sind auch in Würzburg die Kamine weit genug zu einer möglichst schnellen Retirade?«

Schillers Wort von der »Dame Luzifer« bekommt in diesem Kontext und auf dem Hintergrund der Hinwendung Friedrich und Dorothea Schlegels zum Katholizismus und des allgemeinen geistigen und politischen Klimas in der Stadt Würzburg einen äußerst üblen Beigeschmack.

Caroline aber läßt sich nicht beirren, sie bewahrt ihre republikanische Gesinnung. Ein Beispiel: Wie sie in Mainz den Empfang der Könige und Fürsten durch den Erzbischof von Erthal vom Standpunkt einer Demokratin als pompöses Schauspiel empfunden hat, so empfindet sie nun den Einzug des neuen Kurfürsten von Würzburg. Heiter-ironisch schreibt sie: »Die Stadt sieht jetzt mit allen den Anstalten wie ein schlechtes Theater bei Tage aus.« Die ganz reale Perspektive, von der aus sie den Kurfürsten sieht, wird zum lächerlichen Zerrspiegel. »Von dem Kurfürsten habe ich von oben herab, da er auf unserer Seite saß, gerade die Hände gesehen, die er gleichsam in der Stille rang, und dann rieb er sie sich.«

Als Würzburg durch den Krieg Napoleons mit der österreichisch-russischen Armee aus dem bayrischen Staat herausgelöst wird, nehmen Caroline und Schelling das als Anlaß, die Stadt zu verlassen. »Schelling hat sich bereits aus der Schlinge gezogen«, schreibt Caroline 1806 an die Freundin, »…am 6ten März den neuen Diensteid nicht geleistet, und wir gehen gleich nach Ostern von hier weg, zu meiner großen Freude. Schelling geht nach München und wartet dort seine anderweitige Anstellung ab, ich werde indeß seine Eltern besuchen.«

Schelling verläßt Mitte April Würzburg, Caroline folgt ihm erst im Herbst. Ihr bleibt die Arbeit, die Wohnung aufzulösen. Dazwischen ist sie länger krank.

Im Spätherbst 1806 kommt Caroline nach München. Die bayrische Regierung hat Schelling eine Stelle angeboten. Wäre Caroline in Jena geblieben, hätte sie den Krieg aus nächster Nähe, vielleicht am eigenen Leib erlebt, denn nach der Schlacht von Jena und Auerstedt wird das Thüringer Land Opfer der Sieger. Besorgt verfolgt Caroline das Schicksal der Freunde, vor allem das Goethes.

München, der Staat Bayern, steht auf der Gegenseite, ist der treue Alliierte Napoleons. »Unser Geschick hat uns allen kriegerischen Szenen bis jetzt entzogen«, schreibt Caroline, »aber ... jenes Los der Welt« hat uns »wirklich keinen Augenblick Ruhe gelassen ... mitten in der scheinbaren Ruhe, die wir hier genießen.« Und sie fügt einen merkwürdigen Satz hinzu: »Besiegte sind wir zwar sämtlich.« Was mag sie meinen? Fühlt sie das Ende einer Epoche, den Zusammenbruch der Hoffnung?

War in Jena, wie sie 1799 schrieb, ihr politisches Interesse wieder durch die »Teilnehmung an den französischen Begebenheiten, besonders seit Buonaparte Konsul ist, erregt«, so wird ihre Haltung zu Napoleon, als sie seine Macht direkt als Bürgerin in Würzburg erfährt, etwas distanzierter. Fragend steht sie seiner Politik gegenüber: »Für mich ist er immer nur noch das personnificierte Schicksal gewesen, das ich nicht hasse und nicht liebe, sondern abwarte, wohin er die Welt führt«, schreibt sie am 24. August 1807. Was wird diese Entwicklung bringen? Caroline hat in den letzten Jahren unter den politischen Verhältnissen gelitten, ihnen ratlos und mit berechtigter Angst gegenübergestanden.

Besonders betroffen zeigt sie sich durch die »abscheuliche Verwirrung aller moralischen Dinge«. Viel lieber wollte sie »in einem Dorf auf der Schlachtlinie von Jena gewohnt haben und in Staub mit getreten sein«, als sich »die Seele davon anstecken lassen«. Es sind die politischen Verhältnisse, die sie in ihren letzten Jahren empfinden lassen: »Es liegt ein Druck auf der Welt, unter dem man nicht mehr frei zu atmen vermag.« Schelling hat nach ihrem Tode gesagt, daß »... die Zeit der Denunziationen und politischen Verfolgungswut ... gerade auf Carolinen den widrigsten Eindruck« machte.

Zuweilen aber hat sich Caroline in Illusionen gerettet, z. B.

über München. Sie glorifizierte die Stadt als ein noch intaktes Refugium. »Wahrlich, wir sind so ziemlich das einzige Land ..., wo Regent und Volk noch Eins sind«, schreibt sie 1808. Das ist kurz nachdem der Kronprinz Schellings Büste »für seine marmorne Gesellschaft großer deutscher Männer« zu haben wünscht. Das ist, nachdem Schellings Lage »um ein Ansehnliches dadurch verbessert worden ist, daß ihn der König neben seiner Stelle als Mitglied der Akademie der Wissenschaften zum Generalsekretair der Akademie der bildenden Künste ... ernannt hat. ... Die Rede, welche er am Namenstag des Königs hielt ... hat denn doch die Veranlassung gegeben, daß man ihn eben auf diese Art in mehrere Thätigkeit gesetzt hat«, schreibt Caroline und berichtet über die Auszeichnung Schellings mit dem Ritterkreuz des Zivildienstordens der bayrischen Krone: »Mir macht es indeß einiges Vergnügen, daß mein Mann es so weit wie mein Vater gebracht hat.«

Nicht ohne Befremden nehmen wir Carolines Haltung zur Kenntnis. So ganz ohne Fragen und kritische Distanz sieht sie nur, »wie herrlich weit« es ihr Ehemann gebracht hat. Wußte sie von Forsters Anstellung als Hofbibliothekar beim Kurfürsten von Mainz, was diese »gelehrte Galeere« mit sich brachte, hatte sie, als August Wilhelm seine Professur erhielt, nur ironisch heiter von seiner äußeren Anpassung gesprochen, sich im übrigen aber um Höfe und Könige, Privilegien und Titel wenig gekümmert, so ändert sich hier ihr Ton. Das Wort des Königs gilt, seine Anerkennung von Schellings Arbeit macht sie stolz. Ihr Ehrgeiz besteht darin, Schelling in einer guten Position zu sehen.

Caroline findet in der Liebe zu Schelling Erfüllung. Schelling gelingt, was die Brüder Schlegel nicht vermochten: Caroline zu eigenen kleinen Arbeiten zu überreden. In den Jahren 1805 bis 1807 erscheinen sechs Rezensionen. Und sie ist Schellings Sekretärin. »Fast alles, was bei Cotta jetzt unter der Presse ist, ist von meiner Hand ...«

Zugleich ist ihr das Leben des Geliebten alles, ihr eigenes

wenig. Züge einer Selbstverleugnung ihrer Persönlichkeit, der Aufgabe eines für sie immer so charakteristischen, eigenständigen Urteils sind nicht zu übersehen. »Ich lebe nicht in mir, sondern völlig in Dir«, gesteht sie Schelling. »Du, mein Herz, meine Seele, mein Geist, ja auch mein Wille.« Demütig bittet sie um die »Befehle« des Gatten, den sie »Baal« nennt. »...ich habe ... oft vor der verschloßnen Tür gestanden und allerlei Anliegen gehabt, allein Baal war taub, und ich habe mir bald gesagt: Baal dichtet.«

Sie, die es einst unverständlich fand, daß Dorothea Veith sich Friedrich Schlegel völlig unterordnet, ihn ihren »Herrn« und »Gott« nennt, verfällt nun der gleichen weiblichen Schwäche. Schellings Geist erscheint ihr »einzig, groß und unerreichbar«, ihr eigener dagegen »arm und unzulänglich«. Schelling wird ihr Führer, der ihr das Geheimnis der Identität von Natur und Geist enthüllt, ihr »Prophet«, dessen Offenbarungen ihr wie »Worte aus dem Munde Gottes« sind. Wir glauben, Caroline nicht wiederzuerkennen.

Daß diese realistische und lebenskluge Frau in den letzten Jahren zur Selbstaufgabe neigt, hängt nicht nur mit ihrer bedingungslosen Liebe zu Schelling zusammen. Es hat noch einen weiteren Grund: Caroline kann den Schmerz um den Tod ihrer Tochter nicht überwinden. Als Novalis, neunundzwanzigjährig, im März 1801 stirbt, schreibt sie: »Hardenberg ist also in Ruhe, wohin meine Seele auch so gern gelangen möchte.« – »Ich lebe nur noch halb und wandle wie ein Schatten auf der Erde«, sagte sie nach Augustes Tod, und dieses Gefühl beherrscht sie in den letzten Lebensjahren immer ausschließlicher. Die Verzweiflung über den Verlust des Kindes läßt Caroline dem romantischen Kult des Übersinnlichen und Unendlichen zugänglich werden. Irrationale Momente tauchen in ihrem Denken auf. Schellings physikalische Untersuchungen, die das Verwobensein des Menschen mit dem ganzen Universum nachweisen wollen, sieht Caroline als eine Möglichkeit, sich mit dem toten Kind zu vereinigen.

Nicht eine ästhetisch stilisierte Todesmystik wie bei Novalis finden wir bei Caroline, die ihre erwächst aus dem Nichtbewältigen ihres persönlichen Schmerzes.

1806 hat Carolines bewegte Teilnahme an den Zeitereignissen sie sagen lassen, »das allgemeine Weh verweist alle meine Schmerzen zur Ruhe«. Auch 1808 wird für sie nochmals ein Jahr erneuten Lebensmutes. Der produktiv-lebendigen Atmosphäre des Jenaer Kreises trauert Caroline auch in München nach. »O wie sind die einst zu Jena in einem kleinen Kreis Versammelten nun über alle Welt zerstreut.« Im Herbst 1808 aber kommt Ludwig Tieck nach München und liest in Carolines und Schellings Haus des Abends seine neuen Stücke vor. Der Bildhauer Tieck, Sophie Bernhardi, Clemens Brentano und seine Schwester Bettina weilen in München. »Es läßt sich überhaupt dazu an, als würde sich hier ein Sammelplatz bilden, wie Jena war, eine Menge Faden laufen hier wieder zusammen...«, frohlockt Caroline, die sich aber sehr bald in ihren Hoffnungen getäuscht sieht und sich von den Freunden zurückzieht. Vor allem deren Lebensweise, ihr unstetes Wanderleben stößt Caroline ab. Freilich äußert sie sich nur zu Erscheinungsformen, fragt nicht nach Ursachen. Und es ist nicht zu übersehen, daß sie zuweilen in den ihr früher so verhaßten Ton des Klatsches verfällt, wenn sie Sophie Bernhardi als »eine ganz verrückte Person« bezeichnet, »falsch wie eine Katze, treulos gegen jedermann, voller Lügen und Streiche«; oder wenn sie vom Standpunkt der sozial gesicherten Professorenfrau über die Geldangelegenheiten der Familie Tieck spricht. Das Urteil Carolines über den in München weilenden Clemens Brentano, der sich durch Reisen und Geschäftigkeiten über innere und äußere Haltlosigkeit hinwegtäuscht, ist nicht weniger hart. Hat Caroline Kommendes geahnt? Den künstlerischen und geistigen Selbstmord, den Brentano fast zehn Jahre später mit seinem Kniefall vor dem römischen Klerus begehen wird? Scharf hat sie Friedrichs und Dorotheas Wendung zum Katholizismus verurteilt: »Friedrich hat die Anlage, ein Ketzerverfolger zu werden«; im Übertritt anderer sieht sie das rein Äußerliche. »Ich habe nie unfrömmere, in Gottes Hand weniger ergebene Menschen gesehn als diese Gläubigen.«

»Mein Kummer ist nur, daß sie alle miteinander nichts mehr dichten –.« Caroline fühlt, daß bohemehaftes Leben, Berufslosigkeit und Zweifel an der Berufung die Produktivität ihrer einstigen Freunde erstickt. »– Ach, wie sind jene von der Bahn abgewichen –«, klagt sie. »Ich habe sie alle in ihrer Unschuld, in ihrer besten Zeit gekannt.«

Im Frühjahr 1809 beginnt Österreich den Krieg gegen das mit Frankreich verbündete Bayern. Carolines und Schellings Hoffnungen, nach Italien zu reisen, zerschlagen sich. Durch die Wirren des Krieges, die Landstraßen sind von Truppen überfüllt, fahren sie zu Schellings Eltern. Von einer dreitägigen Fußwanderung, die sie von dort aus unternehmen, heimgekehrt, fühlt sich Caroline unwohl. Sie hat sich die Ruhr zugezogen. Vier Tage später, am 7. September, stirbt sie. Am Abend des 10. September 1809 wird sie in Maulbronn hinter der Klosterkirche beigesetzt. Sechsundvierzig Jahre hat Caroline gelebt.

Sie hatte das seltene Glück, den Persönlichkeiten, mit denen sie in Freundschaft verkehrte oder in Liebe verbunden war, immer zu einem Zeitpunkt zu begegnen, da diese ihre schöpferischste Lebensphase hatten.

Sie erlebte Georg Forster in den zwei Jahren, da er seine ganze praktische und theoretische Lebenskenntnis in die Waagschale warf und in einem unvergleichlichen historischen Experiment die Französische Revolution auf deutschen Boden hinübertrug.

Sie war dem jungen Friedrich Schlegel in den Jahren Vertraute und Lehrmeisterin, da dieser geniale Mann, angeregt durch die Ereignisse in Frankreich, als Kopf einer jungen progressiven Bewegung literaturtheoretische und ästhetische

Impulse vermittelte, die international ausstrahlen und lange nachwirken sollten.

Sie verbrachte die Jahre 1794 bis 1800 an der Seite August Wilhelm Schlegels, als er das »Athenäum« mitbegründete und sich mit den Arbeiten über Goethe und durch die Shakespeare-Übersetzungen bleibende Verdienste erwarb.

Sie liebte Friedrich Wilhelm Joseph Schelling, als er dreiundzwanzigjährig seinen philosophischen Siegeszug an der Jenaer Universität begann, durchlebte an seiner Seite und dann als seine Ehefrau seine produktivsten und schaffensreichsten Jahre.

Es blieb ihr erspart, August Wilhelms Bedeutungslosigkeit, Friedrichs Übergang zu spekulativer Mystik mit anzusehen. Und vor allem blieb ihr erspart, Schellings langes Schweigen mitzutragen – er veröffentlichte seine Arbeiten nicht – und mitzuerleben, wie 1841 in Berlin seine Vorlesungen über »Philosophie der Mythologie und Offenbarung« zu einem völligen Mißerfolg werden; er, der doch, wie Engels sagt, einst die »Torflügel des Philosophierens weit aufriß, daß der frische Hauch der Natur durch die Räume der abstrakten Gedanken wehte«.

Ein Paradoxon: Carolines früher Tod bewahrt sie vor der Gefahr eines möglichen »Salto mortale in den Abgrund der göttlichen Barmherzigkeit«. Die Schatten, die in späteren Jahren auf die Genannten fallen, hätten auch ihre Persönlichkeit verdunkeln können. So aber tritt Carolines Gestalt uns in ihrer demokratischen Gesinnung, in ungebrochener Menschlichkeit entgegen.

Zu Carolines Zeit, in der zweiten Hälfte des 18. Jahrhunderts, blüht die Kultur des Briefes. Auch die Briefe der jungen Caroline bezeugen, dies gehört zum guten Ton. Aber schon die aus Clausthal haben eine andere Funktion. Sie sind aus Einsamkeit und Verzweiflung geborene Versuche einer Selbstanalyse und Kommunikation mit der Welt, die freilich eng genug ist: die Schwester, Meyer, der Hofbibliotheksrat.

Für Männer sind Briefe – wie die von Forster, Lichtenberg, Humboldt und anderen belegen – Möglichkeiten, mit der sie interessierenden geistigen und wissenschaftlichen Welt Europas Verbindungen herzustellen.

Carolines Briefe aus Göttingen und Marburg aber sind eigentlich Tagebücher. Der Adressat ist im Grunde unwichtig. Caroline enthüllt, was sie im Innersten erregt und bewegt, debattiert ihre Lebenspläne. Der Freund, dessen Antworten wir nicht kennen, ist Medium, das ihren Drang nach Auseinandersetzung mit sich selbst fördert, ihr psychische Entspannung ermöglicht. Der bekenntnishafte, das Innerste enthüllende Ton der Briefe vor ihrem Entschluß, nach Mainz zu gehen, wird sich nur noch einmal wiederholen: in den Liebesbriefen der reifen Caroline an Schelling. Sie sind auch die einzigen Zeugnisse, wo sich Caroline ganz unverstellt, naiv, bedingungslos in einer großen Zärtlichkeit und Leidenschaft einem Mann gegenüber ausspricht. Einen ebenso menschlich tief berührenden Ton haben die Briefe an die Tochter Auguste.

Andere Briefpartner forderten Carolines intellektuelle Fähigkeiten heraus, so Novalis und Friedrich Schlegel. Ob Georg Forster und Gottfried August Bürger dies gleichermaßen gelang, entzieht sich unserer Kenntnis. Die Briefe sind nicht erhalten.

Carolines Briefe aus Mainz und aus Jena dann sind gleichermaßen interessant als politische Dokumente und Zeugnisse einer bedeutenden literaturgeschichtlichen Gruppierung wie als persönliche Bekenntnisse. Die späten Briefe aus München geben im wesentlichen Zeitvorgänge, Carolines Erlebnis- und Erfahrungssphäre wieder; weniger enthüllt sich uns ihr Inneres.

Caroline Schlegel-Schellings Briefe versuchen wir aus ihrer Zeit und aus unserer Zeit heraus zu verstehen, nehmen sie als »Dokumente eigner verworrner Begebenheiten«, als eine uns »interessirende Erfahrung«.

Die Briefe – niemals für die Öffentlichkeit bestimmt – lassen uns auf erregende Weise erkennen: Carolines Leben war widerspruchsreich, reich, unerfüllt und erfüllt. Heiterkeit, feine Ironie und Lakonismus zeugen von der Souveränität, mit der sie ihr wechselvolles Leben meistert. Ebenso ihre Beobachtungsgabe, die lebhafte Empfänglichkeit und ihr sicheres politisches und ästhetisches Urteil. Der Reichtum ihres Lebens erschließt sich uns in der Mannigfaltigkeit ihrer Gedanken und Gefühle, im unverstellten Aussprechen ihrer Wünsche und Sehnsüchte. So natürlich, wie sie war, schrieb sie. Sie erarbeitete sich einen Briefstil, der völlig ungekünstelt ist. Darin besteht ihre Kunst.

Caroline Schlegel-Schelling
Briefe 1781-1809

1 *An Luise Gotter*

Göttingen den 1. November 1781

... Vielleicht sind auch meine Begriffe von der Freundschaft zu ausgedehnt, und ich begreife die Liebe mit drunter, doch wirklich verlieben werde ich mich gewiß nie (denn was ich bisher dafür hielt, war nur Täuschung meiner selbst, ich entsagte diesen Hirngespinsten mit so weniger Mühe;) aber wenn ich heirathen sollte, so würde ich für meinen Mann die höchste Freundschaft, und doch vielleicht nicht so viel, wie für meinen Bruder hegen. – Soll ich Dir noch eins sagen, das auch wohl Folge einer kleinen Sonderbarkeit ist, ich würde, wenn ich ganz mein eigner Herr wäre, und außerdem in einer anständigen und angenehmen Lage leben könte, weit lieber gar nicht heyrathen, und auf andre Art der Welt zu nuzen suchen. ...

2 *An Luise Gotter und Wilhelmine Bertuch*

Göttingen den 16.[-18.] April 1782

... Morgen erwart ich Lotten, ich kan nicht läugnen, daß mir das Herz schlägt, wenn ich dran denke; ich habe diese ganze Zeit her nicht so eigentlich dran denken mögen, aber nun muß ich wohl. Wie wird das werden? Wie werde ich mit ihr leben? wie wird sie sich künftig betragen? Von dem allen weis ich noch kein Wort. Ich kenne Lotten nicht mehr, sie ist mir jezt eine fremde Person, mit der ichs aufs Gerathewohl probiren muß, und doch liegt meiner künftigen Ruhe so viel darann. Du schriebst mir im Vorbeygehn, Wilhelmine, sie hätte Deinen Beyfall nicht, und das ist mir freylich keine gute Vorbedeutung. Bedauert immer meine Lage ein bischen, sie ist nicht die annehmlichste.

Diese Woche ist mir desto annehmlicher verfloßen. Ich habe Caßel gesehn. Mad. Schlözer reiste ihren Mann dahin entgegen, und nahm mich mit. Ich hatte eine gewaltige Freude drüber, die Tage vorher aß, trank und schlief ich nicht, und ich fastete und wachte nicht vergebens, denn es waren ein paar himmlische Tage. Schon die Zusammenkunft der beyden Eheleute wäre der Mühe werth gewesen, aber Caßel zu sehn, was seit so langer Zeit mein Tichten und Trachten gewesen war, das verlohnte sich der Freude wohl. Im Hinweg wohnten wir auch in Münden einem merkwürdigen aber traurigen Schauspiel bey, der Einschiffung der Truppen nach Amerika. Welch eine allgemeine mannichfaltige, grause Abschieds Scene. Was sie *mir* vorzüglich war, das läst sich begreifen. Die Gegend um Münden ist so romantisch, daß sie zu solch einer Scene geschaffen zu seyn scheint. Dir, liebe Luise, brauch ich nicht zu sagen, wie mir Caßel gefallen hat, nur machte mich der Gedanke unwillig, daß der Landgraf in Münden Menschen verkaufte, um in Caßel Palläste zu bauen. Wir logierten auf dem Königsplaz. Die Collonnade, wo ich die Wachparade aufziehen, und auch, mit allen Respect gesprochen, das Vieh den Landgrafen sah, hat mir vorzüglich gefallen. – Schlözer kam mitten in der Nacht. Diese Zusammenkunft zwischen Mann und Frau, Eltern und Kindern nach so langer und gefährlicher Trennung war ein schöner Auftritt, den gesehn zu haben ich um nichts hingeben möchte. Seine Reise ist ohne den geringsten Unglücksfall abgelaufen, nur wir werden ihn wahrscheinlich verlieren, denn der Kayser hat ihm 4000 rh. Besoldung und den Adelsbrief angeboten. – Unsre Rückreise war äußerst lustig. Es war nichts als Lachen und Jauchzen, Postillons, Bedienten, und alles theilte die Freude. Wir hatten auch verschiedne lächerliche Abendtheuer. Wir zogen endlich gar prächtig in Göttingen ein: 3 zu Pferde vorauf, dann unser Wagen mit 4, die römische Reisegesellschaft mit 6 Pferden, und ein Cabriolet machte den Beschluß. Unser Gefolge vermehrte sich so, daß beym Absteigen vor dem Schlözerischen Hause über 100 Menschen versammlet, Schlözer fast ins Haus getragen wurde und wir uns mit Mühe durchdrängen musten, und hier erscholl ein freudiges Willkommen! überall. ...

Wir bekommen jetzt die Grosmannische Schauspieler Gesellschaft hieher. Ich freue mich die schöne Frau wiederzusehn. Man schreibt und erzählt mir von Gotha aus Wunderdinge von Ifland und der Räuber Sceene. Ich hätte Deinen Mann dabey sehn mögen, er sah zum Theil sein Werk.

...d. 18. April. Lotte kam gestern Abend ohngeachtet des schrecklichen Wegs und einer fürchterlichen Nacht, in einer wahren und wahrhaftigen Mörder Grube und Räuberhöle mitten in einem Diebswalde zugebracht, glücklich an. Ihr Äußerliches hat sich gar nicht verändert außer einer gothaischen Sprache, daß wir hier alle Maul und Nase aufsperrn.

3 *An Luise Gotter*

Göttingen am 30. Sept. 1783

...Noch in aller Eil ein Wort, meine Liebe. Göthe war hier, und ich hab ihn nun gesehn. Er hielt sich zwey Tage hier auf. Am ersten waren wir mit seinem Anblick zufrieden, weil wir uns nicht träumen ließen, daß er so weitläuftige Besuche geben würde, der folgende Tag war zu einer kleinen Reise aufs Land bestimmt, die einige Herren veranstaltet hatten, uns jungen Damen in die schönsten Gegenden vom ganzen Hannöverischen Land einzuführen. Wir fuhren mit schwerem Herzen weg, und die liebe Sonne am Himmel freute uns nicht. Alles Schöne, was wir sahn, konte ihn uns nicht vergeßen machen. Da ward denn ein bischen geschwärmt, aber nicht tragisch, versteht sich. Ich machte mir unter andern weis, wir wären hieher gegangen seine Gegenwart zu feyern, wir konten uns ihm nicht so ganz nahen: daß er uns lieb gewonnen hätte, wie Werther das Pläzchen am Brunnen, wollten ihm also entfernt huldigen, wie Werther Lotten, da er sich auf die Teraße warf, die Arme nach ihrem weißen Kleid ausstreckte – und es verschwand. Wie wir Abends zu Haus kamen, war er bey Böhmers und bey uns gewesen, und unsre Väter aßen bey Schlözer, wo Göthe war. Da ging ein Wehklagen an.

Jedermann ist zufrieden mit ihm. Und alle unsre schnurgerechten Herren Profeßoren sind dahin gebracht, den Verfaßer des Werther für einen soliden hochachtungswürdigen Mann zu halten.

4 *An Luise Gotter und Wilhelmine Bertuch*

Clausthal d. 9. Jul. [17]84

Hier siz ich in einer ländlichen Laube meines neuen Gartens, und bin ganz bey Euch, meine Besten. Die Einsamkeit von einigen Stunden, beynah die ersten seit so langer Zeit, sey Euch gewidmet. Wenn ich Euch hier bey mir hätte, und statt des langweiligen Schreibens, bey dem so unendlich viel verlohren geht, erzählen könte! Denn wie ich Euch durch 4 solche Wochen hindurchführen werde, mit der Feder, weis ich nicht. Erspaart mir wenigstens die Geschichte meiner Empfindungen; *was* sie waren, könt Ihr aus dem Geschehen errathen, und *wie* – kan ich doch nicht beschreiben. Welch einen Taumel von Liebe, Freundschaft und Glück hab ich durchlebt, und mit welcher süßesten Wehmuth – immer die Gränze, wo Schmerz und Freude sich treffen – mit welchem Dank genoß ich ihrer.

Es wär wohl unnatürlich, wenn eine junge Frau nicht beym Hochzeitstag anfienge. Meiner war ganz schön. Böhmer frühstückte bey mir, und diese Morgenstunden waren mit der frohsten Heiterkeit bezeichnet, mit einer Ruhe, die blos aus der vollen Üeberzeugung glücklich zu machen und glücklich zu seyn entstehn konte. Keine hochzeittägliche Furcht – nur die Seelen tauschten sich um. Mein Bruder kam. Wir blieben bis 11 beysammen, und beym Abschied segnete er uns durch Thränen ein. Unter Tisch ließ ich mich friesiren, Friederike und Lotte banden indeß den Brautkranz von natürlichen Myrthen. Dann redte ich noch mit meinem Vater und zog mich an. Während dieser Zeit schickte mir die liebe Meiners schöne selbst gestickte Strumpfbänder nebst einen Billet, verschiedne meiner Freunde schrieben mir, und zulezt bekam ich die Silhouette von Lotte Nieper und Friederike in ganzer Figur auf Glas gemahlt, beschäftigt den Brautkranz zu winden. Wie ich mit meinen Anzug fertig war, war ich eine hübsche Braut. Der Saal war durch meiner Mutter Hände allerliebst zurechtgemacht. Nach 4 Uhr kam Böhmer und die Gesellschaft, die aus 38 Personen bestund. Dem Himmel sey Dank, alte Onkels und Tanten waren nicht dabey, sie war also sehr viel erträglicher, wies bey solchen Gelegenheiten zu seyn pflegt. Ich stand da von meinen Freundinnen umringt und dachte *das* am lebhaftesten, welch ein Zustand der meinige seyn müste, wenn ich den Mann vor mir nicht liebte. Mein Vater, der noch beyweiten nicht ganz gesund war, führte mich vor den Prediger, und in diesen Augenblick sah ich mich nun neben Böhmer auf mein ganzes Leben, und zitterte nicht! weinte nicht während der Trauung! aber wie sie vorüber war, und Böhmer mich mit aller Gewalt der stärksten Liebe umarmte, und Eltern, Schwestern, Brüder, Freunde mit Wunsch, Seegen und Liebe mich begrüßten, wie noch je eine Braut begrüßt worden, mein Bruder außer sich war vor freudiger Rührung, da schmolz mein Herz und strömte über von Seeligkeit.

Das übrige des Tags sah kaum einer Hochzeit ähnlich, so ungezwungen war alles. Hofrath Feder versezte die Theilnehmung in einen rauschähnlichen Zustand, der wenigstens 8 Tage dauerte. Schlözer, der wirklich mein Freund ist, wie ers von wenig Menschen seyn mag, sah aus wie die Freude, meine Leßen, Niepern und mehrere – Ihr könt Euch die Freundschaft kaum denken, mit der man unsern Tag feyerte. An alberne Ceremonien, nicht einmal Strumpfband, war irgend zu denken. Am folgenden Morgen ward ich durch ein Lied vor der Thür geweckt, und sah mich sogleich von der ganzen Schwesterschaar umgeben. Bis Mittag war Gesellschaft da, und um 4 fuhren unsre beyden Familien zu der Leßen, wo diese und die Meiners uns ein kleines Fest geben wolten. Nach dem Caffee führt mich Leß in den Garten, und hier ward ich so entzückend überrascht, daß ichs jezt noch fühle. Die Leßen stand am Eingang mit ihrem Sohn, der wie Hymen gekleidet, ein Körbchen mit Blumen in der Hand, die er streute, uns zu der entgegenstehnden Laube führte, in der ein Thron von Moos und Blumen mit hohen Stuffen, einem Thronhimmel, Ehrenpforte, und wie nenn ich das alles? errichtet war. Hinter einen kleinen Gebüsch stand ein Harfenspieler und Sänger. Wie wir uns sezten, sangen sie:

Die Liebe, die dies Paar entzündet etc.

— — — — — — — — — — — — — — —

Auf einem Thron von Blumen findet
es stets die Kunst beglückt zu seyn etc.

Mit welchen Gefühl ich in Böhmers Arme sank, das weis Gott! Die Liebe dieser vortreflichen Menschen legte mir neue heilige Verbindlichkeit auf, gut zu seyn. Es war ein herrlicher Nachmittag, der mein Herz so erschöpfte, daß ich Abends recht gern in einer unbedeutenden Gesellschaft bey Osann war. Die Meiners und Leß waren die Schöpferinnen des schönen Auftritts. Leß segnete Böhmer und mich – Meiners war bis zu naßen Augen gerührt. Wenn ich Euch alles sagen wollte, Lieben, wie die besten Seelen unsre Verbindung gefeyert haben, wie man so ganz allgemein Theil dran nahm, von allen Seiten sich drängte es uns zu bezeugen, so würdet Ihr glauben, es wär zu viel, wie ichs selbst dachte. Böhmer ist sehr beliebt hier – ich interreßirte viele – die *Familienfreude* war solch ein freudelockender Anblick, und so zogen wir beynah die ganze Stadt mit unsern Glück fort.

Donnerstags gab mein Bruder ein großes Dejeunée von 40-

50 Personen in des Onkels Garten. Hier waren Heynens und Blumenbachs. Wieder ungewöhnliche Bezeugungen von jedermann. Die Heynische Familie interreßirt sich so wahrhaftig für mich, sogar der Alte kam expreß mir Glück zu wünschen. Blumenbach nahm Böhmer allein, redte ihm so viel zu meinem Lobe, war so gerührt – die Leute hatte zuverläßig eine Art von Schwindel ergriffen, und dergleichen ist dann ansteckend. Wir tanzten. Mein Bruder macht den Wirth wie sonst niemand; er streut das Vergnügen mit vollen Händen aus.

Bey Böhmers waren wir zum Souper. Eine Gesellschaft an zwey Tischen. Das war ein *englischer* Abend! Du soltest den alten herrlichen Vater einmal sehn. Bey Tisch ward ich unter dem Vorwand der Hitze hinaus in den Garten complimentirt bis in die Clause des Profeßors, wo eine kleine Illumination brante, mit dem Spruch: wohl dem der ein tugendsam Weib hat, des lebt er noch eins so lang. Eine artige Idee vom Einsiedler. Wie wir zurückkehrten, kam der Punch, und Punch und Freude ließ uns die halbe Nacht im schönsten Rausch hinbringen. Was ist doch das für ein Anblick, eine Familie, die in jedem Glied sich liebt, und gut ist, und nun darinn empfangen zu werden wie eines jeden Braut! Mit meinen Bruder und Böhmer hatt ich auch einige Auftritte, die meine Seele matt machten.

Freytag früh standen wir lezt genannten drey beym zweyten Onkel zu einem neugebohrnen Söhnlein Gevatter. Das muß ein Junge werden, weil die Gevatterschaft so allerliebst ausgedacht war. Er ward genannt Friedrich Wilhelm Theodor. Den lezten Nahmen von dem meinigen Dorothea, weil der älteste Sohn grade schon Carl hieß. Apropos, Ich werde von den meisten Leuten, von Heynens, Spittler etc. Frau oder Madam Caroline genannt. Nachmittag fuhren wir herum Visiten zu geben. Abends bey Gräzels. Hr. Gräzel brachte dem Prinzen einen Pokal zu, unsre Gesundheit zu trinken, und in dem Moment ließ sich Musick hören. Der Prinz führte mich hinauf in seine Etage, alles folgte, und wir tanzten bis nach ein Uhr. Da brachte er uns ein Ständchen. Sonnabend wieder ein Dejeunee. Abend Ball bey Schlözer, der bis aus der Thür des Gartens mir entgegen kam und feyerlich sagte: Sie sind Königinn! Und ich wars auch, und es ist ein Glück, daß meine Vernunft sich bey allen Reizungen der Eitelkeit wie eine Schnecke zurückzieht. Sonntag früh bekamen wir Visieten, Nachmittags machte ich welche und war 3 Stunden bey Theresen allein, bis ich von da zu Feders ging, wo wir soupierten. Montag früh ging mit Abschiednehmen hin – ich ließ mich noch für meine Mutter mit Böhmer und Fritz auf ein Tableau silhouettiren. Mittag reisten wir von beyden Familien begleitet ab, trennten uns in Nörthen, und nun fühlt ich zum erstenmal, daß ich verheirathet war, da ich dem Mann folgen mußte und alles zurückließ. Die Nacht brachten wir in Osterode zu, wo Louise Nieper ist, den andern Nachmittag um 6 Uhr war ich hier.

...Von meinem Glück schweig ich noch. Wer würde die Schilderung nicht auf die ersten 6 Wochen des Ehestands rechnen? Und doch glaub ich, es wird bleibend seyn, weils nicht übertrieben ist. Böhmer mus ein guter Ehemann seyn, so lang ich ihn liebe, und meine Zärtlichkeit für ihn trägt nicht das Gepräge auflodernder Empfindungen.

5 *An Lotte Michaelis*

[Clausthal 1784]

[Anfang fehlt]

...Schlafmüzen sinds nicht, aber ihre Spirits haben keinen seinen Spiritus, und auch das möchte hingehn, wens nur nicht so ein bös Menschengeschlecht in the whole wär, doch davon sagt Lottchen niemand etwas. Die Gesellschaften hier sind in 4 Abscheerungen geteilt, eine hölzerne Wand zwischen jedes Part nach den 4 Himmelswinden zu: die Weiber, die Männer, die Mädchen, die Junggesellen. Die ersten West und Nord – das ist der Wetter und Regenwind, wie die Ehe bey ihnen oft solch Fähnlein wehen mag, die lezten Süd und Ost – da brent die Sonne am stärksten und es giebt Ungewitter – ob die reine Sonne brennt, das himlische Feuer, das erwärmt, erhellt, Wachsen und Gedeihn giebt, und das in tiefer Andacht so viel Völker anbeteten, oder eine Aftersonne, die ooo treibt statt Ananas, weiß ich nicht. Wenn doch zwischen der Ballhorn Heyrath ein Schifbruchswind wehte – das Mädchen mus ja unglücklich werden, oder wenigstens nie werth glücklich zu seyn. Die Mutter, die Mutter; schwarze Kleider trägt sie seit dem Tod ihres Mannes, und seine Tochter verschleudert sie – das Kleiderwesen ist doch all mein Lebtag zu nichts nüz. Weißchens Seeligkeit kan ich mir denken, 40 Jahre Hofnung gekrönt von fürstlichen Händeküßchens; ich gönne es dem Käuzchen doch, lieber Gott, so kleine Leutchens erregen immer ein zärtlich Mitleid. Aber Diezens haben ohngeachtet der Corpulenz *[Abgebrochen.]*

6 *An Lotte Michaelis*

[Clausthal 1784]

[Anfang fehlt]

Und nun Kling Ling! Mit dem Narrenkäpchen hervor! So lang ich die Glocke habe, kömt der Cavaliere Servante immer von selbst. Es ist ein närrischer Junge, dumm nicht, aber er hat so viel Sancta Simplicitas. Diesen Morgen sag ich Böhmer, ob ich wohl mit Meyers aus Osterode nach Hannover reisen könte. Der sagt ja, es wär ihm lieb, wenn er allein seyn könt, ich sollte Friedrich mitnehmen. Marie solte *ihn* friesiren und waschen und kämmen. Friedrich sagt: das solte mich lieb seyn, pakt schon in Gedanken Weste, und Hosen und Tauben ein, und frägt nachher ganz ernsthaft, ob Frau Doktorin von Osterode (wo wir Sonnabend hingehn) wieder herauf kämen.

Ich für mein Theil werfe mich alle Tage mehr in Clausthal herein, ohne mich in die hiesige Form zu gießen. Misgönn doch einem ehrlichen Menschen die Lust nicht sich an 20 bis 30 albernen Menschengesichtern zu amüsiren, und laß lieber in der catholischen Kirche in der kurzen Straße eine Meße dafür lesen, daß ich das Ding von der Seite zu nehmen anfange. ... Heut hab ich wieder visitiert, bey Vetter Schichtrupp unter andern; dessen Frau – ein gutes Vieh – wie eine leibhaftige Tellermüze aussieht. Er ist fürchterlich unwißend. Hatte mal von amerikanischen Krieg gehört, wuste [nicht] ob ihn Hänschen oder Gretchen führt. Bey Prauns, wo ich doch, wie *ich* die langen Buchstaben schrieb, hinging, amusirt ich mich gut. Fr. v. Reden war sehr holdseelig, sie behangen von oben bis unten wie ein fürstlich Wochenbett. bouche close! Sie ist mir gewiß nicht gut von wegen des schwarzen Gürtels, und weil ihr Mann englisch mit mir sprach.

Schick mir mit der Botenfrau Gallisch, hörst Du? Schneider wird besoldet von Böhmer. Die übrigen Theile von Möser allenfals auch und den lezten von Cecilie, oder sonst was auf dem – in der Garderobe zu lesen. Vernünftige Sachen hat mir Therese geschickt. ... Vom übrigen nächstens ein mehrers, denn da komt Böhmer und sagt: Du darfst nicht einen Augenblick länger schreiben. Adieu Adieu, Beste. Dank Mutter tausendmal.
C. B.

7 *An Lotte Michaelis*

Sonnabend [Clausthal 1785]
Meisterin brodloser Künste – unholdiger Geist, ich beschwöre Dich, schick mir keine Uhrbänder, sondern diesmal etwas zu lesen in gothischen Buchstaben. Ich bitte Dich um Brod, und Du giebest mir einen Stein. Wie kan ich lachen? Der Spiritus verfliegt, Keine Macht

kan ihn feßeln und gefangen nehmen,
leicht wie Aether schlüpft er fort.

Du must mir andre Kost auftischen. Versteh, *Du* solst mir
was aus dem Buchladen schicken, und künftige Woche komt
der ganze Braß mit eins zurück. Bring diesen Brief ja Louisen
selbst.

Ich danke Dir dennoch für Deinen gestrigen Wisch, und
empfele mich und mein ungebohrnes Kindlein Dir in höch-
ster Eile.

8 *An Lotte Michaelis*

[Clausthal] d. 15ten Junius [1785]

*als an der Jahresfeyer des Tages, der mich heut zwischen 4
Wände, bey einem geheizten Ofen, wie eine Mistbeetpflanze,
die Sonne und Luft nur durch Glas geniest, verbant.*

... [Übelbefinden.] Diese Nachricht ist eigentlich für Mutter,
denn ich weiß, daß Dich dergleichen nicht interreßiren. Ach
wie gleichgültig hört ich darüber hin, wie ich noch nie krank
gewesen war. Noch hab ich seit meiner Niederkunft kein
ganz gesundes Gefühl gehabt und ich fürchte nichts mehr wie
das Kränkeln, weswegen ich auch alles thun werde, bald wieder hergestellt zu seyn, und wieder gut zu machen, waß ich
etwa verdorben – ich muß mir nur selbst predigen, damit ich
andern Leuten den Mund zubinde. Meinem guten Mann
wolt ichs auch wohl wünschen, daß er eine gesunde Frau
hätte ...

Das sind mir hübsche Parthien im Walde und auf der Bibliothek. Ein angenehmes Leben führst Du! – das verdünkt
mich. Liebe Lotte, laß die Gewißensruhe, die zum Grunde
deßelben liegt, nur fortdauren, sonst wird sich das angenehme Leben bald wieder verwandeln; ein frey und reines

Herz, das seine Freuden nicht hinter den Thüren sucht – mögest Du es nicht wieder verscherzen...

Don Carlos wird gut werden, mein ich, wenn er seine Sprache nur ein wenig vom Schwabenland reinigte. Das Übrige der Rheinischen Thalia hat mir gar nicht gefallen. Für den Kinderfreund dank ich recht sehr...

Ja, heut ists ein Jahr, seit ich verheyrathet bin. Wie schnell, wie schleichend ist es dahin gegangen. Mädchen und Mutter sind sich nur um einen Glockenschlag auseinander in dieser Stunde.

Bring dies *sogleich* Mad. Böhmer.

Leb wohl, Liebe. Es thut mir in allen Gliedern weh, ich kan das Genicke nicht beugen, und wo ich mich anrühre, läufts weiß und roth auf. Ich wollte, daß Du schwarz würdest!

Caroline.

9 *An Lotte Michaelis*

[Clausthal] d. 13 Juli [1785]

Meine liebe Lotte

Morgen sag ich – übermorgen! Übermorgen – morgen und dann – *Heute* bin ich bey Euch! Sonnabend Mittag eßen wir in Osterode, also kommen wir erst Abends. Ich höre, daß Schlözer seinen Ball bis Sontag verschoben. Das ists nicht, worauf ich mich am meisten freue...

Vor allen Dingen, mein Engel, und darum bitte auch die Mutter fusfälligst, laßt mich im väterlichen Haus ganz und gar nicht fremd seyn, alles wie sonst, in aller Ehrbarkeit; ich komme Z. E. Sonnabend Abend, da wird das Tischzeug zum leztenmal aufgelegt und da soll Mutter nicht etwa schon das sontägige hergeben, sondern nur eine Serviette für mich, und die behalt ich dann auch bis zum nächsten Sontag – und so weiter. Dank Mutter auch im Voraus für das Leinen zum Kleidchen, und es wär meiner Treu so wenig so gemeint gewesen, daß ich schon hier indeß was hätte kaufen wollen. Mad. Böhmer hätte mir auch so ein fertig Kleid angeboten. Ich *hofte* von dieser, sie würde wieder dran denken. Sie hat aus Zärtlichkeit gegen Augusten so fürchterliche Gesichter gemacht, das das liebe Mädchen erschrak. Auf *der* Fahrt übrigens keine Ungelegenheit, schlafend ganz hin, und her wachend, in den Himmel hinein kuckend, der in ihren Himmels Äugelchen sich spiegelte. Lotte, das Kind ist nach wie vor ein Engel, hat zwar nun ein decidirtes Stumpfnäschen, allein nicht minder allerliebst. Was schwaz ich denn noch lang? Sonnabend mehr! mehr! mehr!

10 An Lotte Michaelis

[Clausthal] d. 25 Abends ½ 12 Uhr [Aug. 1785] Allerliebst müde, heiß, kalt, froh, glücklich hier angelangt, mein Mädchen, vor ¾tel Stunden. Ohne Zufall, mit dem herlichsten sternlichtesten Abend, Mondschein, alle Planeten verschworen aus diesen Tag einen himlischen zu machen! Errinnerung! Errinnerung! Du fülst mein Herz mit Wonne. O wie wahr kan eine plattitude am rechten Ort werden...

11 An Lotte Michaelis

Clausthal. Montag Abend [20. März 1786] Mich deucht, ich sehe hier den Winter mit leichteren Herzen kommen, als den Frühling. Der Winter darf nun einmal rauh seyn, und die Natur im Winter arm und kalt. Auch seh ich die Hälfte des Tages über nichts von ihr, und bin die andre Hälfte ungestört ich, in meiner Stube. Der Frühling macht mir Heimweh; es ist immer die Jahrszeit süßer Schwermuth; but, as there is no occasion for a sweet one, so wird dann eine bittre draus. Doch wer weiß, was das für tausend kleine Ursachen sind, die mich diesen Abend unzufrieden machen und mit denen die wärmere Sonne nichts zu schaffen hat. Ich weiß es selbst nicht. Meine eigne Last drückt mich. Es geht mir immer so, wenn ich einmal lange nicht über mich nachgedacht habe, und halte dann Révue, es findet sich so vieles zu verbeßern, die edle Thätigkeit ist so schlaff geworden, und man merkt dann, wenn man wenigstens unpartheyisch mit sich umgeht, daß beynah alles, was uns Mismuth macht, eigner Mangel derselben war. Hernach wird es wieder beßer – man *ist* wieder beßer – bis man von neuen sinkt – und sich von neuen erhebt. Ich freue mich, daß ich das erste bald wahr nehme; aber weil ich weiß, wie leicht es ist mit sehenden Augen blind zu seyn, so warne ich Dich so oft, meine liebe Schwester, welches Du mir nicht übel nehmen mußt; das würde nichts helfen, ich laße nicht ab Dich zu errinren, so lange Dein Schicksaal unsicher ist. Quälen will ich Dich nicht, nur möcht ich wohl, daß Dir Deine Freuden dann und wann ein wenig zittrig schmekten, damit die Sicherheit des Genußes Dich nicht zu weit führe. Misfallen habe ich ja weiter gar nicht geäußert. Nimm Dich nur ja immer vor der argen Welt in Acht; ich sehe nicht recht ein, wie das noch geschehn kan, da Ihr so muthwillig seyd, und es kömt doch so viel darauf an.

Am Mittwochen hatten wir noch eine große Schlittenfahrt, zu der uns Fr. von Reden einladen ließ. Wir fuhren vor dem Amthause weg, es waren 17 Schlitten, aber der Aufzug freylich nicht so glänzend, als wenn Vorreuter Fahnen tragen. Die Wahrheit ist, daß wir gar keine Vorreuter hatten, und die Schlittenéquipage hier, dafür daß man so viel fährt, überhaupt sehr unhonorig ist; es sind Z. B. nie Federquäste auf den Pferden, und wie neulich ein solches paßirte mit einem Fremden, erzählten sichs die Damen wie die Geschichte vom grünen Esel. Dafür war unser Weg der reizendste, den man sich denken kan; er ging in einem Thal hin, und durch eine Allee von grünen Tannen, die in der Nähe immer sehr grün aussehen, die Ferne schwärzt sie nur. Dazu war das Wetter sehr gut, und wir kamen in ¾tel Stunden in einem neu gebauten Hause mitten im Walde an. Da fanden wir Musik und eine prächtige Bewirthung, alles was man verlangte, ja wir blieben sogar des Abends, und Fr. von Reden hatte alles mit hinausgenommen bis auf silberne Leuchter und Wachslichter. Gegen Abend wurde ving-tun mitunter sehr hoch gespielt, die Reden hat gewiß 3-4 Louisd'ors verlohren. Ich brach ab, weil ich nicht hoch spielen mochte, und das niedrige ennuyirt neben jenem. Wir brachten unsre Zeit ganz erträglich hin; ich sprach lange mit Ußlar von Göttingen. Er ist kein übler Mensch. Die Reden machte, und wollte machen, eine sehr gute Wirthin. Er war verreißt...

d. 22sten März

Hätte nicht brauchen in Vorrath zu schreiben, da die Donna erst Morgen weggeht. Sie wird hinunter geregnet werden; wir haben heut ordentliche Gewitterschauer gehabt; und bey Sonnenuntergang die prächtigste Erleuchtung, auf die die Sonne traktiren kan. Aber ich für mein Theil bin nicht wohl, ich stäche die Feder lieber unter die Nachtmütze als daß ich sie zwischen Fingern halte – ja diese Begierde wird so leidenschaftlich bey mir, daß ich ihr nachgebe – Abschied von Dir nehmen muß. Nur das noch, ob Du nichts zu lesen für mich hast? Ich vertrockne seit einiger Zeit, weil alle meine Bücherquellen sich verstopfen. Marianne schickt nichts – Blumenbach ist ein Gevatter Johannes – Mad. Volborth hab ich den Kauf aufgesagt – Du? und so gehts mir wie dem, der Gäste laden wollte, und alle entschuldigten sich. Sans comparaison mit den Blinden und Krüppeln, nun bitt ich Meyern, erstlich um etwas amüsantes gut zu lesen, wenn man auf dem Sopha *liegt*. Das muß kein Foliant seyn, sondern was man mit einer Hand hält. Wohl möcht ich *neuere* französische Trauerspiele, kleine Romane, Memoires oder auch etwas ernsthafters. Gott! er muß es ja wißen. Mir ist alles willkommen, waß ich noch nicht gelesen habe. Zweytens möcht ich etwas zu lesen, wenn man auf dem Sopha sizt und einen Tisch vor sich hat, als ältere englische Geschichte aus Alfreds Zeiten; und den 4ten Theil von Plutarch (die andern hab ich gelesen). Alles auf einmal will ichs nicht. Bey der nächsten Gelegenheit kömt auch Winkelmann und Oßian wieder. Betreib dies ein bischen für Deine Schwester; es ist unverantwortlich, daß man mich so gleichgültig zum Aschenbrödel werden läßt. Mach es Meyern wichtig. Bekomm ich nichts, so glaub ich nicht an Deine Gewalt über ihn. Die Drohung zeigt Dir wenigstens, daß es mir mit meinem Wunsch ein Ernst ist.

Mir ist wirklich übel zu Muth. Ich muß mich ausziehn. Leb wohl, meine Liebe, liebe mich, folge mir, und sorg für mich.

Caroline.

12 An Lotte Michaelis

[Clausthal 1787]
... Auguste ist reizend lieblich, ich bete sie an, das zu hoffende Kind ist nur ein Unkepunz in meiner Einbildungskraft, ich lieb es nicht vorher, wie ich jene liebte. ...

13 An Luise Gotter

Göttingen d. 8. März [17]89
Eine Einladung wie die Deinige, meine immer gleich geliebte Freundinn, durft ich nicht mit leeren Worten des Danks beantworten, deswegen habe ich warten müßen, denn erst jezt kan ich Dir etwas entscheidendes darüber sagen; es wiederspricht zwar meinen Wünschen nur zu sehr, und Dein freundschaftliches Herz wird nicht damit zufrieden seyn, aber ich weiß auch, daß es in der Ursache, die unsre Zusammenkunft verhindert, Gründe auffinden wird, um dem Ge-

schick zu verzeihn. Ich komme nicht zu Dir, ich darf alles, was Du mir so liebreich anbietest, Dein Haus, Deine Gesellschaft, die Freuden der Errinrung der ersten glücklichen Jahre meiner Jugend, die eine so ganz andre Zukunft zu weißagen schien, ich darf sie nicht annehmen, weil ich eine andre Reise zu machen habe, und welche die ist, das erräthst Du leicht. Mein Bruder bot mir sein Haus an, sobald ich meine Heymath verlohren hatte; der Zustand, in dem ich war, und die Wünsche meiner Eltern, denen ich leicht nachgab, weil ich nicht die Kraft haben konte zu überlegen, zu einer Zeit, wo ich sie alle aufbieten muste, um dem Unglück zu wiederstehn, machten, daß ich damals wenig Rücksicht darauf nahm, und es ihm vors erste ganz abschlug. Wie ich aber nach und nach die Verhältniße in einem helleren Licht zu sehn anfing, wie ich in alle diejenigen zurückkehrte, die man mit einem Herzen, das jenseits seines Grams nichts mehr erblickt, so leicht vernachläßigt, und die wiederholten Bitten meines Bruders hinzukamen, da reifte der Entschluß, den ich nun gefaßt habe. Ich glaube, er ist gut, und das muß mir manches Opfer versüßen, daß ich ihm bringe. Dort kan ich nüzlicher und thätiger und freyer seyn für mich, und was mich eigentlich bestimmt, für die Erziehung meiner Kinder. Sie sind das einzige, worauf ich sicher rechnen können muß, sie sind meiner Glückseeligkeit nothwendig, und ich fühle, daß sie ein mir anvertrautes Gut sind, das ich also nie nach *meinen* Convenienzen behandeln darf. Erziehung ist nach meinen Begriff nicht Abrichtung, das ist ein Zweck, den ich durch Strenge allenthalben erhielte – es ist die Entwicklung der angebohrnen Anlage durch die Umstände – und diesen getraue ich mir hier, wo ich meine Kinder nicht allein habe, wo sie unter dem Einfluß des Beyspiels stehn, nicht so entgegen arbeiten zu können, daß sie würden, was ich aus ihnen machen möchte – meine Kunst, die eigentlich keine Kunst ist, sondern nur eine gewiße Unthätigkeit, welche höchstens vor bösen Gewohnheiten zu bewahren und die ersten entscheidenden

Eindrücke zu lenken sucht, traut sich das nicht zu, und so will ich lieber den freyen Boden wählen, wo sie gedeihn muß, wenn Kinder ihren Eltern gleichen, als mich der Gefahr aussezen sie misglücken zu sehn. Ich könte doch auch für die Zukunft nicht ruhig daran denken, Töchter, die keinen Schuz haben wie ihre Mutter, auf einer Universität erwachsen zu sehn. Marburg ist zwar auch eine, aber es hängt ganz von mir ab, in wie fern M. es nicht seyn soll, ich erwarte überhaupt nichts von dem Ort, und es ist blos der, wo das Haus meines Bruders liegt, wo ich mehr Einsamkeit, Freyheit und Ruhe finden werde. Die Freude, die ich diesem Bruder mache, selbst der Nuzen, den ich ihm leisten kan, ist ein Bewegungsgrund, der schon hinreichend wär, ohngeachtet er mein erster nicht ist. Dir braucht ich vielleicht nur diesen anzuführen, aber hier, wo man nicht ganz begreift, warum ich eine ganz angenehme Situation mit einem offenbar weniger angenehmen Aufenthalt verwechsle, will man ihn nicht gelten laßen, und ich kan doch nicht wohl einen andern nennen. Es wird mir auch schwer von hier zu gehn, das leugne ich nicht, Göttingen ist eine Stadt, von der im Allgemeinen nicht viel tröstliches zu sagen ist, allein in keiner von so geringen Umfang wird man so viel einzelne merkwürdige gescheute Menschen antreffen, und ich konte diese einzelnen genießen, und brauchte mich an den Ton des Allgemeinen nicht zu binden, wenn ich dafür leiden wollte, was sich nach Weltlauf gebührt. Ich hatte ein bequemes Leben, ich mag aber kein bequemes Leben haben, wenn es nicht ewig dauern kan. Kurz, das Loos ist nun geworfen – zwischen Ostern und Pfingsten werde ich abreisen. Was aus unsern Wiedersehn wird, das wißen die Götter! So offen, wie jezt alles vor meinen Sinnen da liegt, so jeder Möglichkeit unterworfen, verzweifle ich an nichts, ich erwarte aber auch nichts – was mein Wille kan, das wird er – und was die Nothwendigkeit fordert, werd ich ihr einräumen, doch niemals mehr ihr geben, als sie wirklich fordert. Es ist mir nicht wahrscheinlich, daß ich Dich nicht bald einmal sehn sollte, und wo und wie und wann es geschieht, wird es uns sehr glücklich machen, und geschäh es noch so spät, nicht weniger wie heute.

Dein Mann, meine liebe Louise, könte Dich wohl einmal hierher bringen, und es würd ihn für sich selbst nicht gereun. Ich will zwar keinen schönen Geist und Dichter nach Göttingen einladen, wo eine wahre Auswandrung seit kurzen vorgegangen ist, es muß also nicht ihr gelobtes Land seyn, wie könte man das auch da vermuthen, wo Wißen allein interreßant macht, und sich eine Menge Leute vorbereiten, nicht um interreßant zu werden, sondern um zu eßen zu haben. Bürger, deßen Bekantschaft ich ganz kürzlich gemacht habe, denn ich bin ein Jahr mit ihm hier gewesen ohne ihn nur zu sehn, er führt, wie er selbst sagt, ein Bären Leben, und komt selten aus seiner Höhle hervor, Bürger wird auch wohl weggehn; er und Meyer wißen noch nicht wohin, vielleicht nach Berlin. Meyer hat mir geschrieben, und wie er versichert, weiß er nichts von seinem künftigen Aufenthalt, als daß es nicht Schweinfurt seyn würde. Ich wünschte, daß es ihm wohl ginge, aber das wird der frommen Wünsche einer seyn. Mad. Forkel ist sicher in Berlin, und ein gewißer Herr Seydel ist ihr sodann dahin gefolgt – er ist der Unglückliche unter vielen andern, die gleiches Recht dazu hätten.

Die Genesung unsres Königs ist eine äußerst erwünschte Begebenheit. Prinz August befindet [sich] ebenfals sehr wohl, und es wird nun bald in Hières so warm werden, daß er wieder zurückkommen muß. Könt ich nur einmal die balsamische Luft eines so milden Himmelstrichs einathmen, nur einmal im Regen der Orangenblüthen spazieren gehn, ein muntres Volk sehn, oder das Schauspiel wärmerer Leidenschaften, als unsre gemäßigte Zone aufkommen läßt – auch fromme Wünsche! – doch eröfnet mir das Leben mit meinem Bruder eine etwas weitere Außicht, ich komme den Rheingegenden näher. Es ist doch betrübt zu wißen, daß man noch gar nichts schönes gesehn hat.

Lebe wohl meine liebe Freundinn, bis der Zufall günstiger ist. Grüße Deinen Mann und Schwiegerin recht herzlich von ihrer alten Bekantin. Ich möchte wohl wißen, wie Ihr mich fändet, wenn Ihr mich sähet. Eines wird sich immer gleich bleiben – die sanfte Zuneigung, mit der ich die Deinige bin.

Caroline Böhmer.

Ich lege Dir ein Gedicht bey, das meine Kinder ihrem Grosvater an seinem Geburtstag mit einen von mir gestickten Kopf des Aesculap, unter den die unter das Gedicht geschriebne Inschrift stand, überreichten. Beydes von Schlegel.

14 An Philipp Michaelis [?]

[Marburg Dec. 1789]

[Anfang, ein Doppelblatt, fehlt.]

...sie schien etwas in stillen Phantasien zu sehn, wonach sich dann ihre schönen Arme verlängernd ausstreckten, das selbst ihre Finger sich auszustrecken schienen. Dann faßte sie fest in meine Haare – einmal zog sie meine Hand fest an ihr Herz – sie pflückte in leisen Krämpfen am Bettuch – und ich verblendete mich noch über dies Zeichen. Dabey war sie ganz bey Verstande – sie begriff mich noch, wenn ich ihr vom Weinachten sagte, den die Großmutter schicken würde – sie antwortete noch – Gusten auch. Den krampfhaften Zustand zu lindern verordnete Friz ein warmes Bad, worinn ich sie in unaussprechlicher Angst meines Herzens sezte. Ich war entzückt wie es ihr so wohl darinn ward, daß ich es ihr ansah, und sie selbst sagte: gut! Gut! mit der innigen Stimme, mit welcher sie ihr Ja aussprach, und wie ich sie wieder ins Bett gelegt hatte, und sie um so vieles beßer schien – es war gegen 4 Uhr Nachmittags – ich *konte* nicht an ihrer Rettung verzweifeln... Gegen 8 Uhr ... ein zweytes warmes Bad – in das ich sie mit einer schrecklichen Anstrengung meiner selbst noch zu sezen die Kraft hatte, indeßen alles zitterte für das Leben des theuren Lieblings, und Lotte in einen heftigen Anfall von Schlucken und convulsivischen Bewegungen sinnlos auf der Erde lag – starke Dosen Moschus – alles wurde gebraucht – von meiner Seite ohne Erwartung – vermuthlich auch von den übrigen. Ihre Krämpfe äußerten sich nicht in Zuckungen, nur in einen leisen Dehnen, auf welches Steifigkeit folgte.

Ich war thätig, bis ich nichts mehr zu thun fand – dann sezte ich mich neben Lotte aufs Canapee – meine Rose wurde still – die Malsburger und Breidenstein knieten vor ihrem Bett – keins von den Mägden war gegenwärtig – alles wurde still – und ich wünschte sehnlich, daß doch diese Stille nie möchte unterbrochen werden. Ich bebte vor dem Augenblick, wo ich, bewegungslos mit festgehefteter Seele – mich wieder bewegen müßte. Wo bist Du, Geist der Schlummernden? Die Frage trat mir nahe unter Bildern, unter Ideen, von welchen die eingeschränkte Menschheit nur dumpfen Sinn hat – und wenn sich diese Dumpfheit mit Sehnsucht nach deutlichern Wißen mischt – und in denselben Vorstellungen auch das Gefühl des Verlustes erwacht – meine Brust arbeitete entgegen mit der Gewalt – die ich wohl kenne – allein ganz *so* noch nicht übte – Ich blieb mit Lotten zulezt allein – und rief nun die Leute, damit sie des Nachts bey der Entschlafnen wachen sollten. Sie kamen, und wußten noch nicht, daß sie todt war. Ob ich nachher schlief oder wachte, weiß ich nicht. Ich blieb ruhig – Auguste beschäftigte mich – sie schien es gar nicht zu merken – sie ging allein in die Stube – kam wieder heraus ohne weitere Äußrung, endlich sagt ich ihr, daß Röschen nun nicht mehr mit ihr spielen könte. Da brach es aus – sie schriee mit einem beynah wiederwärtig heftigen Ausdruck: das *solst* Du mir nicht sagen, Mutter! als wenn sie es vor sich selbst hätte verbergen wollen bis dahin. Ich kan Dir das eigne davon nicht beschreiben – es schien innre Tiefe mit einer so sonderbaren Gedankenlosigkeit verknüpft – ich konte nicht wahrnehmen, daß etwas in ihr arbeitete – und doch, wenn es auch nachher wieder zu Thränen kam, schien es Ausbruch verhehlter Regung zu seyn. Jezt mischt sie viel kindischen Leichtsinn in ihre Errinrungen, welche sehr häufig kommen. Sie ruft Röschen – sie sagt: ich sehe sie, sie will nicht kommen, sie ist bey ihren Vater.

Ich brachte den übrigen Tag in einer Gleichgültigkeit zu, in welcher ich mir nicht ganz bewußt war, wie viel ich dazu beytrug sie zu erhalten – die Erschöpfung sagte es mir. Ich war am Abend so matt, daß ich nicht gehn konte, und wie [ich] ins Bett kam, wurde mir sehr übel, und ich hustete Blut, welches die ganze Nacht anhielt, und worauf eine große Schwäche folgte. Ich gewann aber meine Kräfte bald wieder, und ward wenigstens nicht unthätig. Meine Gesundheit ist seit dem gewesen, wie Du es Dir bey meiner Constitution denken kanst – nur litt meine Brust und zog sich so zusammen, daß ich nicht grade sizen konte, und mitunter kam immer etwas Blut, welches vermuthlich davon herrührte, daß es sich im Unterleib angehäuft hatte. Es ist mir jezt doch erträglich zu Muth – ich bin zweymal spazieren gegangen – und mein Husten ist nur krampfhaft – die freye Luft stärkt meine Brust wieder. ...

Lebe wohl, ich kan nicht mehr schreiben. Die La Roche schreibt mir heute, daß sie Dich erwartete – Du bist also vermuthlich da gewesen. Sage Theresen, daß ich ihr wohl mit nächsten Postag schreiben werde – weil ich *gern* will. Gott erhalte ihr, was ich nicht habe, und was nicht mehr zu haben, ich nie schwächer fühlen kan, da ich es mit voller Besonnenheit fühle. Nur noch ein Kind – und das holde, das mir so viel süße Erwartungen gab – hin – mit allem, was ich für sie hätte thun können.

Marburg d. 11. Juli [17]91

Wenn Ihr Weg sich einmal durch meinen Wohnplaz kreuzt –
wenn der Pilger, der es so fremd findet, daß ich Theil an ihm
nehme, an die Thür klopft, die zwar nicht mein ist – denn ich
habe ja so wenig ein Eigenthum wie er – die ich ihm aber
doch öffnen kan, und ihn neben mir ausruhen heißen darf –
dann werd ich ihn über vieles gern hören wollen, und ihm
manches zu sagen haben. Ich wünsche das innig, weil ich Sie
ganz kennen und nicht eine falsche Vorstellung mit der andern verwechseln möchte. Kan man so getrennt, so entfernt
je die richtige faßen? Lieber Meyer, Abwesenheit ist der Tod
der engsten Verbindung – man hört auf sich zu verstehn –
sollte man sich in ihr verstehn lernen können? Es ist möglich,
daß der Grund dazu gelegt wird – zumal in unserm Fall, da
uns außerdem nie ein ununterbrochner, ungestörter Umgang
vergönnt war – ich meine auch davon hier überzeugt zu
seyn – eine Ursache, um desto inniger zu wünschen. Sie würden mir nüzlich seyn, denn Sie kennen die Welt, ohne daß
Ihre Erfahrungen Sie über die Begriffe, nach denen man sich
selbst in ihr zu regieren hat, gleichgültig machten, und ich be-
dürfte den Rath eines solchen Mannes. – Ich wäre Ihnen
wohlthätig – denn Sie würden das Gute überwiegend finden,
und in den Abweichungen eine milde Gleichheit wieder erkennen – in der Geschichte Ihres Lebens darf keine Stunde,
die Sie so zubrächten, übersehn werden. – Allein darum haben Sie sich schon betrogen, daß Sie meinen Rath einer fremden Eingebung zuschrieben – und wirklich – warum sollte er
sich nicht mit mir vereinigen laßen? So lange das Leben Ihnen
lästig ist – warum es endigen? Das wär ein Muthwillen, der
sich nur nach Erschütterung und Veränderung sehnt. Sie
werden dann morgen wie heut Menschen finden, mit denen
Sie das Vergnügen Ihres Daseyns theilen. Vergnügen ist Nut-
zen – wer möchte unternehmen die Gränzen zwischen bey-

den zu bestimmen? Ich halte also nicht das anscheinend unbestimmte Ihrer Lage für das Unglück, welches nur in den Flammen zu ersticken wäre. Aber ich glaubte die Möglichkeit eines Zeitpunkts voraus zu sehn, wo die Fülle der Vergangenheit einen zu schneidenden Contrast mit der Aussicht ins Künftige machen könte – wo eine lange Arbeitslosigkeit Ihren Geschmack an Anstrengung zu sehr geschwächt haben möchte, um neue Welten zu erschaffen, und alsdann war *das* Ihre Zuflucht, was ich mir unter manchen Umständen, auch für mich, als den lezten glücklichen Augenblick – als das lezte Auflodern jugendlicher Kraft denke. Wenn diese Idee in der Anwendung auf Sie unrichtig war – wohl! so wird mir leichter – denn der Gedanke an Sie lag zu Zeiten schwer auf mir. Ihre Sorglosigkeit war mit zu vielen Rückblicken vermischt, als daß ich sie hätte für so rein halten können, wie meine heitre Ergebung. Und der Ton Ihres lezten Briefs war auch noch nicht der, welcher Ihre Freunde beruhigen durfte. – Ich tadle Sie nicht – Sie fühlen mit männlichem Wiederstand, wo sich der weibliche Geist hingiebt, und im Hingeben neuen Genuß entdeckt, und oft Beschäftigung statt herber Kränkung findet. – Mancher scheint bestimmt vom Zufall nichts zu hoffen und alles zu fürchten zu haben – und ich habe Ihnen längst gesagt, da geb ich Ihnen als Bruder die Hand. Muß aber nicht die Folge unsers eignen Wesens vom Zufall unterschieden werden? Wer da fordert, daß die Menschen von ihrem eigenthümlichen Weg abweichen sollen, begehrt nicht die Gunst des Geschicks, sondern Wunder vom Himmel. Ihnen ists Prinzip, das zwar nicht von der Gerechtigkeit eingegeben ist, allein dennoch auf eine weise Vertheilung abzweckt, für den unbedeutenden immer mehr wie für den bedeutenden zu thun. Mit dem besten Willen wißen Sies nicht beßer einzurichten – Sie sezen sich leichter an die Stelle des ersten, und der lezte scheucht Sie zurück – ja Sie vergeßen nicht selten über den Antheil an ihm, daß etwas für ihn zu thun ist, und über die Unabhängigkeit, die Sie in ihm entdecken, daß er etwas bedürfe. – Ich will nicht predigen – nicht trösten – Ihnen nur sagen, wie *ichs* ansehe. Es giebt viel andre Seiten, die ich nicht falsch zu nennen wagte – wenn sie nicht das Uebel vermehrten; der Veranlaßungen manche, wo es mir auch kostet *diese* zu behaupten. Doch bleibt der feste Wille Sieger – er hat ja das Begehren nach Freude mit in sein Intereße gezogen. Göttern und Menschen zum Troz will ich glücklich seyn – also keiner Bitterkeit Raum geben, die mich quält – ich will nur meine Gewalt in ihr fühlen. Wenn es gelingt, dann ergreift sich das kindische Herz wohl noch auf einer süßen Regung des Danks gegen die Mächte, denen es Troz bot. Das ist eine täglich wiederkehrende Geschichte. Ich habe Gelegenheit mich zu üben – die Zeit der Ruhe ist die der höchsten Unruhe für mich, weil sie statt des Ungemachs mir die Furcht desselben giebt. Das Detail davon ist nicht zu geben, auch wenn ich wollte und möchte, nur das glauben Sie: unter den tausenderley Mischungen von Menschenschicksaal kan nicht leicht eine peinlicher seyn – es ist so, daß ich mir kein Verdienst daraus mache sie zu ertragen – das wahre liegt darinn, sich ihr zu entreißen – und binnen eines Jahres muß das auch geschehn. Bis dahin nehm ich, wie bisher, die nächsten Verhältniße für die fremdesten, da ich nicht mit Liebe in sie eingehn kan – und was ich in Rücksicht auf sie thun muß, ist der Gegenstand meines Spottes – freylich eine ermüdende Zeitkürzung. Sie umzuändern ist nicht möglich, ich entziehe mich ihnen also, so oft ich kan – indeßen halten mich meine kleinen Beschäftigungen, die Frohheit meines Kindes und meine Erinnerungen hin – die beständig gegenwärtige Uebersicht des Ganzen hütet mich vor Ermattung – und dann und wann begeistert mich ein Projekt für die Zukunft, das mich mit schönen Erwartungen für den Augenblick täuscht, ohne den Mismuth fehlgeschlagener Erwartungen in seinem Gefolge zu haben – mit lächelndem Sinn entdeck ich den Betrug, eh er sich festsezen konnte. Das Unmögliche bleibt *Vorstellung* – das Mögliche wird *Entschluß*. So bin ich mit beklemmter Brust, und mit freyeren Athemzügen – War ich immer so? nein, ich habe manchen Pfad des Schauens und Glaubens und Unglaubens betreten, eh ich zu diesem reineren Gottesdienst zurückkehrte – zurück – denn gegründet lag er immer in dem sanften Muth meines Herzens – meine Handlungen folgten diesem Zuge, wenn auch meine Denkart wechselte – und wenn gleich nicht stark genug, stets die Feßeln eines wiedersprechenden Einflußes zu brechen, fand ich doch mir selbst überlaßen den Weg bald, den ich nach einmal erlangter Freyheit unverrückt gehn werde. – Entsagungen waren und bleiben nothwendig, um so zu genießen – also werd ich nicht weichlich werden. Aber Genügsamkeit allein kan mich nicht befriedigen – sie wäre nur Begränztheit, wenn nicht die Quellen nur vertauscht würden, aus welchen der Beßre am unersättlichsten zu schöpfen trachtet.

Sie nennen unter den Orten, die Sie auf Ihrer Reise nach Hamburg berühren werden, einige, die meinem verwünschten Schloß so nah liegen, daß Sie es kaum vermeiden können – und sagen mir nicht, daß ich Sie sehn soll? Ich soll also bitten, denn warum Sie mir aus dem Weg gehn wollten, das wüßt ich nicht. Wenn dies Blatt, mit welchem ich mich wieder verspätet habe, nicht der rechten Zeit verfehlt, so rechne ich auf Ihre Erscheinung. Finden Sie die Verspätung nicht wunderbar – es kostet mir Ueberwindung zu schreiben, wo es nicht so ganz in den täglichen Faden meines Lebens verflochten ist – es macht mich ungeduldig, deutliche, lange gefaßte, stündlich ausgeübte Ueberzeugungen hinzuwerfen, oder von einem herzlich innigen Gefühl zu erzählen. Allein laßen Sie sich darum nicht abschrecken – das Geschäft wird mir, Ihnen gegenüber, immer leichter werden. – Jezt arbeiten manche Ideen in meinem Kopfe, die ich Ihnen mittheilen würde, um die Ihrigen dafür zu hören – ich denke ernstlich an eine Veränderung meines Aufenthalts – aber das *wie* und *wo* liegt noch in Dämmerung. Eingeschränkt wie ichs bin, muß irgend eine Spekulation der Ausführung vorhergehn, nur abendtheuerlich darf sie nicht seyn. Der Muthwillen meines Geschmaks würde mich leicht dazu hinneigen – die späteren Folgen und Rücksichten für andre, für mein Kind, halten mich zurück. – Meine Weltkentniß reicht nur hin, mich über nichts erstaunen zu laßen, und in alles mich zu finden – nicht um vorherzusehn. – Meine Menschenkentniß betrügt mich noch oft – und leider um so öfter, je näher mir der Gegenstand meines Urtheils steht – ich bin allein – ohne schüzende forthelfende Verbindungen – meine Freunde fordern Rath von mir – es fällt ihnen nicht ein, mir welchen zu geben – dem sich selbst überlaßnen Weibe. Sie haben in so fern recht, daß ich mich von jeher gewöhnt habe, nicht auf Hülfsmittel zu bauen, die ich nicht in mir selbst fand. – An einen völlig unbekanten Ort kan ich mich nicht wagen – ich habe etwa zwischen Gotha, Weimar und Mainz zu wählen – und dann da meiner Existenz, die ich eignen Bemühungen verdanke, den möglichst anständigen und anziehendsten Anstrich zu geben – das erste für andre – das lezte für meine eigne Fantasie. – Mainz hätte zwey große Anlockungen – die Gegend – und Forsters, aber es ist auch weniger geschickt, weil es der Veranlaßungen zu Depensen und Prätensionen zu viel hat – und weil ich – nicht aus Ehrgeiz, sondern weil ich fühle, daß es so am besten für mich ist – meinen eignen Weg gehn muß. Kan man *das* – und Therese lieben – kan mans, und sie sich erhalten wollen? – Damit verdamme ich sie nicht – was von ihrer Gewalt zeugt, zeugt nicht gegen sie – auch *Ihre* Aussage nicht, mein lieber Meyer! Sie können recht in manchem haben und *sie* ist nicht verdammenswerth – Sie sind aber in vielem ungerecht – und wer ists dann? – Sie sind ungerecht wie – ein Mann! ich höre nicht auf Sie. Therese kan dem Bild gleichen – das Bild ist doch nicht sie – warum zeichnen Sie aus dem Hohlspiegel, der den erlauchten Fremden auf der Göttinger Bibliothek vorgewiesen wird? Einige Beschuldigungen können gegründet seyn – als wüßten Sie nicht, daß bey vielem Licht starker Schatten ist! Ich möchte sie einzeln durchnehmen – wenns nicht zu weitläuftig wäre. Beurtheilten Sie sie immer so, oder kennen Sie sie nicht mehr? Vielleicht ist sie verändert – genug, sie ist so wenig, was Sie aus ihr machen, daß sie vielmehr Ihren Umgang genuzt zu haben scheint. Ihre Unglückssucht – in der Sie die convulsivischen Bewegungen einer großen Seele nicht verkennen werden – hat sich in Liebe zu häuslichem Frieden verwandelt – sucht sie sich durch den sanfteren Hang nur über die innere Unruhe ihres Herzens zu täuschen – was kan sie dafür? aber liebenswürdig, wohlthätig ist sie in dieser Erhohlungsstunde. Wo sie das lezte nicht ist, da steht ihr ein Grad von Energie im Weg, der ihr verbietet tolerant zu seyn. Wo sie drückt [?], da ist sie mehr wie andre. Es ist keine Vereinigung mit ihr möglich, außer wo Wahn und aller Trug der Liebe hinzukommt – was ihre Zusammensezung darinn den Menschen entzieht, giebt sie in sonst nie gekanntem Maaß dem einzelnen wieder, der die individuelle Stimmung hat, sich *ihr* hinzugeben. Sie ist wenigen alles – soll sie lieber vielen etwas seyn? Mir ist sie das interreßanteste Schauspiel, und es wiedersteht mir zu denken, daß ich ihre freyen Wirkungen hemmen wollte – nur das wäre bey der Cur gewonnen, die Sie vorschlagen – ein Mann, wie Sie ihn beschreiben – aber freylich unrichtig bezeichnen – denn die Vereinigung zwischen diesen beyden müßte fürchterliche Folgen haben, oder in drey Tagen aufgehoben werden. Wie werden Sie einst über *seine* Stumpfheit erstaunen! – Könt es Ihnen Freude machen ein außerordentliches Geschöpf von *kleinen* Leidenschaften geneckt zu sehn? *Das* hätte ein solcher Mann in seiner Gewalt – mehr nicht. Therese ist ihrer fähig, wie der erhabenste Mensch, weil er Mensch ist, dem Loos der Unvollkommenheit nicht entgeht – ein mittelmäßig gutes und solides Weib wird vielleicht die Klippe der Eitelkeit vermeiden, wo *sie* es nicht thut. Ihre Kühnheit dabey löscht die Schwäche darinn aus. – Mit wenigen Gaben kan der verdienstloseste unter euch die vorzügliche unter uns feßeln, durch Ungewißheit, durch Beweggründe, die man um ihrer Geringfügigkeit willen zu überwinden nicht der Mühe werth achtet, deren Aufopferung in der Seele kein Gleichgewicht, im Bewußtseyn der dabey angewendeten Stärke, findet. Der denkende Mann wird ohne Anstrengung erobert – der Thor durch Reize, denen wir, weil sie uns fremd sind, weil sie einer gewißen Verdorbenheit der Einbildungskraft, die in unserer Kühnheit gegründet ist, schmeicheln, nachstreben. Das alles liegt im Umfang unserer Empfänglichkeit – diese in unserer weichen Organisation – o was wolt Ihr doch? – Gestehn Sie mir – Sie haben aus dépit so gesprochen – ich würde es an Ihnen lieben – wer des dépits noch fähig ist, deßen Gefühle sind nicht abgeschliffen und können noch reich an Freude für ihn werden. – Sie schreibt nicht mehr – darum hat sie Unrecht gegen Sie. – Uebrigens ist sie wohl und ihr Wochenbett glücklich vorüber – wahrlich jedes derselben ist auf alte weise eine Selbstverläugnung, die ihr nicht vorgeworfen werden müßte. Sie hat ein Mädchen, das Luise heißt. – Wenn ich gleich Bedenken trage, neben ihr zu leben, so wird sie doch ihre Vertheidigerin an mir nicht verlieren – und wenn ich auch wüßte, daß sie die meinige nicht in gleichem Fall wäre, so muß ich sie doch lieben. Eben weil ich so an sie gezaubert bin, komt es mir in den Sinn, sie zu fliehn. – In Gotha herschen noch alle gute Vorurtheile für mich, und ich kan mir einen Ruf geben, wie ich ihn zu meinen Absichten brauche. Weimar ist in der Nähe, wo es allerley industrieuse Leute giebt, die meine Hand- und Kopfarbeiten brauchen können. Schreiben Sie mir etwas darüber. – Ich wollte, Sie wären in Paris und könten mir sagen, wie es dort seit der verunglückten Flucht des Königs aussieht, welche Häupter das Volk leiten, das sich von Freyheit begeistert dünkt, und ob sich die wüthenden Wellen verhaßter Uebertreibungen bald legen werden. – Hätt ich noch Plaz, so schrieb ich Ihnen litterarische Dinge – von Schiller, der Bürgern um alle menschliche Ehre recennsirt hat, und Bürgern, der sich nur durch Ironie zu helfen weiß – eine Waffe, die in den Händen der meisten Schriftsteller, weil sie meistens

Männer sind, verunglückt, und à plus forte raison in der seinigen – auch von Bürger dem Ehemann, an dem sich die
Schatten seiner seeligen Frauen in der lebendigen rächen –
von Schlegel, der in Amsterdam gut ißt und trinkt und Hofmeister ist – aber Sie sehn, ich muß enden. Leben Sie wohl.

16 *An Luise Gotter*

Mainz 20. Aprill [17]92

Dies ist ein Supplement zu dem Brief an Wilhelmine, den ich
eben endigte, weil der Bogen aus war – oder jener eines zu
diesem – wie Du wilst – laß Dichs nur nicht irren, daß ich, wie
ich eben sah, verkehrt angefangen habe – es können doch
gute Sachen darauf stehn. – Mirabeau hat in seinem Kerker
die göttlichsten Dinge auf Stückchen Papier geschrieben, die
er von gedruckten Büchern abriß – erwart aber nur ja nichts
dergleichen – im Verhältniß, als meine Anstalten beßer sind,
werden die Sachen schlechter seyn. Dir liegt auch nur dran zu
wißen, wie es der Frau Eigensinn ergeht, die bey Deinem
Mann den Spottnahmen der Kalten bey einer Gelegenheit davon getragen hat, die eben nicht von ihrer Kälte zeugte. Im
Grund hält er mich doch für eine Schwärmerinn – nicht
wahr? – und Du liebes gutes Weib dazu? Schwärmerey nimt
so viel Gestalten an, daß ich die Kühle meiner Ueberlegun-
gen, nicht dagegen anzuführen wage – aber was ist übles dabey, wenn sie sich so menschlich, ohne irgend ein auffallen-
des Schild auszuhängen, vielmehr im Schleyer der stillsten
Gewöhnlichkeit mit der Wirklichkeit vermählt? Dann ist
doch diese Schwärmerey nur die eigenthümliche, höchstens
in etwas abweichende Natur des Menschen. Ich bin nun hier
seit 8 Wochen, und habe recht – es ist viel, das zum Anfang eines Aufenthalts an einen ganz fremden Ort zu sagen, wo man
sich unmöglich schon seine ganze Existenz gemacht haben
kan. Auch fühl ich, das ichs noch nicht habe, und mehr Be-

schäftigung mir gut thun würde. Die Zeit wird mehr Man-
nichfaltigkeit in meine Art zu seyn bringen, weil sie Bande
anknüpfen wird. Kein Augenblick geht leer vorüber – meine
Theilnehmung an Forsters Haus, Fleiß, Lecktüre und das
Kind – das ist schon sehr viel – aber ich war so gewohnt für
mehrere zu sorgen, in mehreren zu genießen! Halt das nicht
für Unzufriedenheit – sieh es nur als einen Beweis an, daß
weit davon entfernt, daß das neue meiner Lage mich blenden
sollte, ich ihre Mängel sehe – aber sie sind nothwendig, sind
geringer als die schweren Uebel der vorigen, und von einer
Art, daß jeder Gegenstand, der sich der unruhigen Thätigkeit
darbietet – jede einzelne Freude und Arbeit sie hebt. – Den
Frühling hab ich schon in den schönsten Spazierfahrten und
Gängen genoßen – er ist aber ja wieder auf eine Weile verschwunden. An meiner Kleinen hab ich mehr Freude wie jemals. Kurz, ich kan Dir sagen, es ist alles wie ich erwartete.
Wir können noch sehr lebhafte Sceenen herbekommen, wenn
der Krieg ausbrechen sollte – ich ginge ums Leben nicht von
hier – denk nur, wenn ich meinen Enkeln erzähle, wie ich eine
Belagerung erlebt habe, wie man einen alten geistlichen
Herrn die lange Nase abgeschnitten und die Demokraten sie
auf öffentlichen Markt gebraten haben – wir sind doch in einem höchst interreßanten politischen Zeitpunkt, und das
giebt mir außer den klugen Sachen, die ich Abends beym
Theetisch höre, gewaltig viel zu denken, wenn ich allein, in
meinen recht hübschen Zimmerchen in dem engen Gäßchen
sitze, und Halstücher ausnähe, wie ich eben thue. In meiner
Nachbarschaft wohnen eine Menge Franzosen – man hört
und sieht das Volk allenthalben – die Männer sind im Durch-
schnitt schöner wie die Teutschen, haben ein spirituelles Ansehn, und derselbe Grad von Verdorbenheit hat nicht so den
Charakter von stumpfer schlaffer Abgelebtheit – unter den
Weibern sah ich noch keine, die halb so liebenswürdig und
einfach gewesen wär, als meine französische Bekante Mad de
Liocon in Gött[ingen], das einzige nebst ihrem kleinen Zir-

kel, was ich dort regrettirte. – Die Leute machens hier theuer – für Familien wenigstens – bey meiner Einrichtung fühl ich wenig davon – mein Logis ist auch wohlfeil, die sonst jezt, nebst Handwerkern, die für Ameublement arbeiten, sehr hoch im Preis stehn – nebst der Wäsche, Holz und allen Lebensmitteln außer Brod und Fleisch.

Gelesen hab ich schon viel, und was mehr ist, viel Gutes. – Kent Ihr Mirabeaus Briefe, aus dem Kerker an seine Geliebte geschrieben? ich glaube, Reichard übersezt sie – unter uns, wie will das der kraftlose Mensch anfangen den Aeußerungen des Kraftvollsten Sprache zu geben? oder die in eine andre zu übertragen, die im Original, so unaufhaltsam aus der Quelle strömend, zu der Seele, zu dem Herzen, zu den Sinnen redet. Liebe Madam Luise, Du köntest doch auch dergleichen lesen, wenn Du Deine Kleinen, die Dir im Schauspielerakzent vorgelärmt haben, zu Bett geschickt hast – aber ich weiß dann wirst Du müde, und forderst im Schlaf Ketterchen das Gänsebein ab – um es mir mit auf den Weg zu geben – denn Du Gute sorgst für Deine nahen Freunde und bekümmerst Dich nicht um einen häßlichen Böswicht, wie der außerordentliche Mirabeau war, der für tausend andre ehrliche Leute noch Tugenden, Talente und Kräfte übrig hatte, und zu viel wahren Geist um im Ernst ein Böswicht zu seyn, wie mans aus einzelnen Zügen schließen möchte. Häßlich mag er gewesen seyn, das sagt er selbst oft in den Briefen – doch hat ihn Sophie geliebt, denn Weiber lieben gewiß nicht vom Mann die Schönheit – und doch imponirte der häßliche Mann auch durch sein Aueßres der aufrührerischen Menge, nachdem er einige Stunden Toilette gemacht hatte, ehe er in die Nationalversammlung ging. Aber er soll mir hier nicht allen Plaz wegnehmen – der groß Cophta muß noch den seinigen haben, und der muß recht weit und breit seyn, denn es ist die Art leerer Helden, vielen einzunehmen. Ich bitte Dich, wie komt er Euch denn vor? Forster bekam ihn am ersten April von Göthe geschickt, und that einen Sprung vom Stuhl auf, als wäre sein Heiland gekommen – denn wer würde da nichts Gutes erwarten, sey es auch in der simpelsten unscheinbarsten Einkleidung – aber diese da – diese so ganz unbedeutende Behandlung, wo beynah muthwillig alle benuzbaren Situationen weggeworfen sind – ein bloßes Gelegenheitsstück – mich deucht, es kan nur auf *die* Wirkung thun, auf welche Cagliostro selbst Wirkung gehabt hätte, als der plumpe Betrüger, wie er hier erscheint – und das ist ja wohl eine Art von Lob für das Stück. Göthe ist ein übermüthiger Mensch, der sich aus dem Publikum nichts macht, und ihm giebt was ihm bequem ist. Schreib mir doch ja, ob es ein andres Urtheil über die Sache giebt. In der Vorstellung nahm sichs, mit Hülfe der aegyptischen Loge, wohl beßer aus. – Emilie Berlepsch hat ein ungeheures Unwesen mit Vorlesen in Göttingen getrieben – sie hat unter den jungen Herren dazu geworben, denn sie lasen Schauspiele und die Rollen wurden vertheilt – und hat die alten gelahrten Herren mit aristokratischen Zauberkünsten gezwungen von 5-12 Uhr Don Carlos anzuhören, bey welcher Gelegenheit sie seine Existenz erfahren haben. Ich war nicht dabey, denn ich war keineswegs artig gegen Emilien gewesen, und hatte mich nur gegen sie betragen wie gegen eine gewöhnliche Dame von Stande – dafür hat man mich – in Betracht unsrer ehemaligen Bekantschaft – schmälich hindangesezt. Die Franzosen fanden sie mit ihrer Elisabethstracht aus dem Carlos – auf dem Ball – horrible! Du weißt, daß Spanische Tracht und Modestie viel erlaubt, was unsere Halstücher Sucht verbietet – sie hat mit einem Feuer getanzt, das ihren Sohn, den lieben Jüngling, beschämte. Man schreibt mir eben aus Hannover, daß ein sehr naiver Junge in großer Gesellschaft folgendermaßen das Wort an sie gerichtet hat – gnädige Frau, Sie sind doch Liebhaberin von solchen Neuigkeiten – nun von welchen? – man sagt – Sie hätten den 2ten Theil des Donamar hier supprimirt. – Man behauptet nehmlich, die Laurette im D., der im

2ten Theil noch unter die unreifen Anlagen des ersten hinab-
gesunken ist, sey eine Copie von ihr, die der alberne Boutterweck im Grimm aufgestellt habe – Du kanst Dir die Wuth
vorstellen. – Sie ließt jezt Medea, in Hannover vor einem *aus-
erwählten* Auditorium – Klingers Medea nehmlich, die sie in
Göttingen vor einem sehr gemischten profanirt hat, wo einer
von den Herren anmerkte – Medea hätte den Jason doch
recht unter dem Pantoffel gehabt – wie das alles einem gesunden Sinn wiedersteht.

In unserm Haus in Göttingen hängt der Himmel voll
Hochzeits Geigen – der Alte ist entzückt von der Schwiegertochter, und der junge ist noch des Sinnes sie zur Frau zu haben, welches nach der Messe unwiederruflich gemacht werden wird. Nun, Ihr Götter, seyd gepriesen – und schickt für
Louischen auch einen – der zur Bravheit nichts fehlt, als eines
braven Mannes Frau zu seyn.

Die schönen Geister haben ein großes Skandal gegeben –
Bürger steht vor der Welt zur Schau mit seiner Musenallmanachs Liebschaft, und hat sich mit Boutterweck gezankt, weil
die Briefe an seine Frau unter deßen Couvert gingen – es sind
auch edle Thaten. Wo die Dame ist, weiß niemand. – Habt
Ihr von Meyer nichts gehört, der so richtig dem guten Bürger
sein Schicksaal prophezeihte? Voß in Berlin kündigte Forstern Darstellungen aus Italien an von *Meyer* – er dachte der
närrische Mensch hätte sich endlich zum Schreiben bege-
ben – da kam das Buch in der elegantesten Form von der Welt
statt eines abgeschabten Rockes, wie der Verfaßer vorausse-
zen ließ – und war von Meyer in Hamburg, von meinem lieben Schwager. O Jemine! – ich bin dabey es zu lesen und zu
loben – was mir so trocken abgeht, wenn der Geist mich
nicht treibt. Adieu, bestes liebes Weib – für Dich sagt mir der
Geist viel. Vergiß mich nicht und denke darauf, wie Du die
Ufer des Rheines einmal begrüßen kanst – sie werden Dir
Deinen Gruß lebendig zurückgeben, denn Deine alte Freundinn steht an der Brücke.

Mainz d. 29. Juli [17]92

Mit herzlichem Verlangen hab ich auf ein Lebenszeichen von Ihnen gewartet, und bekomme einen ungeduldigen kleinen Zettel, aus dem ich mir nichts zu nehmen weiß, als was ich nicht gern will. Ich habe Ihnen gleich antworten wollen, und es geschieht erst heute. Trauen Sie dem Anschein von Vergeßenheit nicht – man muß keinem – gar keinem Anschein trauen, lieber Meyer. Ich habe sehr oft an Sie gedacht, mich viel um Sie bekümmert – was thut es, daß Sie es nicht wißen, und es Ihnen nicht hilft? Mir selbst ist doch die Theilnehmung werth, die ich für Sie habe. Helfen sich Menschen überhaupt noch, die sich bis auf einen gewißen Punkt isolirt haben, so ist es nur durch eine gute Stunde, die sie sich durch eine freundschaftliche Unterhaltung machen – und *das* Vergnügen ist in der Abwesenheit so unvollkommen. Darum schwieg ich wohl, wenn ich gern geschrieben hätte – allein immer schweigen ist auch Thorheit.

Ich könte Ihnen sagen – *wir* haben viel an Sie gedacht – Sie wißen vielleicht schon, daß Amalie hier war, und das waren recht sehr vergnügte Tage, von denen nur der lezte, durch den plötzlichen Tod von Theresens jüngstem Kind, einem Jungen, getrübt wurde, und uns allen Thränen gekostet hat. Amalie wird für sich selbst reden – sie sagte mir, daß sies bald thun wollte – ich habe die liebe Frau diesmal mehr wie in Gotha gesehen, und mich ihrer erfreut. Die Zusammenkunft des Deutschen Reichs hat so auch für uns zum Fest werden müßen – ohngeachtet es für unsern bürgerlichen Sinn eben keins seyn konte. Zuweilen dacht ich, Sie müßten bey der Ueberschwemmung von Fremden mit herbeyschwimmen – ich hätte Ihnen die Hand gereicht, und Sie heimlich in mein Haus geführt – aber ich habe nichts gesehn, das Ihnen ähnlich war. Wie Sie aussehn, errinre ich mich recht gut, so dick Sie auch geworden seyn mögen, wovon freylich viel verlautet. Ich werde hier auch stark, weil ich mich nicht ärgern und zanken darf, und zwischen dem 30 und 40sten Jahr hoff ich zu dem Rang einer holländischen Schönheit herangewachsen zu seyn. Ein Ingredienz von meinem Wohlseyn haben Sie mit diesem Geständniß – an häuslicher Ruhe fehlt mirs, in meinen einsamen kleinen Zimmern, mit meinem guten Mädchen, nicht. An mütterlichen Freuden auch nicht, denn sie verspricht ein liebes Geschöpf zu werden, das ich durch meine Behandlung gewiß nicht um seine Glückseeligkeit bringe. Man kan sich keine arglosere, neidlosere, frölichere Seele denken. Jedermann hat sie lieb – Therese zieht sie oft ihrer Kleinen vor, die durch Kränklichkeit verstimmt und schlaff geworden ist – Forstern nennt sie Väterchen – und er nimt sich ihrer recht väterlich an. Sie wird unter so viel beßern Eindrücken auferzogen, als es bisher in meiner Gewalt stand ihr zu geben – bey mir lernt sie, wie man sich allein beschäftigen, und wie viel man entbehren kan – und dort ist sie im Schooß einer Familie, und lernt Achtung gegen Menschen – Achtung gegen Männer fühlen. Es wird ihr bey den glücklichen Anlagen also nicht an weiblichen Tugenden fehlen – und um ihrentwillen allein könte mich der Entschluß hierher zu gehn schon nicht gereun. Meine Mutterpflicht war mein Leitfaden, seit meine Kinder keinen Vater mehr hatten – wenn dies Band riße, so würd ich einen ganz andern Weg gehn – ich müste viele andere wieder anknüpfen, wozu ich bisher die Lust nicht hatte – und wohl auch die Fähigkeit bald verlieren könte – Gott gebe, daß es nicht reißt. – Wie es mir weiter geht? – Von dem vorigen Ungemach ist jede Spur verschwunden, sogar die Errinnerung – ich weiß kaum mehr, daß es so wunderliche verdrehte Menschen gab, als ich vorzüglich in meiner lezten Situation kennen gelernt habe. – Die, die ich jezt sehe, sind gut, in mehr wie gewöhnlichem Grade, gewähren meinem Kopf mehr Nahrung als – er bedarf – oder eigentlich mehr als er ihnen wieder geben kan, und erleichtern meine Lage durch alle Dienstleistungen der Freundschaft. Sie genießen ihr Leben, in dieser schönen Gegend – sie arbeiten und gehn spazieren und ich theile das alles mit ihnen. Jeden Abend bin ich dort um Thee mit ihnen zu trinken, die interreßantesten Zeitungen zu lesen, die seit Anbeginn der Welt erschienen sind – raisonniren zu hören, selbst ein bischen zu schwazen – Fremde zu sehn u.s.w. Außer Forsters hab ich gar keinen Umgang. – Darinn hab ich vielleicht unrecht – aber ich mag keinen andern. F. ist mein Freund, wie Sie mirs voraussagten – ich erkenne alle seine Schwächen, und kan die nicht von mir werfen, ihm gut zu seyn – ich thue alles, was ihm Freude machen kan. Im Anfang drückte es mich, mich theilen zu sollen, zwischen der Neigung für ihn und meinem Gefühl für Therese, aber, nachdem ich klar eingesehen habe, daß alles grade so seyn muß, wie es ist, und nicht anders seyn kan, vereinige ich es recht gut, und bin gegen keinen mehr ungerecht. Zwar gegen Th. würde ich es nie seyn – ob ich gleich noch immer behaupte, daß sie mich nicht liebt – mich deucht, darinn hat *sie* unrecht – sie kan es in mehreren Dingen haben – aber Sie, mein bester Freund, haben doch auch nicht recht, und es ist vieles anders, als Sie es sich vorstellen. Ich habe nicht den Eifer Sie bekehren zu wollen, aber die Genugthuung bin ich ihr schuldig, zu sagen, daß ich es nicht so finde, wie Sie mich fürchten ließen – und ich schreibe nicht in den ersten vier Wochen. Mag die Welt sprechen! Kan das Meyern ein Beweis seyn, der gewiß schon der Fälle mehr erlebt hat, wo sie nie den rechten Fleck traf. – Theresens Gesundheit ist sehr gut – Forster seine würde es auch seyn, wenn er nicht so viel arbeiten *müste* – und mehr arbeiten könte. Ich habe mit ihm mehreremal von Ihnen gesprochen – wie ich denke – selbst darüber, wo ich Sie absolviren sollte – er ist ohngefähr meiner Meinung. Amalie, *er* und ich haben bey Tisch wieder unsers Wanderers Gesundheit getrunken. – Sehn Sie – Sie sind nicht vergeßen, und möge das Ihr hartes Herz erweichen.

Voß hat Forster geschrieben, daß Sie in Berlin sehr gute

Connektionen haben durch Itzig, der mit Bischofswerder verbunden ist. Wie komt es denn, daß nichts glückt – mein stolzer Herr, Sie machen wohl keine Versuche – Sie ärgern wohl die Leute – und betrüben so Ihre Freunde, die nichts sehnlicher wünschen, als ein Joch über Ihren Nacken zu sehn, weil doch wahrlich ohne solch ein Joch noch weniger Gedeihn auf der Erde ist – wenn man nicht die Kunst des glücklichen Selims versteht, jedes Sümmchen um die Summe zu verdoppeln. Sie sind sorgenlos? – *Können* Sie es denn seyn – dann meinetwegen! Sind Sie vielleicht zu ehrlich – zu gottlos – für die jezigen Zeitläufte – à propos wer hat die Predigt in der Berliner Monatsschrift gemacht? Die war recht gut.

Ihre Uebersezung ist mir noch nicht vorgekommen – so viel ich auch lese. Sie wißen nicht, warum Sie Ihre Gedichte herausgeben? Ich denke, das Publikum wird so wenig fragen warum? wie ich gesonnen bin es zu thun, denn ich werde eine recht hübsche Ursache dafür finden.

Der 2te Theil von Forsters Ansichten ist beßer wie der erste – wandelt nicht so sehr auf Cothurnen – und unterrichtet. Mitunter schreibt er doch allerliebste Dinge.

Mir thät es auch Noth zu übersezen ums tägliche Brod – aber es ist noch nicht so weit gediehn, troz einiger Versuche. Sie glauben nicht, mit welcher Geduld ich alle *solche* fehlgeschlagne Plane ertrage, und fest auf die göttliche Vorsehung traue. – *Alles* schlägt mir fehl. – Wenn der Nebucadnezar nicht wäre, so könt ich jezt recht glücklich seyn. Sie sollen sehn, ich werde es niemals werden. Ist das nun wohl meine Schuld? Und dennoch zürnt meine milde Seele nicht mit dem Schicksaal – und trachtet nur darnach, sich auch das härteste zu versüßen. Es ist doch nicht zu läugnen, daß mir vieles fehlt – und wenn ich es tief im Herzen fühle, klag ich *mich* wohl am Ende darüber an. Nichts verzeih ich mir weniger als nicht froh zu seyn – auch kan der Augenblick niemals kommen, wo ich nicht eine Freude, die sich mir darbietet, herzlich genießen sollte. Das ist mir natürlich – das wird immer meine

Unruhe dämpfen, meine Wünsche zum schweigen bringen – und wenn es auch lange noch keine Gleichmüthigkeit wird, so kan ich doch nie unterliegen. Ich habe mich nun einmal so fest überzeugt, daß aller Mangel, alle Unruhe aus uns selbst entspringen – wenn Du nicht haben kanst was Du wünschest, so schaff Dir etwas anders – und wenn Du das nicht kanst, so klage nicht – nicht aus Dehmuth, aus Stolz ersticke alle Klage. Die Moral hab ich mir nicht der Strenge wegen erfunden, ich konte aber nie mit einer andern fertig werden. Vom Geschick hab ich nichts gefordert, und bin ihm noch nichts schuldig geworden, als was es nicht versagen konte. Laßen Sie mich davon abbrechen.

Unser väterliches Haus in Göttingen ist verkauft, und ich habe dort nun keine Heymath mehr – mags auch nicht wiedersehn. Lotte hat mir eben einen Brief voll Glückseeligkeit geschrieben – Gott gebe, daß sie dauert – ich verzweifle nicht ganz daran. Meine Mutter ist mit ihrer jüngsten Tochter auf eine Zeitlang nach Hamburg und Lüneburg gegangen – mein jüngster Bruder ist auf Reisen.

Der arme Bürger schreibt mir zuweilen und hat doch wieder so viel Kräfte gewonnen, eine Arbeit zu vollenden, die er längst unternommen hatte – die Uebersezung von Popens Eloise. Er schickte mirs durch Wächter (Veit Weber) und wolte strenge Critik, die ihm geworden ist – Eloise war ein paarmal Bürger geworden. Veit Weber kante Sie – ich sah ihn nur kurze Zeit. Um Boutterweks Infamien wußte ich wohl – es giebt keinen jämmerlichern Menschen. Ich habe Louisen von ihm errettet, mit der er ein Spiel einfädeln wollte – seine Briefe waren wie aus einem schlechten Roman von einem Studenten. Er haßt mich bitterlich, und versichert den Leuten, daß ich meiner Schwester eine herrliche Parthie an ihm verdorben habe. Sie brauchen ihn nur gesehn zu haben, um zu wißen, ob das wahr ist.

Jezt sind Sie wohl mit deutscher Litteratur wieder vollkommen vertraut? Es giebt einen August Lafontaine, der deutsche Erzählungen schreibt, wie wir sie noch nicht haben – er ist Feldprediger, sagt man, und jezt in unsrer Nähe – Gott schüz ihn! – im Fall die Franzosen sich wehren, worüber man hohe Wetten eingeht. Göthens Gros-Cophta ist im Schlafe gemacht – sein Genius hat wenigstens nicht Wache dabey gehalten.

Daß der gute Herder so krank und jezt im Spaa ist, wißen Sie doch? Sie werden wohl alles wißen, da Sie alle Welt kennen.

Lieber Meyer – ich bitte Sie, schreiben Sie mir gleich. Sie müßens thun, weil ich so lange gewartet – wolten Sie eben so lange warten, so würde die Lücke zu groß. – Schreiben Sie unter Forsters Adreße, so geht der Brief frei – oder unter einer diplomatischen, als an Legatsecretär Huber, oder Legats. Müller, denn der kleine Ludwig Müller ist solch Ding geworden, und kam ein paar Tage nach mir an. Im Fall Sie einmal hier durchgehn, steht hier meine unmittelbare Adreße – im Reidtischen Hause in der Welschen Nonnen Gaße. Wenn ich die Freude hätte, daß Sie Gebrauch davon machten! Sagen Sie mir, ob ich gar nicht drauf rechnen kan.

Lauers aus Gotha waren auch hier – alle die Leutchen gingen nach Coblenz mit Forster – Therese blieb des Kindes wegen, das sie stillte, zurück. Den Tag nach Forsters Zurückkunft starb es.

Leben Sie wohl. Tatter grüßt Sie, das weiß ich gewiß. Ich wünsche Ihnen tausend Gutes – das weiß ich noch gewißer.

C. B.

18 *An Friedrich Ludwig Wilhelm Meyer*

M[ainz] d. 27. Oct. [17]92
Wenn Sie etwa glauben, daß man nicht mit Sicherheit hieher schreiben kan, so irren Sie sich – es sey dann, daß in Berlin ein Brief nach Mainz jezt für high treason gerechnet würde. Mir

wird die Zeit lang zu wißen, wie Ihr gerechter Zorn wieder in Sanftmuth übergegangen ist. Ich hoffe, so leicht wie wir in Feindes Hand – wenn wir unsre höflichen wackren Gäste anders Feinde nennen können. – Welch ein Wechsel seit 8 Tagen – General Custine wohnt im Schloß des Churfürsten von Mainz – in seinem Prachtsaal versammelt sich der Deutsche Jacobiner-Club – die National-Cocarden wimmeln auf den Gaßen. – Die fremden Töne, die der Freiheit fluchten, stimmen vivre libre ou mourir an. Hätte ich nur Geduld zu schreiben und Sie zu lesen, so könt ich Ihnen viel erzählen. – Wir haben über 10000 Mann in der Stadt, und es herrscht Stille und Ordnung. Die Adlichen sind alle geflohn – der Bürger wird aufs äußerste geschont – das ist Politik, aber wenn die Leute des gueux et des miserables wären, wie man sie gern dafür geben wolte – wenn nicht strenge Disciplin statt fänd – wenn nicht der stolze Geist ihrer Sache sie beseelte und sie Grosmuth lehrte, so würds unmöglich seyn, so alle Ausschweifungen, alle Insulten zu vermeiden. Die Leute sehn sehr delabrirt aus, weil sie lang im Feld lagen, aber arm sind sie nicht, und Mann und Pferd wohl genährt. Der Zustand der combinirten Armeen hingegen – Göthe, der den Ausdruck nicht zu übertreiben pflegt, schreibt seiner Mutter – keine Zunge und keine Feder kan die traurige Verfaßung der Armee schildern – und ein preusischer Offizier sagt: la situation imposante de leurs armées, et la déplorable de la notre. – Custinens Schritte sind so berechnet – er findet nirgends Wiederstand – hat nichts zu fürchten – ne vous fiés pas à vos armées mourantes, sagte er bey den Unterhandlungen. Frankreich ist geräumt, Longwy und Verdun zurückgegeben – die Belagerung von Lille aufgehoben – Montesquion und Custines ohne Blutvergießen siegreich – und was mich mehr wie alles freut, die Marrats in der Nationalversammlung nach Verdienst gebrandmarkt. Ich glaube jezt *dort* – *hier* kan man sich des Spotts nicht erwehren – man macht Projekte – man haranguirt – gestikulirt nach den 4 Weltgegenden hin – will das Volk aufklären. *Ein* Werkzeug ist mein Schwager George Böhmer, der seine Profeßur in Worms aufgegeben hat, und so was von Secretair bey Custine ist. Mir sank das Herz, wie ich den Menschen sah – o weh – wolt und könt Ihr den brauchen? aber wen kan man nicht *brauchen*? Die sich bey solchen Gelegenheiten vordrängen, sind nie die besten. – Ich kan Ihnen Forsters Betragen nicht genug rühmen – noch ist er bey keinem der Institute – er macht seinen bisherigen Gesinnungen Ehre, und wird vielleicht mit der Zeit den Ausschlag zu ihrem Vortheil geben. Der Mittelstand wünscht freilich das Joch abzuschütteln – dem Bürger ist nicht wohl, wenn ers nicht auf dem Nacken fühlt. Wie weit hat er noch bis zu dem Grad von Kentniß und Selbstgefühl des geringsten sansculotte draußen im Lager. Der Erwerb stockt eine Weile, und das ist ihm alles – er regrettirt die sogenannten *Herrschaften,* so viel darunter sind, die in Concurs stehn und die Handwerker unbezahlt ließen. Aber nur *eine* Stimme ist über den Priester – *er* sieht gewiß sein schönes Mainz nicht wieder, wenn es auch, wies wahrlich sehr zweifelhaft ist, seine Thore dem Nachfolger öffnete. Custine bevestigt sich, und schwört den Schlüßel zu Deutschland nicht aus den Händen zu laßen, wenn ihn kein Friede zwingt. Kaum 4 Monate sinds, wie sich das Concert des puissances versammlete um Frankreichs Untergang zu beschließen hier – wo nun auf dem Comödienzettel steht: mit Erlaubniß des Bürgers Custine.

Ich hab eine Hausgenoßin, lieber M., seit 8 Tagen – eine Landsmännin – die Forkel. Man hat sie mir nicht aufgedrungen – ich habe selbst die erste Idee gehabt. Sie wißen vielleicht, daß sie unter Protektion des Forsterschen Hauses steht. Ich kante sie beynah gar nicht – hab aber keinen Haß gegen Sünder, und keine Furcht für mich. Was sagen *Sie* dazu? Sie hat sich hier immer gut aufgeführt – hat sie je ganz ein solches Urtheil verdient wie in Bürgers Brief stand? – Und doch ist mir kaum daran gelegen das zu wißen – das kan mir ja einerley seyn – aber haben Sie sie außer Liebeshändeln falsch und intriguant gefunden? Das könte mich inkommodiren – denn ich weiß nicht, ob meine schlichte und ununternehmende Ehrlichkeit hinreicht, da Spize zu bieten. Die Frau gefällt mir bis jezt – ich bin gut mit ihr – da man das seyn kan, ohne sich hinzugeben, so seh ich nicht, warum ich damit nicht den Anfang machen sollte. Sie kennen sie, und können mir mehr Licht geben.

Adieu, lieber Meyer. Schreiben Sie doch bald. Wie gefallen Ihnen Forsters Erinnerungen? Reichard hat einen Revolutions-Allmanach geschrieben, der künftig Jahr nicht zu brauchen seyn wird.

19 *An Luise Gotter*

Mainz d. 24 Jan. [17]93

Liebe gute Louise – was seyn soll, schickt sich wohl! Halt mir nur ein gutes Gänsebein bereit. Du hast Dich schon freundlich zu dem erboten, warum ich Dich bitten wollte, mich in den ersten Tagen aufzunehmen, bis ich mich arrangirt habe – etwas das ich lieber selbst thun will, weil ich gefunden habe, daß man andern Mühe damit erspaart, und es sich am besten zu Dank macht. Also, bestes Weib – noch einmal unter Dein Dach – wann, weiß ich noch nicht genau. Ich erwarte erst Nachricht aus Frankfurt, ob Huber mich nach Sachsen mitnehmen kan. Dein Mann ist dort – wird er noch lange bleiben? Ich hätte Lust ihm zu schreiben, daß er mich von Mannheim abholen soll, aber er wird wohl seine Reisegesellschaft nicht verlaßen dürfen. Sag ihm zu seiner Beruhigung, daß ich den Mund nicht öfnen werde über Politika, sobald ich über die freye Gränze bin. Auguste, die leichtsinnige, die immer rosenfarbne Bilder von den Dingen, die da kommen sollen, vor sich her flattern läßt, und mit der Gegenwart beständig zufrieden ist, schreit vive la nation und erkundigt sich dazwischen nach Deinem kleinen Mädchen. Adieu, Liebe. Grüß Wilhelminen.

Königstein d. 19. Aprill [17]93

Ich danke Ihnen, lieber Gotter, für die Maasregel, sich an den Hrn. Coadjutor zu wenden – es war das, warum ich Sie bitten wollte. Es ist doch das härteste, was einem Weibe begegnen kan, in eine so ernstliche Gefangenschaft zu gerathen – ehe sie *das* verdient, muß sie sich mehr wie Unbesonnenheiten der Denkart vorzuwerfen haben, und Hr. von Dalberg, der die Menschen kent, wird fühlen, daß diese sogar nicht von ihr, sondern von dem Einfluß ihrer Freunde abhangen – *er* kan nicht wollen, daß sie darum zu Grunde gerichtet werden soll, wie ichs durch eine lange Gefangenschaft unausbleiblich werden würde. Ich bin nicht Verbrecherin, weder mittelbar noch unmittelbar – aber allerdings hab ich Bekanten gehabt, die es sind, und die mich nun verdächtig machen. Ich hatte mich auf ewig von ihnen zu trennen geglaubt, und es hat nie zwischen ihnen und mir eine solche Verbindung statt gefunden, von der ich mich nun als Märtyrerin betrachten könte.

Man hat mir von einem Ausweg gesagt der mich bald befreyen könte, nehmlich wenn man Caution für mich annehmen wollte. Was halten Sie als Jurist davon? Schrecklich ists, von der Dauer der Belagerung von Mainz abhangen zu sollen – und es heißt doch, daß man nicht eher förmlich untersuchen wird. Können nicht die Franzosen bey dem Mangel an auswärtigen Nachrichten rasend genug *seyn,* sich lange vertheidigen zu wollen?

Liebe Louise, wenn ich doch in dem Zimmerchen säße, was Du so gütig für mich bereitet hattest! Ich fühle Deine innige Theilnahme – wird es mir wohl so gut werden dir mündlich zu danken? Wird Deine Freundschaft nicht ermüden? Du siehst, ich mache denen, die mich lieben, keine Freude, und werde ihnen vielleicht noch viel Sorgen machen. Gott segne Dich Liebe – freue Dich Deiner Freiheit, und daß Du Deine Kinder selbst spazieren führen kanst. Ich mache mir beynah ein Gewißen daraus Augusten mein Schicksaal theilen zu laßen. Grüß Wilhelmine herzlich.

Dein Mann soll dem Hrn. von Dalberg bezeugen, wie lange ich schon mit ihm wegen meiner Abreise in Unterhandlung gestanden, und ihn, wie er in Frankfurt war, gebeten habe, mir einen Paß vom Herzog von Braunschweig zu verschaffen.

21 An Friedrich Wilhelm Gotter

[Königstein] 1. May [1793]
Wenn Sie mir einen *offnen* Brief schicken, so erwähnen Sie *nicht* deßen an Humbold, den Sie erhalten haben – *der Bericht von hieraus,* auf den ich mich berief, war nicht von mir. Haben Sie mir etwas zu sagen, was beßer für mich allein bleibt, so bestellen Sie nur bey Porsch, daß er den Brief zurückbehält, bis ich ihn holen laße. Man läßt von hier weder an Churfürst noch Minister Vorstellungen abgehn – thun Sie Ihr mögliches. Sie haben mehr Wahrheit gesagt, als Sie glaubten – daß mein Leben durch eine lange Gefangenschaft in Gefahr kömt – obgleich in andern Sinn – wie Sie auf jeden Fall von mir erfahren sollen. Theilen Sie dies *niemand* mit.

Schuldig bin ich übrigens gewiß *nicht* – ich theile den ausgezeichnet bittern Haß, den man auf Forster geworfen hat. Man irrt sich in dem, was man über meine Verbindung mit ihm glaubt – um seinetwillen allein will man mich als Geißel betrachten. Wenn das helfen kan, so sprechen Sie von meinem Verhältniß mit einem Teutschen, der aber jezt zu entfernt ist, um mir helfen zu können.

[Königstein] 16. May [1793]
Vorgestern kam Ihr Brief und die Einlage von Humbold – der
sich doch des hofmännischen Tons nicht enthalten kan – vielleicht weil er glaubte, sein Schreiben käme nicht ungesehn zu
mir. Sie sehn, daß der Trost gering ist, den er giebt – und
meine Lage wird täglicher unleidlicher.

Die wahre Beschaffenheit der Dinge begreift Ihr alle nicht,
wies scheint. Hier ist nur von willkührlichen Verfahren, von
falschen Gerüchten die Rede. Geißel soll ich seyn *darum*:
Mainzer Bürger sind als Geißeln nach Strasburg geführt –
man sucht sie frey zu machen, ehe Mainz übergeht, um nicht
da etwa Verbrecher entwischen laßen zu müßen. Man will
die Weiber schrecken, denen man genaue Verbindungen,
wenn auch nicht avouirte, mit Französischen Bürgern zu-
traut. Mich soll Forster erlösen. Das *kan* F. nicht, und ich
werds nie von ihm fordern – denn wir stehn nicht in diesem
Verhältniß.

Nachher wird man auf Chicanen zurückkommen – das
nimt Zeit weg – und indeßen schmacht ich hier, in der nahen
Abhängigkeit elender Menschen, denen jede Gefälligkeit mit
Geld abgekauft werden muß. – Wir haben unsern braven
Commendanten verlohren, und auf der Stelle die Wirkung
davon empfunden.

Ich hoffe dennoch jezt auf eine günstige Wendung und
nahe Befreyung. Hoff ich zu viel – so ists auch gut.

Es versteht sich, daß ich in keinem Verhör fremde Dinge
einmischen werde noch eingemischt habe. Glauben Sie mir,
wir benehmen uns männlicher, wie unglückliche Weiber gewöhnlich thun. Meine Ideen über dies ganze Wesen sind
ziemlich klar. – Könt ich nur ein zarteres Gefühl in mir betäu-
ben, und über die Entweihung meines Nahmens hinweg
gehn! Hätt ich die Rolle gespielt, die man mir schuld giebt, so
würd ich dazu vermuthlich Stirn genug haben.

Ich habe eine große Begierde Meyers Schriften zu lesen – könte Ettinger sie nicht frey nach Frankfurt spediren, an Varrentrap[p] und We[n]ner nehmlich Ihr Exemplar – ich wills Ihnen wieder bringen! Ich weiß nicht, wie ich sie soll aus Frankfurt bekommen, da ich den Titel nicht weiß, ihn auch im Meßkatalog nicht finde. Meyer wird *mich* seit diesem Abendtheuer detestiren – er hätte recht, wenn ich mirs zugezogen hätte. – Von Schillers Freund hab ich Briefe und schrieb an ihn. Adieu, lieber Gotter und Louise.

(*Nachschrift*): Lieber Gotter – sie sagen, man wolle mich *auf Bedingungen* frey geben, das ist also vermuthlich Caution, eine hübsche Freyheit hab ich da zu erwarten – jezt an eisernen, dann an goldnen Ketten. Noch weiß ich nichts officielles.

Expediren Sie doch die Briefe. Man muß nun in Frankreich um mein Schicksaal wißen – im Moniteur steht ja, qu'on a mené, à la forteresse de K. la veuve Böh. amie du Citoyen Forster. – Das ist tröstlich, ich *bin* seine Freundinn, aber nicht im französischen Sinn des Worts.

23 An Friedrich Ludwig Wilhelm Meyer

Kronenberg d. 15. Jun. [17]93

Im März haben Sie meiner noch gedacht und mir etwas alte Tugend zugetraut – ob Sie gleich viel Albernheit bey mir vermutheten. Wie es jezt mit Ihrer Meinung steht, weiß ich nicht. Ich schrieb Gotter lezthin: »Wenn Meyer hört, was mir wiederfahren ist, so wird er mich detestiren, und er hätte recht, wenn ich es mir wirklich zugezogen haben könte.«

Wie viel hätte ich Ihnen zu sagen, wodurch Sie freylich um nichts weiser werden würden, wenn Sies wüsten, denn Menschen Thorheit und Schlechtigkeit und die wunderbaren Verkettungen unvermeidlicher Zufälle kennen Sie lange. – Ich habe zwey schreckliche Monate durchlebt – meine Gesundheit hat sehr ernstlich gelitten – aber gieb mir morgen Ruhe und Verborgenheit, so vergeße ich alles und bin wieder glücklich.

Seit Jänner war ich fest entschloßen Mainz zu verlaßen und nach Gotha zu gehn – auch Sie schloß ich mit in meine Rechnung – in Gotha hofft ich Sie zu sehn. Theilnahme an Forster, der eben um die Zeit erfahren sollte, daß Therese die halbe Gerechtigkeit üben wollte, sich von ihm zu trennen, hielt mich in M. Gänzliche Unbekantheit mit allem, was außerhalb Mainz vorfiel, ließ mich diese Verzögerung als eine gleichgültige Sache betrachten, und mich selbst hielt ich für völlig unbedeutend bey meiner Art zu leben, die durch keine einzige öffentliche Handlung, kein Zeichen des Beyfalls oder eine solche Absurdität, wie Sie nahmhaft machen (sich Mährchen aufbinden zu laßen, *dem* Schicksaal scheint kein Mann entgehn zu können), unterbrochen oder befleckt wurde. Einer Gemeinschaft mit meinem tollen Schwager, der nie meine Wohnung betreten hat, macht ich mich nicht schuldig. Allein meine Verbindung mit Forster in Abwesenheit seiner Frau, die eigentlich nur das Amt einer moralischen Krankenwärterin zum Grunde hatte, konte von der sittlichen und politischen Seite allerdings ein verdächtiges Licht auf mich werfen, um das ich mich zu wenig bekümmerte, weil ich selten frage, wie kan das andern erscheinen? wenn ich vor mir selbst unbefangen oder gerechtfertigt dastehe. – Der Himmel weis, welche treue Sorge ich für F. trug. Ich wuste nichts von Theresens Planen – Ende Dec. schrieb sie mir: Lieb und pflege F. und denke vor dem Frühling nicht an Aenderung des Aufenthalts, bis dahin läßt sich viel hübsches thun. Das war der einzige und lezte Brief seit ihrer Abreise – seit dem keine Silbe, weder an die Forkel noch mich. Ich errieth indeßen ihre Absicht, und sah, wie vielmehr F. bey jeder Verzögerung leiden würde, da er nichts zu ahnden schien – darum schrieb ich im Jänner an Huber, worauf er mir antwortet: »Sie sind gut und brav mir so entgegen zu kommen, und ich danke Ihnen, daß Sie mir noch fühlbarer machten, daß ein Aufschub unedel sey«. Hierauf folgte auch bald ein Brief von ihm an George, deßen Ueberbringerin ich seyn muste – Therese schrieb zu gleicher Zeit – und die Sache ward ausgemacht, daß Huber Th. und Claren haben und George das älteste Kind behalten sollte. Forsters Stimmung war so schwankend, daß es alle unermüdliche Geduld weiblicher schwesterlicher Freundschaft erforderte ihn zu ertragen, allein Du, der Du alle seine anziehenden Eigenschaften kenst, wirst es leicht begreifen, wie sie eben in der Verbindung mit mitleidenswürdiger Schwäche mich zur allerfreywilligsten uneigennüzigsten Ausdauer bewegten. Hier sind ein paar Zettel von ihm, die ich Sie aufzuheben bitte – es sind die einzigen, die ich noch habe, ich zernichtete alles, was von seiner Hand war, und mag auch diese nicht mehr bey mir führen. In der Mitte des Febr. ging er aufs Land und blieb 3 Wochen aus – ich war indeß so krank an Gicht Anfällen, daß ich zu Bett lag, und nicht reisen konte. – Bis zu Ende März litt ich bald mehr bald weniger so schmerzhaft, daß ich eine Reise noch am 26sten für unmöglich hielt und in Todesangst da lag. Am 24. ging George nach Paris, und ich trennte mich auf immer von ihm. Endlich mach ich mich am 30sten mit Meta und der alten Mutter auf den Weg, um über Mannheim nach Gotha zu gehn, wo Gotter schon seit langer Zeit mein Absteigequartier bereitet hatte. Wir musten umkehren, weil die Preußen schon das Land im Besiz hatten – wir vertrauen uns einem Mann an, um nun grade zu nach Frankfurt zu reisen, der einer von den Leuten ist, die im Geruch der Rechtschaffenheit stehn, aber aus Furchtsamkeit aller möglichen Schurkenstreiche fähig sind – das war dumm, da ich ihn bey dieser Gelegenheit zum erstenmal sah – aber wie kont ich an Verrath denken, da mirs nicht einfiel, mich für verdächtig zu halten? Sobald man uns auf unsre ominösen Nahmen hin anhält, überliefert uns dieser Mensch, um seine Loyalität zu retten – immer ohne Ahndung des schrecklichen Ausgangs bleiben wir 3 Tage in Frankfurt und halten heilig den auferlegten Stadtarrest, indem er ins Hauptquartier geht, auf welche Expedition erst Bewachung im Hause, und dann ein Transport nach Königstein folgt. Ich erzähle Dir nur kurz, ohne die Empfindungen zu schildern, in die Du Dich noch wirst versezen können, so hartherzig Du seyn magst. Ich bin ja niemals eine unnatürliche Heldin, nur immer ein Weib gewesen – ohne zu erliegen fühlt ich *alles* – weich machte mich nur der Anblick meines Kindes. Nach einem Verhaft von mehreren Wochen erfahren wir, daß man uns als Geißeln gegen Mainzer nüzen will, die nach Frankreich geführt wurden – man erwartete, wir würden in der Verzweiflung alles thun, um eine Auswechslung zu bewürken, und sie durch Forster und W[edekind] zu stand bringen können. Wir haben uns bis diesen Augenblick standhaft dagegen gesezt, und der Schritt wär auch nothwendig fruchtlos – häufige und dringende Verwendungen habens endlich dahin gebracht, daß man uns hier Orts Arrest gegeben hat, statt des ungesunden, fürchterlichen, unverdienten Gefängnißes in Königstein – Wie man diese Sache zu endigen denkt, weiß ich nicht – wir haben uns jezt an unsre Regierung gewandt – was ich da erlangen kan, ist wenigstens der Beweis nicht als Geißel dienen zu können – dann kan man mich noch mit falschen Anzeigen chikaniren – hätte man mit Untersuchung angefangen, so könt ich schon ganz erlößt seyn – allein man hat vorher gestraft – um eine Erbittrung zu befriedigen, die ich mit Forster theilen muß – wenn etwa nichts zu erweisen wär. Noch hab ich kein *Faktum* erfahren, daß man mir schuld giebt, nichts wie allgemeine schändliche und absurde Gerüchte.

Mir kan nicht genügen an dieser bedingten Freyheit – ich muß *bald* vom Schauplatz abtreten können, wenn ich nicht zu Grund gehen soll. Wolte Gott, Sie wären in der Nähe, und ich könte Sie sprechen. – Ueber meine Schuld und Unschuld kan ich Ihnen nur das sagen, daß ich seit dem Jänner für alles politische Interreße taub und todt war – im Anfang schwärmte ich herzlich, und Forsters *Meinung* zog natürlich die meine mit sich fort – aber nie bin ich öffentliche noch geheime Proselytenmacherin gewesen, und in meinem Leben nicht aristokratisch zurückhaltender in meinem Umgang, als bey dieser demokratischen Zeit. Von allem, deßen man mich beschuldigt ist *nichts* wahr. Bey der strengsten Untersuchung kan nur *eine* Unvorsichtigkeit gegen mich zeugen, von der ich noch nicht in Erfahrung bringen konte, ob man sie weiß, und die grade *nur* Mangel an Klugheit ist.

Du mußt mir auf mein Wort glauben – es ist sehr möglich, daß es das lezte ist, was ich zu Dir rede.

Huber schreibt mir noch, von Therese kein Zeichen des Lebens und der Theilnahme. Ich verachte es, jemand mein Unglück schuld zu geben, – sonst könt ich fragen – wer hat mich nach Mainz gelockt? warum blieb ich dort? – Ich denke an Therese nicht. Forster schrieb ich – er konte vielleicht noch nicht antworten. Aber mögen Sie doch alle sich nur mit sich beschäftigen.

Meine Existenz in Deutschland ist hin. Es giebt keinen Mann, von dem ich noch abhängig wär, oder ihn genug liebte um ihn schonen zu wollen. Tatter hätte mich durch etwas mehr männlichen Muth und ein entscheidendes Wort retten können – der einzige Mann, deßen Schuz ich je begehrte, versagte ihn mir. Meine sehr entschiedne instinktmäßige Neigung zur Unabhängigkeit ließ mirs nie zu, meine Gewalt über irgend einen andern nuzen zu wollen. Tatters wird sich quälen – warum konte er nur das für mich? Er wolte nicht glücklich seyn – und für mich verfloß die Zeit auch, wo Entbehrung Genuß ist. Hätte Tatter im December, wie ich ihm ängstlich über meine Zukunft schrieb, gesagt – verlaße Mainz, so hätt ich ihm gehorcht – statt deßen heißts – ich bin in Verzweiflung nichts für Dich thun zu können. Meine Geduld brach, mein Herz wurde frey, und in dieser Lage, bey solcher Bestimmungslosigkeit meinte ich nichts Beßers thun zu können, als einem Freund trübe Stunden erleichtern, und mich übrigens zu zerstreun. – Seit dem Jan. hab ich Tatter nicht geschrieben und werde es auch nicht wieder – außer in einem Fall.

Ich bin nun isoliert in der Welt, aber noch Mutter, und als solche will ich mich zu erhalten und zu retten suchen. Was mich beunruhigt und zuweilen die Fröhlichkeit meines Muthes schwächt, ist der Zustand meiner Gesundheit – und die Leiden meiner Mutter. In derselben Woche, wo ich meine Freyheit verlor, büßte Lotte ihr Leben im Kindbett ein. Die Mutter jammert, aber Lotten ist so beßer – sie war glücklich, da sie starb, und sie hätte noch viel Unheil erfahren können, wenn sie länger gelebt hätte.

Von meiner Zukunft muß ich schweigen, weil ich nicht alles, was die Gegenwart betrift, dem Papier anvertraun kan. Schreiben Sie mir *sogleich,* wie lange Sie noch in Berlin bleiben. Sie können sich darauf verlaßen, daß Sies mit Sicherheit dürfen, und mir liegt an der Antwort. Machen Sie einen Umschlag an Hrn. Franz Wenner, in der Varrentrapp und Wennerschen Buchhandlung in Frankfurt. Ich bekam Ihren Brief vom 9ten März vor ein paar Tagen durch Huber, dem ihn Amalie geschickt hatte.

Lebe wohl. Was Du von mir hören magst jezt da ich einem gehäßigen Publikum schmälich überantwortet bin – und was für Entschlüße ich ergreifen möge – denk, ich sey dieselbe Frau geblieben, die Du immer in mir kantest, geschaffen um nicht über die Gränzen stiller Häuslichkeit hinweg zu gehn, aber durch ein unbegreifliches Schicksaal aus meiner Sphäre gerißen, ohne die Tugenden derselben eingebüßt zu haben, ohne Abendtheurerin geworden zu seyn. Nochmals lebe wohl.

Frankfurt d. 13. Jul. [1793]

Meine theuren lieben Freunde – ich bin frey durch die unabläßigen und edlen Bemühungen meines jüngsten Bruders – vielleicht wißt Ihr es schon, wenn dies zu Euch komt, aber heiße Dankbarkeit für solche Theilnahme, wie ich bey Euch fand, heißt mich den ersten Augenblick eines wiedergegebnen Lebens Euch widmen. Ohne alle Bedingungen, ohne ein Wort von Untersuchung mußte man mich entlaßen. Philipp schickte dem *König* eine gut unterstüzte Bittschrift in seinen Nahmen – der mainzische Minister Albini hatte behauptet, nur von dieser Seite würde meine Befreyung verzögert. Aber es zeigte sich wohl anders – ja die Mainzer hatten schon einmal eine Untersuchung von dorther gehindert, und fest bey der Idee beharrt, als Geißel mich zu nüzen und zu quälen. Friedrich Wilhelm hatte bis dahin geglaubt, ich sey Böhmers Frau – er gewann Interreße, und sezte es troz allen Wiedersezlichkeiten der Mainzer Minister, die sich dem Guckguck ergeben wollten, durch drey auf einander folgende Briefe an seinen Commendanten zu Frankfurt durch. Hier sind die Rescripte – wo doch wahrlich im preußischen gütiger [Sinn] und im andern bonne tournure à mauvais jeu sichtbar ist. – Was mir süß ist, ist dies alles dem braven Bruder zu verdanken, und vielleicht in dieser guten That Belohnung für ihn aufblühn zu sehn. Sein Betragen gegen eine unglückliche Schwester hat ihm [dem König] so wohl gefallen, daß etwas für seine Befördrung im preußischen zu hoffen steht – er hat in der Dankschrift seine freywilligen Dienste in den Hospitälern der Armee angeboten.

Aber schwer ists mir geworden, die eben so ungerecht gefangengehaltne Forkel zurük laßen zu müßen – allein ich hoffe hier auch baldige Erledigung.

Du erwartest nun, meine liebe liebe Louise, Deine unglückliche Freundinn wieder aufheitern zu können – Du erwartest mich in Deinen Armen – aber das ist nicht möglich. Ich konte die lezte Zeit nicht viel schreiben – die Verhandlungen, die mich an dies Ziel brachten, sind Dir also unbekant geblieben, und noch läßt sich nicht alles entwickeln – aber der dringende Rath solcher, denen ich hiebey viel zu danken habe, ist, bis alles, was Mainz betrift, geendigt seyn wird, mich verborgen, unter fremden Nahmen aufzuhalten, obgleich im Preußischen. Mein Bruder fordert, daß ich in der nächsten Stunde gehe – ich muß also – ich darf Gotha nicht berühren, und ich brannte vor Begierde euch wenigstens auf kurze Zeit zu sehn – denn Erholung in tiefer Stille hat meine Gesundheit und meine Seele nöthig, und in so fern ist mir jenes Muß lieb. Ich schreibe bald wieder. Sprecht nicht von mir – laßt niemand rathen, in welcher Gegend der Welt ich seyn könte, als Wilhelmine und Mutter Schläger – ja, nicht einmal, daß ich verborgen seyn will. Vors erste heißt es nun, daß ich darüber mit meinen Verwandten erst zu Rath gehe, Gott segne Euch.

Lieber Gotter – ich danke Ihnen jezt noch einmal wörtlich, wie ich im Stillen Ihnen lebenslang für Ihre Freundschaft danken werde.

25 *An Friedrich Ludwig Wilhelm Meyer*

[Lucka] 15 August 1793

Es muste mir sehr erwünscht seyn, meinen Entschluß gefaßt und schon seit 8 Tagen ausgeführt zu haben, da ich vorgestern Ihren Brief erhielt. Ich sah ebenfalls ein, daß Göschen so viel wuste, und er und seine Frau so viel errathen konten, daß es sicherer war, mich ihnen zu vertraun. Sie sind mir so thätig und herzlich entgegengekommen, daß ich mich sehr irren müßte, wenn ich ihnen nicht zulezt wie zuerst zu danken hätte. Göschen scheint so redlich, wie er diensteifrig ist, und sie ist gewiß ein gutes, aus Güte wirkendes [?] Weib.

Ich bin durch seine Vermittlung in einem kleinen Grabes-
stillen Landstädtchen 3 Meilen von Leipzig im Altenburgischen gelegen, im Hause eines ältlichen unverheyratheten
kränklichen Arztes, der in dem Fach, worin ich ihn brauche, geschickt seyn soll, und mehrmals Kranke bey sich be-
herbergt. Göschen kante den Mann vorher nicht – er gab
mich für seine Stiefschwester, Verwandte zu versöhnen, der
Mann noch nicht im Stande eine Heyrath zu erklären u.s.w.
Ich überließ ihm die Fabel. Ihre Rathschläge sind so vortreflich, daß sich der Marchese von G[rosse] ihrer freun, und so
vernünftig, daß ich sie befolgt haben würde, wenns nicht zu
spät gewesen wär, und ich überhaupt anders als in einen Anfall von Muthwillen Lügen an den Mann zu bringen wüßte.
Ich habe nichts gesagt, als es müste jezt Geheimniß bleiben,
weil ich mich mit meiner Familie entzweyen, sie betrüben,
weil die Welt in der Stimmung, in welche sie meine Gefangen-
haltung versezt, die Wahrheit selbst nicht gelten laßen und
ich eine Pension verlieren würde, die ich *noch* nicht aufgeben
könte. Das ist denn auch sehr wahr. Göschens rathen vielleicht auf jemand, vermuthen vielleicht eine heimliche oder
doch zukünftige Ehe – allein ohne *mein* Zuthun.

Für mein Kind ist gesorgt, wenn ich selbst nicht sollte sorgen können. Der Vater lebt, und verlangt es, aber wenn ich irgend vermag, so soll es *mein* bleiben. Ich habe nie geglaubt,
daß Auguste durch das, was es ihr entziehn könte, verlieren
würde – nur die Überzeugung hatte ich, daß die Schande, der
Scandal sogar, der in der Lage, worin ich mich befand, eine
Entdeckung begleiten mußte, dem Schicksaal des achtjäh-
rigen Mädchens eine nachtheilige Wendung geben, und alles,
was fern und nahe theil an mir nahm, unvergeßlich bitter
kränken mußte. Darum kont ich den Gedanken faßen, den
ich selbst für eben so abscheulich als nothwendig innerhalb
der Mauren hielt, die mich umschloßen. Ich fühle ganz, wie
wenig Sie von mir wißen, wenn Sie mit einer harten Bemerkung eine Schwärmerey niederschlagen zu müßen glauben,

die mir meinen Kopf und mein Herz verächtlich machen würden, wenn sie ihrer fähig wären. Meine Pflichten kenne ich, und ich hoffe, ich übe sie jezt in ihrem ganzen Umfang, indem ich gut zu machen trachte, was ich verbrochen habe, und weder Muth noch Geduld noch Freundlichkeit verliere. – Sie können mich verwunden, denn ich bin weicher wie gewöhnlich, und Sie hätten mir Gutes thun können, aber meine Faßung bleibt die nehmliche, wenn Sie auch den Ton gegen mich ändern. Ich müste nicht argwöhnisch, sondern blind seyn, wenn ich die Aenderung nicht bemerkte. Nur eine einzige Vermuthung habe ich über die Ursache – der Canzleysekretair Br. hat Ihnen geantwortet und Sie über eine Frau zurechtgewiesen, die er durch pöbelhafte Gerüchte genugsam kent. Sie haben Verdacht gefaßt, weil Sie mit dem Weltlauf bekant sind. Worte, Briefe sind *nichts*. Das ist auch mein Glaube. Seit 4 oder 5 Jahren sahn wir uns nicht, was kan seitdem aus mir geworden seyn?

So viel ist gewiß, daß wir uns von nun an misverstehn müßen, bis uns der Zufall zusammenführt. Ich glaubte lezthin, Sie vielleicht noch innerhalb der 3 nächsten Monate zu sehn, aber Sie kündigen mir ein langes Verweilen in Berlin an. Was nachher geschehn kan, ist wenigstens zweifelhaft.

Mein Bruder schreibt mir, daß er Voß einen Brief für mich, mit einem Couvert an Sie, zugeschickt hat. Er müste schon angekommen seyn – können Sie sich nicht bey Voß erkundigen? Wenn Sie ihn mir schicken, so nehmen Sie ein Couvert an G., denn seine Leute vermuthen mich in B. und würden sich über einen Brief daher wundern. Die Gothaer glauben mich bey B. auf dem Lande. So viel zur Nachricht, damit Sie mir nicht schaden, was Sie nicht wollen.

[Lucka, Ende August 1793]
…Sie fühlen, welch ein Freund mir Wilhelm war. Alles, was ich ihm jemals geben konnte, hat er mir jezt freywillig, uneigennützig, anspruchslos vergolten, durch mehr als hülfreichen Beystand. Es hat mich mit mir ausgesöhnt, daß ich ihn mein nennen konte, ohne daß eine blinde unwiederstehliche Empfindung ihn an mich gefeßelt hielt. – Sollte es zu viel seyn, einen Mann nach seinem Betragen gegen ein Weib beurtheilen zu wollen, so scheint mir doch Wilhelm in dem, was er mir war, alles umfaßt zu haben, was man männlich und zugleich kindlich, vorurtheilslos, edel und liebenswerth heißen kan. …

27 *An Friedrich Schlegel*

[Lucka] den 11ten October [1793]
Das köstliche Wetter hat mich gestern herausgelockt, und ich bin bis an die Berndorfer Mühle gegangen – aber dafür muß ich heute im eigentlichsten Verstande kriechen; es würde selbst Ihr Mitleid zum Lachen bringen. Sonst ist alles ganz gut. Schreiben Sie denn wirklich postäglich? Sie sind die Gewißenhaftigkeit selbst – Wilhelm wird sich zulezt nichts mehr aus Ihren Nachrichten machen, die Bülletins bey Seit legen, und in der nächsten Minute so wenig davon wissen, ob wohl oder übel darin gestanden hat, als wenn von einer alten schwindsüchtigen Hofdame die Rede wäre. Seyn Sie doch ein wenig cokett, mit dem, was Sie ihm angedeihen lassen – in meiner Seele. Denn das glauben Sie nur, wir cokettiren mit Leben und Sterben…

[Lucka, 5. Dec. 1793]
Ich bin wohl und gehe aus dem Stübchen ins andre Haus. Julius hat die Augen hell offen – ist hübsch und ruhig. Morgen ist Bustag und ich werde wohl ein Übriges thun, und zu des Herrn Tische gehen... Der Doktor meynt, er könnte mich nun nur noch aufs Heimweh curiren...

29 *An Friedrich Ludwig Wilhelm Meyer*

Gotha d. 20. Febr. [17]94
Lange hab ichs aufgeschoben Ihnen zu schreiben, denn es sollte erst hier geschehn, und so wie ich nun die Feder hinnehme, wünscht ich, daß alles, was ich zu sagen habe, schon stände, und von Ihnen erwogen worden wär – dann könt ich mich schon Deines Mitleids trösten. Mitleid, lieber Meyer – denn unter Menschen ist die Fröhlichkeit meiner Ruhe von mir gewichen. Ich bin seit 12 Tagen hier. Die drey Familien, die Sie kennen, Gotter, Schläger und Bertuch nahmen mich sehr freundschaftlich auf, aber die Stimme aller Uebrigen ist wieder mich, und so viel ich noch urtheilen kan, in einem Grade, den Sie, der Sie diesen Ort beßer wie ich kennen, nicht erwartet haben. Ich habe niemand besucht von der Menge meiner Bekanten – niemand gesehn, denn die acht Tage über, da ich in Gotters Haus war, vermied man es. Das politische Urtheil, das hier so schneidend ist, wie an irgend einem Ort, gilt als Vorwand, um sich erklärt von mir zu wenden. Für meine Freunde selbst bleibt so vieles im Dunkeln, daß sie vielleicht bald den Muth verlieren, für mich zu streiten. Die Verschuldungen meiner ehemaligen Freunde, die Fehltritte, zu denen ich hingerißen wurde, ja meine Tugenden selbst haben sich gegen mich verschworen – der wunderbare Zufall so gut wie die natürliche Folge meiner Handlun-

gen drückt mich nieder – und ich kan nicht verlangen, daß es anders seyn soll. Wer kent mich, wie ich bin – wer kan mich kennen! Man hält mich für ein verworfnes Geschöpf, und meint, es sey verdienstlich, mich vollends zu Boden zu treten. Die Verwünschungen, die über Therese ausgesprochen werden, treffen mich mit. Um diese Situation zu überwinden, müßt ich wahrhaftig eine Zauberinn seyn – die Natur war wohlthätig gegen mich – sie rettete mir Leben und Gesundheit, und erquickte mich mit süßen Freuden – o hätte ich in meiner Einsamkeit bleiben können! Wißen Sie keine Hütte für mich? Ich bin ja ausgestoßen und muß wenigstens ins Freye blicken können – in einen Spiegel, der mich nicht entstellt zurückwirft. Ich fürchte, der Schritt war falsch, unter bekante Menschen zu gehn. Zwar will ich nicht zu früh urtheilen – vielleicht kan ich auch dies noch durch Sanftheit besiegen – die Gefahr lauf ich nicht, es durch Erniedrigung zu thun. Du wirst mich nicht für muthlos halten, weil ich lebhaft gerührt bin – Du kanst nicht von mir erwartet haben, daß ich mit gemachten Heldenmuth dieser Art von Leiden trozen sollte – so wenig als daß es mich mit mir selbst sollte uneins machen. Der gewöhnten Achtung entbehren ist das härteste – ich habe Genügsamkeit, die mich jede Einschränkung tragen lehrt – ich bedarf den Umgang und die Liebe der Menge nicht – aber kan ich gleichgültig bleiben, wenn meine Freunde in Verlegenheit durch meine Gegenwart gerathen? Dürft ich dann nur noch frey bekennen – es *ist* so, und meine Vertheidigung aus vollen Herzen ohne Lüge führen. Tröste mich, wenn Du kanst. Gotters sind sehr edel gegen mich, aber Du weißt, sein Schuz hilft mir nicht. Die gute Mutter Schläger hält man vermuthlich für verblendet – sie hängt mit mehr wie mütterlicher Liebe an mir. Ich werde mit Fragen gequält, zu denen die Frager gedrängt werden, weil sie gern andern möchten antworten können. Die Hofnung, von hier aus die Familie des Vaters meiner Tochter zu versöhnen und das Bild, was man sich von mir macht, durch mich selbst auszulöschen, führte mich her. Wenn man mich aber nicht einmal sehn will – so weidet man sich nur an meiner Verbannung.

Was Sie mir wegen Augusten schrieben, war längst meine Sorge, aber die glücklichen Anlagen des Kindes besiegen alle Schwierigkeiten. Da ist keine Spur von Heimlichkeit oder Verstocktheit, und doch bin ich überzeugt – sie wird mich nie verrathen. Blos die Gewohnheit nicht zu plaudern, die Anhänglichkeit an ihre Mutter, die Furcht mir zu schaden, läßt auch die Versuchung nicht bey ihr aufkommen, ein Wort von dem zu sagen, was ich ihr ganz einfach zu sagen verbiete, ohne je Drohung oder Verheißung hinzuzusetzen, oder selbst ängstlich zu scheinen. Wenn wir allein sind, sprechen wir von ihren Bruder, den ich sehr sehr wohl, schön und lebendig verlaßen habe. Auguste ist ein glückliches liebes Mädchen – sie gefält sehr durch ihre entschloßnen und graden Antworten und das Leichte in ihrem Thun und Wesen. Ich habe sie gefragt ob Du ihr gefielest, was Du mir auftrugst – sie hat sehr weise erwiedert: ich kenn ihn noch nicht. – Göschens in Leipzig waren außerordentlich freundlich, und aufrichtig darinn – sie wißen *alles* - aber – ich darf ja wohl sagen – sie sahen mich daneben und verziehen mir. – Louise Gotter behauptet auch, ich wär noch die alte C. so vor 16 Jahren und vor zweyen. Mich freut das – ich bin also gewiß nicht verdorben. Wie fandest Du mich denn? Aber was hilft mirs? Bei Forsters Tod, den ich am lezten Tag meines einsamen Aufenthalts erfuhr, war mir – als hätt ich ein Kind in den Schlaf gewiegt. Er hat mir wenig Wochen vor seinem Tod geschrieben – unter andern: ich habe den Schlag verziehn, der mich so schrecklich um allen Genuß bringt, daß er mir auch die Errinnerung an die Vergangenheit vergiftet – die letzten Worte waren: so mag denn des Leidens bis zur Auflösung kein Ende seyn. Von Hubers hab ich seit dem keine Briefe. Therese hat mich mit Rath überschüttet. Du kanst ruhig meinetwegen seyn – Von dem Einfluß *dieses* Sternes bin ich entzaubert – und was meine Meinung über Dich betrift, so hab ich mich darinn, wie in der über andre, nur immer von eignen Gefühl leiten laßen. Warum bist Du nicht hier! Wegen Berlin schreib ich künftig mehr. Göschen rieth mir dazu, wolte mir auch Empfelungen geben.

Daß ich Amalien nicht sehn würde, wenigstens vors erste nicht, wußt ich vorher – ich kan Dir aber sagen, daß sie gut von Dir denkt, und Dich wohl gern sehn würde – aber dann werd ich in so fern doch eifersüchtig werden, daß ich in *der* Zeit Dich nicht sehe. Sie und die Ettinger haben bey Mariannen viel Böses über mich eingesammelt. Schreib mir gleich – die Stimme des Freundes wird mir Wohllaut seyn. Dies republikanische *Du* ist übrigens um so wunderbarer, da Du mündlich vermuthlich zu viel Ehrfurcht hast, um es zu brauchen.

Mein Bruder ist 2ter Feldarzt der hannöverschen Truppen geworden. – Was ich über die *Erlösung* zu sagen hätte, will hier nicht mehr Plaz finden – so viel – sie ist zum Entzücken schön geschrieben, aber warum mußtest Du etwas Allegorisches schreiben?

30 *An Friedrich Schlegel*

[Braunschweig, August? 1795]

[Anfang fehlt.]

...mit Klarheit und Wärme, ohne Heftigkeit und doch fortreißend zu reden. Darinn ist er [Wilhelm] verändert, daß er die französische Sprache den übrigen vorzieht, daß sie ihn fortreißt, und daß er allerliebste französische Briefe schreibt, die ich denn doch nicht mit den deutschen, die er mir geschrieben, eintauschen möchte. Auch denkt er etwas anders über meine Freunde, die Republikaner, und ist gar nicht mehr Aristokrat. Seine Partheylosigkeit über diesen Gegenstand ist ein Reiz mehr seiner Unterhaltung. Ach ich werde ihm noch Leidenschaftlosigkeit ablernen – und dann ist meine Erziehung vollendet.

Wahrlich, lieber Friz, ich werde zulezt wohl auf die Idee gerathen *mich* zu bilden und zu meistern, um alles was da geschieht ruhig mit ansehn zu können. Sie werden es kaum glauben, daß ich in diesem Betracht aus dem Aufsaz über den französischen Nationalcharakter Nuzanwendungen gezogen habe. Diesen Aufsaz, den Wilhelm unreif nennt, in welchen er Ursache und Wirkung mit einander verwechselt und die Thatsachen selbst nicht treu dargestellt findet. Mir fiel die Richtigkeit *der* Ansicht auf, daß Leidenschaft, aus welcher die höchste Kraft und Genuß hervorgehn, gemäßigt und abgeleitet werden muß, um Tugend und Glück zu erzeugen. Ist es nicht so, daß der wesentliche Unterschied zwischen Ihren alten Griechen und meinen Neufranken in dem Grade der Leidenschaft besteht? Geben Sie diesen etwas weniger heißes Blut, so müsten alle Völker der Erde sie beneiden und lieben. Woher komt es ihnen aber und wie sollen sie es vertilgen? Das Clima und seine Produkte bleiben dieselben – die Phantasie hat eine Richtung genommen, welche die Revolution noch nicht dadurch anders gelenkt hat, daß sie ihr andre Begriffe unterschob. Mir scheint sie mehr durch den Zufall verstimt zu seyn, der Gallien einem Eroberer unterwarf, als durch jeden sonstigen Einfluß. Früh legte ihnen dies ein Joch auf, das sie mit Glanz zu bekleiden ...

[Schluß fehlt.]

31 An Luise Gotter

[Jena] d. 17.[-20.] Jul. [17]96

...Diesen Morgen lag ich noch im Bett, als ich ein weitläuftiges Billet von Schüz bekam, worinn wir zu einer Spazierfarth eingeladen wurden, allein das schlug ich ab.

Und wohl mir, daß ich es that. Ich hätte Göthen versäumt. Gestern Nachmittag da ich allein war, meldet man mir den Hrn. Geheimerath. Ohngemeldet hätte ich ihn nicht erkant, so stark ist er seit 3 Jahren geworden. Er war gar freundlich, freute sich, mich in so angenehmen Verhältnißen zu treffen, sagte viel schönes von Schlegel, bis dieser selbst kam. Er hat mir gedroht, oft, auf seinen Weg ins Paradies, bey uns einzusprechen. Wir gingen nachher zu Schillers, und Abends in den großen hiesigen Clubb, wo er an beyden Orten war. Diesmal wird er nicht lange bleiben; er hat nur das Ende von Wilhelm Meister herüber gebracht, um mit Schiller darüber zu sprechen.

Frau von Kalb hab ich oft bey der Schiller getroffen, die fortfährt sich wohl zu befinden. Jene sagte mir mit einer leichten Wendung, daß ich sie des Morgens einmal besuchen möchte. Ich habe dies für einen Befehl gehalten und bin hingegangen. Höre – es ist doch eine Adliche, et même très fort, so artig sie ist. So viel ich durch den Adel hindurch sehn konte, scheint sie wirklich Geist zu haben. Giebt es aber vielleicht nicht mehr wie Eine Fr. von Kalb? Dieses kan ohnmöglich diejenige seyn, die bey der Esther in Thränen zerfloßen ist. Sie hat mir eben so leichthin gesagt, daß ich sie in Weimar besuchen möchte.

Das wird ein ordentliches Tagebuch. Ich bin gestern erbärmlich krank gewesen, darum blieb der Brief liegen. Es war am Sontag so heiß, daß ich den halben Tag in Einem Röckchen und ohne Strümpfe ging, da hab ich mich verkältet und einen geschwollnen Hals – und Fieber bekommen, so daß ich nun diesen Abend aus einer Gesellschaft bey Woltmann bleiben muß, wo Göthe ist, wenn er nicht noch gestern Abend weggeritten ist...

Auf dem großen Clubb sah ich Loders, Rath Hufelands

u.s.w. Man war von allen Seiten sehr artig. Gestern besuchte uns Bötticher aus Weimar. Du kanst denken, was es da für süße Reden gab. Niethammer ist auch schon bey mir gewesen…

Sind Wiebekings schon fort? Darmstadt ist freylich nicht sicher mehr – zittert man doch hier. Lebe wohl, wohl Liebe.

32 *An Julie und Karl Schlegel*

[Jena, Juli 1796]
Die Bewohner der Hügel und Felsen an dem Ufer der reißenden Saale grüßen die Einwohner der Residenzstadt an den flachen Ufern der stillen Leine, und versichern, daß ihnen recht wohl zu Muth ist. Vors erste werdet Ihr auch sicher nichts anderes von uns erwarten. Ich habe Mütterchen gemeldet, auf welche Art es uns wohl geht, und bitte, ihr nur zu enträthseln, was sie in meinem Brief nicht sollte lesen können. – Göthe hat den letzten Theil des Wilh. Meister, hinter sich aufs Pferd gebunden (denn er reitet troz seiner Corpulenz wacker darauf los), in Manuscript herüber gebracht, und Schiller sagte gestern, daß er uns in den nächsten Tagen zu einer Vorlesung deßelben einladen würde. Ich wünschte, daß Sie das, ohne sich von der Stelle zu bewegen, mit anhören könnten. Es hat mir große Freude gemacht Göthen, und zwar so holdselig, wiederzusehn. Er sprach davon, wie lustig und unbefangen wir damals noch alle gewesen wären, und wie sich das nachher so plötzlich geändert habe. Fichten habe ich auf dem Clubb kennen lernen, ein kurzer untersäzziger Mann, mit feurigen Augen, sehr nachlässig gekleidet. Er hat seinen Sohn Immanuel Hartmann taufen laßen. Wir haben auch ein paar hallische Profeßoren, Beck und Gilbert, hier gehabt. Jena scheint mir ein grundgelehrtes, aber doch recht lustiges Wirthshaus zu seyn. Unter uns, die Studenten sehn immer noch etwas barbarischer wie in Göttingen aus,

es komt mir vor, als hätten sie alle einen ganz verbrannten teint.

Es ist heiß gewesen in den letzten Tagen, und da hat uns Ihr Himbeeressig, mein bestes Julchen, sehr erquickt. Haben Sie nochmals vielen Dank dafür. Ich hoffe, Sie haben auch einiges Papier für sich behalten, um uns dann und wann zu schreiben.

33 An Luise Gotter

[Jena] d. 4ten September [17]96

Bisher, meine liebe Louise, hast Du Dich der Nachbarschaft nur in Comißionen zu erfreuen gehabt, aber so Gott will, wird auch eine andre Zeit kommen. Vorgestern waren Deine Schwester und Dorette bey mir und da hab ich mirs recht lebhaft gedacht, Dein liebes Gesicht bald bey mir zu sehn. Sind wir erst in der Stadt, so verschmäh keine Gelegenheit, mir die Vorstellung wahr zu machen, denn da hab ich gleich mit auf eine Herberge für Dich gerechnet. Ganz en famille sollt Ihr freylich erst nächsten Sommer kommen, wenn jeden Tag eine andre Herrlichkeit der Gegend vorgenommen werden kan. Ihr werdet nicht so vortreflich wie bey Mad. Schüz logiren, aber das müßen wir schon auf andre Weise wieder einzubringen suchen.

Es geht mir noch immer über alle Maaßen wohl hier, und ich habe mich recht angesiedelt, mit dem Gefühl, als wenn meines Bleibens hier seyn könte. Meinem Vorsaz wenig Bekantschaften zu machen bin ich treu geblieben. Von der studierenden Jugend werd ich nichts gewahr, und ich bin wenigstens gesichert, daß sie mir die Fenster nicht einwerfen kan, da wir künftig über einen Hof hinüber wohnen. Spaziergänge nehmen wir jeden Abend vor, und die heilige Dreyzahl unsres häuslichen Zirkels hat sich in eine partie quarrée seit der Ankunft meines Schwagers verwandelt, der uns mit seinem inn und auswendig krausen Kopf viel Vergnügen macht.

Für den Spätherbst bekommen wir das Weimarische Schauspiel. Göthe ist jezt wieder hier und läßt das Theater arrangi-
ren, sonst giebt er sich diesmal viel mit Raupen ab, die er todt
macht und wieder auferweckt. – Wenn Du den Allmanach
siehst, so wirst Du auch sehn, wie er sich seither mit dem
Todschlagen abgegeben hat. Er ist mit einer Fliegenklappe
umhergegangen, und wo es zuklappte da wurde ein Epigramm. Schiller hat ihm treulich geholfen, sein Gewehr giebt
keine so drollige Beute von sich, aber ist giftiger. Göthe hat
eine Parodie auf den Calender der Musen und Grazien gemacht, die einem das Herz im Leibe bewegt. Es heißt die Musen und Grazien in der Mark –

> ach wie freu ich mich, mein Liebchen,
> Daß Du so natürlich bist!
> Unsre Mädchen, unsre Bübchen
> Spielen künftig auf dem Mist

so sagt er unter andern darinn.

Dein Mann ist unerbittlich gewesen? Ich werde mir darauf
ein Epigramm bestellen.

Wir hatten wieder einige Gastirungen, weil zwey Schwestern, ein Bruder und eine Schwägerinn von der Hufeland aus
Braunschweig ins Land rückten. Die beyden Schwestern sind
noch hier, der Bruder ist weiter nach Dresden gegangen. Göthe war mit bey Hufelands. Schillers haben andre Gäste, deren ich für mein geringes Theil allenfals entübrigt wäre, das
ist ihre Schwester und Schwager, ein dicker Hr. von Wohlzogen, der während der Revolution viel in Paris gewesen ist.
Die Schwester ist nicht halb so natürlich wie die Schiller, und
kan einem faut soit peu Langeweile machen…

Jena den 25ten Dec [17]96

Grade zu rechter Zeit traf gestern Dein Päckchen noch ein, liebste Seele, und Auguste und ich danken Dir herzlich für die gütige und gute Besorgung. ... Täglich und stündlich denk ich an Euch, und wäre Weimar nicht weiter von Gotha wie von hier, so hätte ich nicht geruht, bis ich von dort aus zu Euch gekommen wäre. Sey nicht ganz sicher vor einem solchen Ueberfall. Wenn ich mir ihn selbst nur als möglich vorstelle, so ists bald geschehn. Meistens scheint es mir freylich gar nicht thunlich meine 4 Wände zu verlassen. Auch nach Weimar reißte *ich* nicht sowohl, als daß die Pferde mit mir davon reißten. Nachher war ich es freylich ganz zufrieden – ohngeachtet ich wieder den Cammerherrn von Einsiedel nicht kennen gelernt. Was mag das Verhängniß dabey für schlaue Absichten haben! Am ersten Abend waren wir im Schauspiel. Wir hatten gar nicht gewußt, was gegeben werden würde, zum Glück war es nichts uninterreßanters als eine Oper, die heimliche Heyrath, italiänische Musik, von Cimarosa, die ich in Braunschweig von den Italiänern und immer sehr gern gehört hatte. Mit dem aller Welts Cicerone, dem theuren Bötticher, und seiner lieben Frau, die eben so süß und so feyerlich ist, und die Augen bis zum Weißen verkehrt, die Hände faltet und schön! schön! ruft, gingen wir hin, und Mlle. Schröder saß vor mir. Ich merkte, daß sie sich bey meinen Nachbarn nach dem fremden Gesicht erkundigte, und erkundigte mich auch, mit einer Ahndung, daß sie es seyn könte. Da präsentirte man uns einander. Nun ging ich am 2ten Morgen drauf um 11 Uhr zu ihr, nachdem ich es ihr früh wißen laßen. Schlegel ging mit und wollte Einsiedel besuchen; der hatte eben ausgehn müßen. Abends um 5, wie wir von Göthe zurückkamen und gleich wegfahren wollten, ließ sich Einsiedel ansagen und war vielleicht schon unterwegs, aber wir auch unterwegs in den Wagen, und das ist nun die traurige Geschichte, wie sich Menschen verfehlen! Nachdem bey der Schröder die erste Steifigkeit gelenkig geredet worden war, hat sie uns, und Schlegeln noch besonders für sich, doch recht wohl gefallen. Ich habe sie sehr nach Jena eingeladen, und wenn Ihr im Sommer kommt, so wollen wir sehn, ob sie sich nicht einen Tag herüber verfügt. – Frau von Kalb habe ich auch gesehn, aber Ihr mögt sagen was Ihr wollt, sie kan am jüngsten Gericht als eine ächte Adliche bestehn, und wird so erfunden werden. Über Mangel an Artigkeit hab ich gar nicht zu klagen – allein ihr Geist – und Geist hat sie – ist doch in eine etwas schiefe verrenkte Form gegoßen. – Wer mich entzückt und fast verliebt gemacht hat, das ist Herder. Wir hatten einen Thee dort, zu welchen Wieland beschieden worden war, den ich in einer außerordentlich guten Laune gesehn haben soll, und es ist wahr, er sagte lustige Sachen, unter andern schimpfte er gegen die Schweine, deren Schöpfung er dem lieben Gott nie verzeihn könte – und die er in dem höchsten Anfall von Unwillen darüber *Antigrazien* nannte – dann über die Xenien – und über Fr. von Berlepsch, Genlis, Staal usw. Aber von mir hat er nachher gutes gesagt, ob er gleich einen argen Schnupfen von dem Abend gekriegt hatte. Er hätte auch den Hals brechen können, weil es just so glatt wurde, als sich »die ältesten Menschen« (ists nicht so der rechte Styl?) nicht errinren konten. Madam Herder habe ich mir kleiner, sanfter, weiblicher gedacht. Aber für *die* fehlgeschlagne Erwartung hat mich der Mann belohnt. Der Curländische Aczent stiehlt einen schon das Herz, und nun die Leichtigkeit und Würde zugleich in seinem ganzen Wesen, die geistreiche Anmuth in allem, was er sagt – er sagt kein Wort, das man nicht gern hörte – so hat mir denn seit langer Zeit kein Mensch gefallen, und es scheint mir sogar, daß ich mich im Eifer sehr verwirrt darüber ausgedrückt habe. Den Mittag drauf waren wir bey Göthe, und Herder auch, wo ich bey ihm und Knebeln saß, allein ich hatte den Kopf immer nur nach Einer Seite. Göthe gab ein allerliebstes Diner, sehr nett, ohne Überladung, legte alles selbst vor, und so gewandt, daß er immer dazwischen noch Zeit fand, uns irgend ein schönes Bild mit Worten hinzustellen (er beschrieb zB. ein Bild von Fueßli aus dem *Sommernachtstraum,* wo die Elfenköniginn Zetteln mit dem Eselskopf liebkoset) oder sonst hübsche Sachen zu sagen. Beym süßen Wein zum Desert sagte ihm Schlegel grade ein Epigramm vor, das Klopstock kürzlich auf ihn gemacht, weil Göthe die deutsche Sprache verachtet hat, und darauf stießen wir alle an, jedoch nicht Klopstock zum Hohn; im Gegentheil, Göthe sprach so brav, wie sichs geziemt, von ihm. Gern wär ich noch länger dageblieben, um bey Göthe nicht allein zu hören, sondern auch zu sehn, und daneben freylich auch zu hören, aber das muß auf den Sommer verspart bleiben. *Was* ich sah, paßte alles zum Besitzer – seine Umgebungen hat er sich mit dem künstlerischen Sinn geordnet, den er in alles bringt, nur nicht in seine dermalige Liebschaft, wenn die Verbindung mit der Vulpius (die ich flüchtig in der Comödie sah) so zu nennen ist. Ich sprach noch heute mit der Schillern davon, warum er sich nur nicht eine schöne Italiänerinn mitgebracht hat? Jezt thut es ihm freylich auch wohl nur weh die Vulpius zu verstoßen, und nicht wohl sie zu behalten. – Du siehst, daß wir unsre Zeit in Weimar recht gut zugebracht haben. Sollten wir einmal wieder hingehn, so will ich doch Schlegel bitten, daß er sich der Herzogin Amalie bekant machen läßt, und Einsiedel soll uns alsdenn gewiß nicht entgehn. Knebel ist seitdem hier bey uns gewesen – ein ehrlich Gemüth von einem Edelmann! – Wenn wir – oder auch ich allein – im Gasthof waren, so leistete uns Falk Gesellschaft, der Satiren schreiber, das gutmüthigste Kind von der Welt, der sich jezt in Weimar aufhält und von den Weimeranern lieb haben läßt, die immer jemand des Schlages haben müßen. Im Frühjahr war es Jean Paul Richter, in deßen Büchern Gotter gewiß nicht *Eine* Seite läse.

Ich höre, daß man die Beylage in der Hamburger Zeitung

bey Euch vortreflich gefunden hat. Sie ist auch wirklich gar so übel nicht, aber es müßte freylich noch anders kommen, bis die Xenienmacher Auweh! sagen könnten. Ich glaubte Trapp darinnen zu erkennen, aber nun wißen wir, daß Ebeling in Hamburg der Verfaßer ist, und die erste Muthmaßung hatte mich auch schon deswegen wieder verdünkt, weil Trapp nie Stollbergs Parthei, überhaupt nicht die eines Grafen und Christen genommen hätte, auch meinen Schlegel nicht mit seinem Bruder verwechselt. Von diesem lezten steht mit seinem Nahmen im Journal Deutschland ein Aufsatz über Göthe, der ihn allenfals als Panegiristen gelten lassen könte, obwohl eine vollkomne Freymüthigkeit darinn herrscht. Hingegen mein Schlegel hat nie etwas über Göthe besonders geschrieben, ob er ihn gleich im Innersten seiner Seele lieb und werth hat. Die heftigste Antwort steht im 10ten Stück Deutschland und rührt von Reichard her. Man muß sehn, was darauf erfolgt. In der Recension des Allmanachs ebendaselbst sind nur einige unglückliche Verstöße begangen, nehmlich man hat alles auf Schiller gemünzt, und die Epigramme auf Reichard rühren von Göthe her, so hat auch *Göthe* das Epigramm gemacht, das sonst sehr witzig Schillern als ein *naives* Epigramm zugeschrieben wird. – Diese lezten Nachrichten amüsiren wohl Gotter oder Jacobs, wenn auch Dich nicht, liebste Louise.

Fr. von Berlepsch war eben aus Weimar abgereißt nach Dresden, um Mounier aufzusuchen, den berühmten Exdeputirten. Man behauptet, sie will ihn heyrathen.

Zum Schluß hat mein Mann eine Bitte an Deinen Mann. Ob er ihm wohl durch Rousseau die 5 lezten Jahrgänge der schönen Bibliothek zukommen laßen will, die hier nicht aufzutreiben sind, da sie bey Schütz gleich ins Burgverließ kommen. Er kennt sie fast gar nicht und bedarf sie zu einigen allgemeinen Notizen. Indeßen sagt es Jacobs nicht, sonst möchte der sich feindseeliges dabey denken. Vergiß es nur nicht, meine Beste. . . .

35 An Friedrich Schiller

[Nachschrift zu A. W. Schlegels Brief vom 1. Juni 1797.]

Vergönnen Sie mir, selbst zu bestätigen, was mein Mann Ihnen in meiner Seele betheuert hat. Ich habe so wenig wie er je den entferntesten Antheil an dem Vorgefallnen genommen – ich habe die Rezension, von der jezt die Rede ist, noch bis diese Stunde nicht gesehn, und mische mich in so verwickelte Dinge nicht. Wir verehren und lieben Sie so aufrichtig, daß diese grade und feste Gesinnung uns auch auf einen graden Weg führte, wenn noch so viel anscheinende Collisionen da waren. Vergeben Sie mir, daß ich diese Versichrung jezt nicht unterdrücken kan, da Schlegel in Gefahr ist ein Glück einzubüßen, wovon ich weiß, wie sehr es ihm am Herzen liegt.

36 An Friedrich Schlegel

Jena d. 14[-15.] Oct. [17]98

[Auszug]

Ich kann Ihnen heut allerley sagen, was Sie gern wissen wollen. Wilhelm blieb in Weimar zurück um Göthen zu sprechen, und der ist sehr wohl zu sprechen gewesen, in der besten Laune über das Athenäum, und ganz in der gehörigen über Ihren Wilhelm Meister, denn er hat nicht blos den Ernst, er hat auch die belobte Ironie darin gefaßt und ist doch sehr damit zufrieden und sieht der Fortsetzung freundlichst entgegen. Erst hat er gesagt, es wäre recht gut, recht charmant, und nach dieser bei ihm gebräuchlichen Art vom Wetter zu reden, hat er auch warm die Weise gebilligt, wie Sie es behandelt, daß Sie immer auf den Bau des Ganzen gegangen und sich nicht bey pathologischer Zergliederung der einzelnen Charaktere aufgehalten, dann hat er gezeigt, daß er es tüchtig gelesen, indem er viele Ausdrücke wiederholt und besonders eben die ironischen. Sie haben alle Ursache Ihr Werk zu vollenden von dieser Seite, und so thun Sie es denn doch recht bald. Er hat Wilhelm mit Grüßen für Sie beladen, und läßt vielmals um Entschuldigung bitten, wegen des Nichtschreibens, eine Sache, die wirklich aus der Geschäftigkeit des lezten Vierteljahrs, wovon nachher ein Mehreres, zu erklären ist. An W. hat er den ganzen Brief schon fertig diktirt und doch nicht abgeschickt. Auch von der griechischen Poesie hat er gesprochen; bey manchen Stellen hätte er eine mündliche Unterredung und Erläuterung dazu gewünscht, um etwa ein längeres und breiteres Licht zu erhalten. Gelesen hat er auch redlich; das kann man ihm nicht anders nachrühmen. Die Fragmente haben ihn ungemein interressirt; ihr hättet euch in Kriegsstand gesezt, aber er hat keine einzige Einwendung dagegen gemacht; nur gemeint, es wäre eine allzu starke Ausgabe [Zusatz W. Schlegels: die Verschwendung wäre doch zu groß, war der pivot seines allgemeinen Urtheils], und es hätte sollen getheilt werden. Wilhelm hat ihm geantwortet, in Einem Strich ließe sichs freylich nicht lesen; da hat er so etwas gemurmelt, als das hätte er denn doch nicht lassen können, es wäre denn doch so anziehend –

In Weimar ist das Athenäum sehr viel gelesen. Ein gewisser Friedrich von Oertel hat sich Jean Pauls gegen Sie angenommen, es steht im Merkur [W. Schl.: im Octoberstück], noch sahn wir es nicht. Böttiger hat Wilhelm davon gesagt, er hätte es nicht wollen einrücken, aber Wieland hätte gesagt, weil es bescheiden geschrieben wäre, hätten sie keine Ursach es zu versagen. Von Carl Nicolais Unfug wusten wir noch nichts, können aber das, und auch was *Hirt* schreibt, hier bekommen, und Wilhelm hoft, der Haufen soll bald recht hoch werden. Tieks Zettel wird besorgt; hat er sich nicht zu weitläuftig heraus gelassen?

In Dessau sprachen wir einen jungen Mann, der eben aus Wien kam und da einen Brief von Böttiger an Hammer (der sich im Merkur zuweilen vernehmen läßt) gesehn, woraus er sich der Worte errinnerte: »die beiden Götterbuben, wie Wieland sie nennt« – das Übrige war irgend eine Notiz gewesen, was ihr gethan oder wo ihr euch aufhieltet, die er vergessen hatte. Es kommt nur darauf an, ob er mehr Akzent auf das Göttliche oder Bübische gelegt.

Nun von Göthens Geschäftigkeit. Er hat das weimarische Comödienhaus inwendig durchaus umgeschaffen, und in ein freundliches glänzendes Feenschlößchen verwandelt. Es hat mir erstaunlich wohl gefallen. Ein Architekt und Dekorateur aus Studtgart ist dazu her berufen und innerhalb 13 Wochen sind Säulen, Gallerien, Balcone, Vorhang verfertigt und was nicht alles geschmückt, gemahlt, verguldet, aber in der That mit Geschmack. Die Beleuchtung ist äußerst hübsch, vermittelst eines weiten Kranzes von englischen Lampen, der in einer kleinen Kuppel schwebt, durch welche zugleich der Dunst des Hauses hinaus zieht. Göthe ist wie ein Kind so eifrig dabei gewesen, den Tag vor der Eröfnung des Theaters war er von früh bis spät Abends da, hat da gegessen und getrunken und eigenhändig mit gearbeitet. Er hat sich die gröbsten Billets und Belangungen über einige veränderte Einrichtungen und Erhöhung der Preise gefallen lassen und es eben alles mit freudigem Gemüth hingenommen, um die Sache, welche von der Theatercasse bestritten ward, zu stand zu bringen. Nun kam die Anlernung der Schauspieler dazu, um das Vorspiel ordentlich zu geben, worinn ihnen alles fremd und unerhört war. Es stellt Wallensteins Lager dar, wie Sie wissen, und ist in Reimen in Hans Sachsens Manier, voller Leben, Wirkung, Geist der Zeit und guter Einfälle. Schiller hat doch in Jahren zu Stande gebracht, was Göthe vielleicht (die Studien abgerechnet) in einem Nachmittag hätte geschrieben, und das will immer viel sagen. Er hat sich (dies komt von Wilhelm) dem Teufel ergeben, um den Realisten zu machen und sich die Sentimentalität vom Leibe zu halten. Aber genug, es ist gut, er hat alle Ehre und die andern viel Plaisir davon. Göthens Mühe war auch nicht verloren; die Gesellschaft hat exzellent gespielt, es war das vollkommenste

Ensemble und keine Unordnung in dem Getümmel. Für das Auge nahm es sich ebenfals treflich aus. Die Kostume, können Sie denken, waren sorgfältig zusammen getragen, und contrastirten wieder unter einander sehr artig. Zum Prolog war eine neue, sehr schöne Dekoration. – Bey der Umwandlung des Hauses war Schillers Käfig weggefallen, so daß er sich auf dem offnen Balkon präsentiren muste, anfangs neben Göthe, dann neben der herzoglichen Loge. Wir waren im Parket, das denselben Preis mit dem Balkon hat, wo wir auch hätten hingehn können, aber lieber die bekannten Stellen wählten. – Die Korsen und Kotzebue gingen vorher. Bey dem Vorspiel hat man mehr gelacht und applaudirt. Der Schauspieler bringt überhaupt eine ganz andre, lebhaftere, materiellere Begeisterung hervor als der Dichter, aber hier konnte doch auch die im Allgemeinen geringe Liebe für diesen und selbst seine Gegenwart mitwürken, abgerechnet, daß man das Ding fremd finden muste, und obendrein auch soll zu lang gefunden haben.

Piccolomini wird wohl im Dezember, ebenso, gleichsam auf die Probe gespielt werden, wo man sich mit unsern Schauspielern behilft. Göthe meint, der alte Piccolomini (denn Vater und Sohn sind darin), das würde eine Rolle für Iffland seyn. Auf Schröder rechnet man schon. – Göthe ist heute wiederum hier angelangt, um nun weiter den vergangnen Effect des Vorspieles und den zukünftigen des Piccolomini zu überlegen. Desto besser für uns. – Schelling fuhr an Schlegels Stelle in der Nacht mit mir zurück. Gustel war nicht mit, wir hatten Parthie mit Gries und Mayer gemacht. Es kam gar zu hoch, das Billet 1 Thlr. Doch wird sies schon noch sehn, ich habe ihr alles erzählt. Fichte hatte mir nach der Comödie 4 Gläser Champagner aufgenöthigt, das muß ich nicht vergessen zu melden.

Schelling wird sich von nun an einmauren, wie er sagt, aber gewiß nicht aushält. Er ist eher ein Mensch um Mauern zu durchbrechen. Glauben Sie, Freund, er ist als Mensch interressanter, als Sie zugeben, eine rechte Urnatur, als Mineralie betrachtet, ächter Granit.

Tiek muß sich nun eben so wenig über Göthens Schweigen skandalisiren als Sie, denn er bittet auch ihn um Nachsicht. Und ich will Ihnen auch sein Urtheil über den 1sten Theil von Sternbald wiedergeben; Sie überantworten es Tiek. Man könnte es so eigentlich eher musikalische Wanderungen nennen, wegen der vielen musikalischen Empfindungen und Anregungen (die Worte sind übrigens von mir), es wäre alles darinn, außer der Mahler. Sollte es ein Künstlerroman sein, so müßte doch noch ganz viel anders von der Kunst darin stehn, er vermißte da den rechten Gehalt, und das Künstlerische käme als eine falsche Tendenz heraus. Gelesen hat er es aber, und zweymal, und lobt es dann auch wieder sehr. Es wären viel hübsche Sonnenaufgänge darinn, hat er gesagt [W. Schlegel: an denen man sähe, daß sich das Auge des Dichters wirklich recht eigentlich an den Farben gelabt, nur kämen sie zu oft wieder].

Wollen Sie nun *mein* Urtheil über den zweyten? Vom ersten nur so viel, ich bin immer noch zweifelhaft, ob die Kunstliebe nicht absichtlich als eine falsche Tendenz im Sternbald hat sollen dargestellt werden und schlecht ablaufen wie bei Wilhelm Meister, aber dann möchte offenbar ein andrer Mangel eintreten – es möchte dann vom Menschlichen zu wenig darinn seyn. Der zweyte Theil hat mir noch kein Licht gegeben. Wie ist es möglich, daß Sie ihn dem ersten vorziehn und überhaupt so vorzüglich behandeln? Es ist die nemliche Unbestimmtheit, es fehlt an durchgreifender Kraft – man hoft immer auf etwas entscheidendes, irgendwo den Franz beträchtlich vorrücken zu sehn. Thut er das? Viele liebliche Sonnenaufgänge und Frühlinge sind wieder da; Tag und Nacht wechseln fleißig, Sonne, Mond und Sterne ziehn auf, die Vöglein singen; es ist das alles sehr artig, aber doch leer, und ein kleinlicher Wechsel von Stimmungen und Gefühlen im Sternbald, *kleinlich* dargestellt.

Der Verse sind nun fast zu viel, und fahren so lose in und aus einander, wie die angeknüpften Geschichten und Begebenheiten, in denen gar viel leise Spuren von mancherley Nachbildungen sind. Solt ich zu streng seyn, oder vielmehr Unrecht haben? Wilhelm will es mir jetzt vorlesen, ich will sehn, wie wir gemeinschaftlich urtheilen.

d. 15 Oct.

Fast habe ich so wenig Kunstsinn wie Tieks liebe Amalie, denn ich bin gestern bey der Lektür eingeschlafen. Doch das will nichts sagen. Aber freylich wir kommen wachend in Obigen überein. Es reißt nicht fort, es hält nicht fest, so wohl manches Einzelne gefällt, wie die Art des Florestan bei dem Wettgesang dem Wilhelm gefallen hat. Bey den muntern Szenen hält man sich am liebsten auf, aber wer kann sich eben dabei enthalten zu denken, da ist der Wilhelm Meister und zu viel W. M. Sonst guckt der alte Trübsinn hervor. Eine Fantasie, die immer mit den Flügeln schlägt und flattert und keinen rechten Schwung nimt. Mir thut es recht leid, daß es mir nicht anders erscheinen will. Was Göthe geurtheilt hat, theilen Sie ihm doch unverholen mit.

[…]

37 *An Novalis*

[Jena] 4. Febr. 1799

Ob Sie mich gleich mit Ihren Dithyramben über das mercantilische Genie, das uns fehlt und Sie auch nicht haben, einmal recht böse gemacht, so sind Sie doch besser wie ich gewesen. Sie geben wenigstens Nachricht von sich. Ich aber habe mich in Absicht der nöthigen Mittheilungen ganz auf Ihre Weihnachtsunterhaltung mit der Ernst verlassen und mehr an Sie gedacht als geschrieben. Endlich kommt beides zusammen.

Was Sie von Ihrer Kränklichkeit erwähnen, darüber will

ich mich nicht ängstigen, weil immer viel guter Muth dadurch hervorleuchtet, und Sie bei Ihrer Reizbarkeit immer Zeiten haben *müssen,* wo Sie nichts taugen. Das Wort des Trostes, was Sie nennen, geht mir weit mehr zu Herzen: *Liebe.* Welche? Wo? Im Himmel oder auf Erden? Und was haben Sie mir mündlich Schönes und Neues zu sagen? Thun Sie es immer nur gleich, wenn es nichts sehr Weitläufiges und etwas Bestimmtes ist. Es giebt keine Liebe, von der Sie da nicht sprechen könnten, wo, wie Sie wissen, lauter Liebe für Sie wohnt. In der That – darf ich alle Bedeutung in den Schluß Ihres Briefes legen, den er zu haben scheint? Ich will ruhig schweigen, bis Sie mirs sagen.

Ihre übrige innerliche Geschäftigkeit aber macht mir den Kopf über alle Maßen warm. Sie glauben nicht, wie wenig ich von eurem Wesen begreife, wie wenig ich eigentlich verstehe, was Sie treiben. Ich weiß im Grunde doch von nichts etwas als von der sittlichen Menschheit und der poetischen Kunst. Lesen thu ich alles gern, was Sie von Zeit zu Zeit melden, und ich verzweifle nicht daran, daß der Augenblick kommt, wo sich das Einzelne auch für mich wird zusammen reihen und mich Ihre Äußerungen nicht blos darum, weil es die Ihrigen sind, erfreuen. Was ihr alle zusammen da schaffet, ist mir auch ein rechter Zauberkessel. Vertrauen Sie mir vors Erste nur so viel an, ob es denn eigentlich auf ein gedrucktes Werk bey Ihnen herauskommen wird, oder ob die Natur, die Sie so herrlich und künstlich und einfach auch construiren, mit Ihrer eignen herrlichen und kunstvollen Natur für diese Erde soll zu Grunde gehn. Sehn Sie, man weiß sich das nicht ausdrücklich zu erklären aus Ihren Reden, wenn Sie ein Werk unternehmen, ob es soll ein Buch werden, und wenn Sie lieben, ob es die Harmonie der Welten oder eine Harmonika ist.

Was kann ich Ihnen von Ritter melden? Er wohnt in Belvedere und schickt viel Frösche herüber, von welchen dort Überfluß und hier Mangel ist. Zuweilen begleitet er sie selbst, allein ich sah ihn noch nie, und die Andern versichern mir, er würde auch nicht drei Worte mit mir reden können und mögen. Er hat nur *einen* Sinn, so viel ich merke. Der soll eminent seyn, aber der höchste, den man für seine Wissenschaft haben kann, ist es doch wohl nicht – der höchste besteht aus vielen. Schelling sagt, Sie sollen Rittern nur schreiben, wenn Sie ihm etwas zu sagen haben. Es thäte nichts, daß Ritter selbst gar nicht schreiben könnte. Aufs Frühjahr werden Sie ihn ja sehn.

Was Schelling betrifft, so hat es nie eine sprödere Hülle gegeben. Aber ungeachtet ich nicht sechs Minuten mit ihm zusammen bin ohne Zank, ist er doch weit und breit das Interressanteste was ich kenne, und ich wollte, wir sähen ihn öfter und vertraulicher. Dann würde sich auch der Zank geben. Er ist beständig auf der Wache gegen mich und die Ironie in der Schlegelschen Familie; weil es ihm an der Fröhlichkeit mangelt, gewinnt er ihr auch so leicht die fröhliche Seite nicht ab. Sein angestrengtes Arbeiten verhindert ihn oft auszugehn; dazu wohnt er bei Niethammers und ist von Schwaben besetzt, mit denen er sich wenigstens behaglich fühlt. Kann er nicht nur so unbedeutend schwatzen oder sich wissenschaftlich mittheilen, so ist er in einer Art von Spannung, die ich noch nicht das Geheimnis gefunden habe zu lösen. Neulich haben wir seinen vierundzwanzigsten Geburtstag gefeiert. Er hat noch Zeit milder zu werden. Dann wird er auch die ungemeßne Wuth gegen solche, die er für seine Feinde hält, ablegen. Gegen alles, was Hufeland heißt, ist er sehr aufgebracht. Einmal erklärte er mir, daß er in Hufelands Gesellschaft nicht bei uns seyn könnte. Da ihn Hufeland selbst bat, ging er aber doch hin. Ich habe ihm mit Willen diese Inconsequenz nicht vorgerückt. Er hat so unbändig viel Charakter, daß man ihn nicht an seinen Charakter zu mahnen braucht. Der Norwege Steffens, den ich Ihnen schon angekündigt habe, hat hier in der Gesellschaft weit mehr Glück gemacht. Das scheint ihn auch so zu fesseln, daß es die Frage ist, ob er noch nach Freiberg kommt. Er würde Ihnen angenehm gewesen seyn. Er ist es uns auch, aber ganz kann ich ihn nicht beurtheilen, denn ich weiß nicht, wie weit er da hinausreicht, wo ich nicht hinreiche, und die Philosophie ist es doch, die ihn erst ergänzen muß.

In Fichten ist mir alles klar, auch alles was von ihm kommt. Ich habe Charlotten aufgetragen, Ihnen seine Appellation zu schicken; er läßt Sie daneben grüßen. Schreiben Sie mir etwas darüber, das ich ihm wieder bestellen kann. Was sagen Sie zu diesem Handel? was zu Reinharden? und wie ihn Fichte zwischen Spalding und Jacobi stellt. – Ein wenig zu viel Accent hat Fichte auf das Märtyrerthum gelegt. Das Übrige ist alles hell und hinreißend. Ich bin andächtig gewesen, da ich es las, und überirdisch. In Dresden wird die Schrift noch nicht zu haben seyn. Ich beredete Fichte, sie Ihrem Vater zu schicken, und glaube, daß ers gethan hat.

Nach dem Atheismus ist hier das neuste Evenement die Aufführung des ersten Theils von Wallenstein, die Piccolomini, in Weimar. Wir haben sie gesehn, und es ist alles so vortrefflich und so mangelhaft, wie ich mir vorstellte. Die Wirkung des Ganzen leidet sehr durch die Ausdehnung des Stoffes in zwei Schauspiele. Aber das Dramatische interreßirt Sie nicht – ich will mir die paar Augenblicke, die uns bleiben, hiermit nicht rauben. Göthe bringt den Februar hier zu. Die Elegie ist noch nicht vollendet, das Athenäum erst zur Hälfte gedruckt.

Von Friedrich nichts, bis ich die Veit und Lucinde gesehn. Wir gehen in der Woche vor Ostern nach Berlin, wo jene den Sommer über bleiben werden. Lieber Hardenberg, gehn Sie mit uns! Wir können Sie ja in Naumburg treffen. Es wäre gar zu hübsch. Denken Sie mit Ernst daran.

Wir sind fleißig und sehr glücklich. Seit Anfang des Jahrs komme ich wenig von Wilhelms Zimmer. Ich übersetze das zweite Stück Shakespear, Jamben, Prosa, mitunter Reime sogar. Adieu, ich muß dies wegschicken.

[Jena] 20. Febr. 1799

So ist es denn wahr, mein liebster Freund? Sie haben uns recht glücklich und froh gemacht! Ihren Freunden blieb bisher kein ander Mittel übrig, als nur an Sie allein, nicht an Ihre Zukunft zu denken, und Sie hatten uns auch oft alle Sorge verboten. Ich nahm das selbst so an – gegen die, die uns lieb sind, wird man so leicht gelehrig und gehorsam. Nie habe ich Sie gefragt, wie wird sich der Knoten lösen? kann das so bleiben? Kaum habe ich mich selbst gefragt. Ich war ruhig im Glauben – denn ich habe doch am Ende mehr Glauben als ihr alle – nicht daß es grade so kommen würde, aber daß sich an irgend einer Brust die Spannung brechen müßte, und das Himmlische mit dem Irdischen vermählen. Was Sie Scheidung zwischen beiden nennen, ist doch Verschmelzung. Warum soll es nicht? Ist das Irdische nicht auch wahrhaft himmlisch? Nennen Sie es aber wie Sie wollen, genug Sie sind glücklich. Ihr Brief ist eigentlich voll Wonne und wie auf Flügeln zu mir gekommen.

Ich freue mich jetzt – wie Sie sich freuen werden – daran zu denken, wie dies so sich machen mußte. Nur in dieser fast öden Einsamkeit, durch das Band der süßen Gewohnheit konnten Sie allmälig gewonnen werden. Wie weise und artig setzten Sie uns einmal auseinander, daß dies alles keine Gefahr habe, Gefahr nicht, aber Folgen doch. Soll das Liebenswürdige umsonst seyn? Wie doppelt leid thut es mir, Julien nicht gesehn zu haben. Es war meine Schuld nicht, die Ihrige auch wohl nicht. – Sehn Sie, liebster Hardenberg, das könnte mich doch traurig machen, wenn Sie nicht unser blieben, wenn Ihre Frau nicht unsre Freundin durch sich selber würde, aus eigner Neigung. Kommen Sie nur, wir schwatzen mehr darüber. Es ist fast wahrscheinlich, daß Sie um Ostern uns hier finden und wir erst um Pfingsten reisen.

Charlotten haben Sie gewiß aufs Leben verboten uns

nichts zu sagen, denn ich errathe nun, sie hat es um Weihnachten erfahren, aber geschwiegen über alle Maßen. Sie schreibt mir eben, daß sie Charpentier und Sie zusammen hofft bei sich zu sehn. Ein Glück, das sie nicht gern schreibt; *gesagt* hätte sie mirs doch. Friedrich verräth auch eine Ahndung – ich habe ihm Gewißheit gegeben. Sehr möglich, daß *ein* Dach uns alle noch in diesem Jahr versammelt. Friedrich bleibt den Sommer in Berlin, was mir lieb ist. Im Winter wünscht er herzukommen. Sie leben in Weißenfels. Sie könnten auch wohl einmal eine Zeitlang hier leben. – Mit Ihrem Vater ist wohl alles überlegt und es stehn Ihnen keine Schwierigkeiten im Wege? Er wird nur froh seyn, Sie froh zu wissen. Muß sich Thielemann nicht unendlich freuen! Ihren andern Schwager abandonniren wir Fichten.

Es ist kein Zweifel, wenn Fichte sich ganz von Reinhards Mitwirkung überzeugen könnte, so würde er ihn zum zweiten Göze machen. Er wills noch nicht glauben, oder vielmehr er wünscht Thatsachen, um den Glauben in der Hand zu haben. Mit der letzten Post hat er Reinhard selbst geschrieben, ihm seine Schrift geschickt und ihn zum Wehe über das Pfaffenthum aufgefordert. Er will abwarten, was er darauf erwiedert. Schreiben Sie es *mir* nur, ob Sie es gewiß wissen. Ich zweifle nicht einen Augenblick daran, aber schwerlich hat er doch offen genug gehandelt, daß man Thatsachen von ihm anführen könnte. Fichten ist sehr daran gelegen übrigens. Ich habe ihm den größten Theil Ihres Briefs mitgetheilt – ja, weil er Sie so liebt, auch das, was Sie angeht, und worüber er sich innig gefreut hat. Daß man in Preußen honnet verfahren ist, werden Sie nun wissen.

Bald, bald kommt das dritte Stück Athenäum. Hier ist indessen etwas andres. Was werden Sie zu dieser Lucinde sagen? Uns ist das Fragment im Lyceum eingefallen, das sich so anfängt: Saphische Gedichte müssen wachsen oder gefunden werden etc. Lesen Sie es nach. – Ich halte noch zur Zeit diesen Roman nicht mehr für einen Roman als Jean Pauls Sachen –

mit denen ich es übrigens nicht vergleiche. Es ist weit phanta-
stischer, als wir uns eingebildet haben. Sagen Sie mir nun,
wie es Ihnen zusagt. Rein ist der Eindruck freilich nicht,
wenn man einem Verfasser so nahe steht. Ich halte immer
seine verschlossene Persönlichkeit mit dieser Unbändigkeit
zusammen und sehe, wie die harte Schale aufbricht – mir
kann ganz bange dabey werden, und wenn ich seine Geliebte
wäre, so hätte es nicht gedruckt werden dürfen. Dies alles ist
indeß keine Verdammniß. Es giebt Dinge, die nicht zu ver-
dammen, nicht zu tadeln, nicht wegzuwünschen, nicht zu ändern sind, und was Friedrich thut gehört gemeiniglich dahin.

Wilhelm hat die Elegie geendigt. Eine Abschrift hat Göthe,
der hier ist, die andere Friedrich. Sie müssen also warten. Der
eigentliche Körper des Gedichts ist didaktisch zu nennen und
sollte es auch seyn nach Wilhelms Meinung. Die Ausmalung
des Einzelnen ist vortrefflich – das Ganze vielleicht zu umfas-
send, um als Eins in der Seele aufgenommen zu werden, wenigstens erfordert dies eine gesammelte Stimmung. Sie sollen
es hier lesen. Es kommt in das vierte Stück.

Wenn Sie herkommen, so treten Sie doch gleich bey uns ab,
wenn Sie keine Ursach weiter haben es nicht zu thun. An Ihrem Verkehr mit Schiller hindert es Sie gar nicht. In der Mitte
des April kommt der vollständige Wallenstein auf das Theater. Wollen Sie ihn nicht sehn?

Göthe ist sehr mit Optik für die Propyläen beschäftigt und
an keinem öffentlichen Orte sichtbar. Leben Sie wohl, Bester,
ich muß noch an Charlotten schreiben. Julie ist uns gegrüßt!
Theilen Sie Charlotten die Lucinde mit.

Jena d. 24. Aprill [17]99

[Besorgungen.] Ihr werdet euch nun wieder von den hoch-
zeitlichen Festen erholt haben und die junge Frau fortge-
schickt. Gern, gern käm ich dafür herüber, aber es will sich
denn doch nicht so bequem machen lassen, als es leicht aussieht. – Man sagte mir, am Sonnabend wär Vanderbek in
Weimar gewesen. Warum hat sich Minchen nicht mit auf den
Weg gemacht? Es wäre doch allerliebst gewesen, wenn wir
uns mit einenmal da getroffen hätten. Hieher soll sie nun
nicht eher kommen, bis es ganz grün und warm ist. – Wir haben in Weimar endlich den Wallenstein ums Leben gebracht –
und wollen hoffen, daß er dadurch die Unsterblichkeit er-
langt. Die Schönheit und Kraft der einzelnen Theile fällt am
meisten auf. Wenn man es nach einem einzigen Sehen beurtheilen dürfte, so würd ich sagen, das Ganze hat sehr an Ef-
feckt durch die Länge verlohren. Es hätte nur Ein Stück seyn
müssen, dann hätten sich die Szenen konzentrirt auf Einen
Brennpunkt, die sich jetzt langsam folgen, und dem Zu-
schauer Zeit zu kühler Besonnenheit lassen. Der lezte Akt
thut keine Wirkung – man merkt den Fall des Helden kaum,
an dessen Größe 11 Akte hindurch gebauet werden, um eine
große Erschütterung durch seinen Sturz hervorzubringen.
Und die mannichfache Absicht, die Berechnungen, welche
hindurchschimmern! Es ist eben ein Werk der Kunst allein,
ohne Instinkt. Ich kann Dir nicht sagen, wie dagegen das
Ende Shakespscher Trauerspiele, auch seiner politischen, das
Herz erfüllen und bewegen. Schreib mir doch, wie Van der
Bek davon geurtheilt hat. Die Piccolomini ließen weit mehr
ahnden, es schien so viel darinn vorbereitet zu seyn, das sich
hier unbedeutend lößt. Die Iffland schreibt mir, daß diese in
Berlin sehr kalt aufgenommen worden sind. Das ist freylich
kein Beweis gegen sie. Iffland soll herlich gespielt haben. – Er
geht nach Dessau, Leipzig und Breslau. Weißt Du denn, daß

zu Dessau der Baron Lichtenstein nebst seiner Gemalin in einer selbstgemachten und selbstcomponirten Oper selbst mitgespielt hat unter den übrigen Schauspielern? Dies hat sich am 2ten Ostertag zugetragen und ist sehr übel vom Adel und sehr gut vom übrigen Publikum aufgenommen worden.

Nur mit Kummer kann ich Dir von dem schreiben, wonach Du mich fragst – von der Fichtischen Sache. Glaube mir, sie ist sehr schlimm für alle Freunde eines ehrlichen und freymüthigen Betragens. Wie Du von der ersten Anklage, die von einem bigotten Fürsten und seinen theils catholischen theils herrnhutischen Rathgebern herrührte, zu denken hast, wirst Du ungefähr einsehn. Wir hoften aber, es sollte sich mit einer unbedeutenden Formularität endigen. Aber da hezt man den Fichte durch allerley Berichte von Weimar, es stehe schlimm usw., daß er an den Geheimerath Voigt schreibt, er werde seinen Abschied nehmen, wenn man ihm einen gerichtlichen Verweis gebe und seine Lehrfreiheit einschränke. – Der Brief war überdem nachdrücklich genug – sah ihn der Herzog, der voll übler Laune gegen Jena ist, so konnte schwerlich etwas andres erfolgen. Aber Fichte hatte Ursache Voigt für seinen Freund zu halten – *war* es Voigt, so mußte er F. den Brief zurückgeben, und ihm sagen – ihr überlaßt mir den Gebrauch desselben, und ich mache *den* davon, ihn zu cassiren, wenn ihr nicht dennoch wollt, daß ich ihn zeige.

Er wurde dem Herzog vorgelegt und zu den Akten gelegt. Es erfolgt ein Rescript mit einem Verweis, der so gut wie keiner ist, und den man um der Nachschrift willen nun recht sanftmüthig einrichten konnte. Diese enthielt denn, daß man Fichtens Dimissions Forderung annehme, da man doch nicht umhin gekonnt habe einen Verweis zu geben – der freylich nicht so war, wie ihn Fichte vermeiden wollte um seiner Ehre willen. – Alle Hofediener, alle die Professoren, die Fichte überglänzt hat – er hatte 400 Zuhörer in dem lezten Winter – schreyen nun über seine Dreistigkeit, seine Unbesonnenheit. Er wird verlassen, gemieden.

Die Studenten haben sich nach Weimar gewendet um ihn zu erhalten, der natürlich nicht geblieben wäre. Die Antwort ist: daß man ihnen Fichtens *Privat*brief an den Voigt communicirt und sie gleichsam zu Richtern mache. – Die Sache läuft darauf hinaus, man ergriff freudig den Vorwand ihn los zu werden, aus Furcht vor dem Chursächsischen Hof, und weil Fichtens unerschütterliche Redlichkeit sie oft in Verlegenheit setzt. Der Herzog hat sich viel gegen Jena erlaubt. Du wirst von der Schützischen Comödientollheit gehört haben – es mochte recht gut seyn, daß er die große Entreprise hemmte, aber er ist so weit gegangen durch eine zweyte Polizeiverordnung *jede Aufführung in einem Zimmer vor ein paar Freunden* zu verbieten. Und an diesen lächerlichen Handel schließt sich der allerdings sehr ernsthafte wegen Fichte, der den öffentlichen Geist hier, Du solltest Dich wundern wie schnell! umgekehrt, und einer klugen Einschränkung unterwürfig gemacht hat. – Lebe recht wohl und küße Deine lieben Kinder.

40 An Auguste

[Jena] Montag [21. Sept. 1799]
Wüste ich nur, wie es Dir ginge, mein Schäfchen, noch ist der Fuhrmann nicht zurück. Wenn Ihr nur früh genug in Dieskau ankamt! Und wie wirst Du Dich heute Mittag bey dem Canzlerischen Tische angestellt haben? Wenn Du dies erhältst, bist Du schon in Dessau, schreib nur bald. Gestern früh war schrecklich, es regnete den ganzen Morgen. Ich wuste keinen andern Trost als mir eine ganze Menge Blumen zu kaufen und um mich her zu setzen – das waren meine Kinder, sie rochen mich lieblich an, aber singen konnten sie nicht. Der Mittag ging noch toll genug hin, wir tranken aus Desperazion viel Wein, sie blieben lange, und darauf sezte ich mich zum Schreiben an die Mumu in Hannover. Abends Thee mit den beyden Brüdern. Heut ist Friedrichs Stube gänzlich ein-

gerichtet, so daß er sich schon breit darin niedergesetzt hat. Auch Wilhelms Stube und Kammer sind gereinigt und ich schlafe diese Nacht wieder oben. Vorige Nacht brachte ich in eurem Neste zu und las im Bett les voeux temeraires von Mad. Genlis, die sehr tugendhaft und geistreich zu seyn streben. Anbey muß ich Dir melden, daß ich sehr naß heut auf einem Spaziergang geworden bin, wogegen weder Geist noch Tugend helfen.

Der russische Kaiser komt nach Wien. Goethe ist heute hier angekommen. Er hat expreß gewartet, der alte Herr, bis ihr weg waret, glaub ich.

Die Zeitungsfrau ist gestern Abend mit einem Unkepunz niedergekommen, männlichen Geschlechts.

Mein liebes Mädchen, es gehe Dir recht wohl, wie ich auch nicht zweifle, aber es doch jede Minute wissen möchte. Ich umarme alle die dortigen Deinigen. Hier sind einige zurückgelaßne Effecten, die Frangen leg ich für Bettinchen bey. Von Tischbein kam heute die Einlage, wenn er etwas schönes gemahlt hat, so schreib mirs. Es grüßt Dich Paul und Peter. Adieu, liebe liebe Seele. Noch kein Gries.

41 *An Auguste*

[Jena] d. 30. Sept. [17]99

[Auszug]

Du Herzensmädchen, was hat mich Dein Brief gefreut, und die arme böse Mutter kann nun erst heut antworten! Du glaubst nicht, wie geschäftig ich in der letzten Woche gewesen bin, und krank dazu, denn endlich muß mir mein Laufen und Rennen, das ich so gern that, doch zu Haus und zu Hof kommen. Loderchen hat mir was verschreiben müssen. Nun ist das ganze Haus gereinigt und neu aufgeputzt. Ich habe dabey eine große Wäsche gehabt, und etwa einige 20 Vorhänge aufzustecken. Auch das neue Sopha ist gemacht, und es sieht alles aufs netteste aus, besonders ist unsre kleine Stube, mit dem Frommanschen kleinen Sopha, hübsch. Friedrich wohnt Dir wie der beste appanagirte Prinz. Diesen Abend supiren wir 3 bey Schelling, um ihm sein neues Nest einzuweihen. Er freut sich, daß Du ihn zum Bachus gemacht hast, indem Du ihn den Geber des Weins nennst, bald wird er auch der Geber der Freude heißen können, denn er ist sanft und liebreich, und scherzhaft, und läßt Dir sagen, Du möchtest ihm bey Deiner Wiederkunft nicht wie eine spröde Halbmamsell begegnen. Wilhelm macht alle Morgen ein Gedicht. Friedrich thut alle Tage nichts – als die Veit erwarten, die nicht über Dessau kommt. Wir wollten sie vorgestern von Leipzig abholen, Friedrich und ich, als wieder andre Ordre kam, doch kommt sie sicher nächste Woche. Vorgestern fand sich mit einmal Hardenberg ein, blieb aber nur bis gestern nach Tisch, was gut war, denn ich mochte ihn diesmal gar nicht leiden, er hat recht abgeschmacktes Zeug mit mir gesprochen, und ist so gesinnt, daß er, darauf wolt ich wetten, die Tiek mir vorzieht. Denk nur, Kind! wir wissen noch nicht, wann diese kommen, wahrscheinlich bald. – Ungemessen lange Spaziergänge haben wir gemacht, von 2 bis 7 ist das gewöhnliche Un-Maaß. Wilhelm will nicht mehr mit ausgehn, er liefe sich die Beine ab; da er nun die vorige ganze Woche jeden Morgen von 10 bis 1 Uhr mit Goethe hat auf und abspazieren müssen, so ist es wohl billig, daß er den Nachmittag ausruht, der Länge lang nach. Goethe hat seine Gedichte, nehmlich Goethens Gedichte, von denen ein neuer Band herauskommt, mit ihm durch[ge]sehn, und ist erstaunlich hold.

[...]

[Jena] 21. Oct. [17]99

Mein liebes Mädchen, wie kommt es, daß ich seit 3 oder 4 Postagen nichts von Dir erhalte? Du ängstigst mich sehr. Ich habe Dir außer dem lezten jedesmal geschrieben. Einen Brief gab ich Schlegel nach Leipzig mit, damit er früher kommen sollte, der wird aber wohl dadurch später gekommen seyn? Meine liebe Seele, bist Du nicht wohl? bist Du betrübt? Wer weiß, ob Hufelands nicht doch noch über Dessau gehn und Du mit ihnen wiederkommst! Sie haben noch immer nicht aus Berlin geschrieben, und ich weiß nun gar nicht, wie es steht in der Welt – ich weiß nicht, was mein Kind macht. Meinst Du etwa, weil ich Dich noch dort lassen wollte, ich hätte Dich nicht lieb? Glaub nur, Du bist Deiner Mutter das theuerste, was sie hat, und das wirst Du schon noch fernerhin gewahr werden.

Ganz aus der Fassung setzt mich Euer allseitiges Stillschweigen.

Von Dresden hab ich einen traurigen Brief, Utteline hat ein faules Nervenfieber und war am 13ten noch nicht außer Gefahr.

Am Donnerstag kamen Tieks. Sie sind durch Dessau gekommen, und glaubten Dich mit der Tischbein in Dresden, so daß sie Dich nicht gesucht haben und nur wahrscheinlich mit Dir in der Comödie waren, in den Arkadiern. Häßlich ist die Tiek nicht. Hätte sie Anmuth und Leben, und etwas mehr am Leibe als einen Sack, so könte sie für hübsch gelten. Das kleine Tiekchen ist recht sehr hübsch und blühend geworden. Es macht sich übrigens alles recht gut zusammen. Den ersten Abend hat Schlegel gleich den König Richard und gestern Tiek ein Stück von Holberg vorgelesen. Das soll alles noch einmal gelesen werden, wenn Du kommst. Hast Du denn auch von dem Spuk in Leipzig gehört? Daran würde sich Kuhn jämmerlich ergötzen. Kotzebue hat ein Stück gegen die

Schlegel gemacht und während der Messe aufführen lassen. Eine Rolle drin ist aus den Fragmenten im Athenäum ausgeschrieben, und soll so den Friedrich vorstellen, der zulezt ins Tollhaus geschickt wird. Übrigens platterdings kein Witz darin außer der Schlegels ihr eigner. Es hat großen Lärm im Parterr gegeben pro und contra – das pro hat natürlich bey den Leipzigern die Oberhand behalten, hinterher hat Müller aber die weitre Aufführung verbieten lassen. Das Stück heißt der hyperboreische Esel oder die Bildung unsrer Zeit. Du kanst leicht denken, wie sich Schlegel tout de bon daran ergötzt hat. Es ist Dir ein Tausendspaß. – Schillers Musencalender ist auch da, das Gedicht von der Imhof eben weiter nicht viel als ein Rudel Hexameter, aber über ein Gedicht von Schiller, das Lied von der Glocke, sind wir gestern Mittag fast von den Stühlen gefallen vor Lachen, es ist a la Voss, a la Tiek, à la Teufel, wenigstens um des Teufels zu werden.

Herzenskind, fehlt Dir etwas?...

Schellings Bruder ist seit gestern da, aber noch nicht hier gewesen, denn er ist vom Postwagen gefallen und noch stupide. Er soll größer seyn wie Sch. und erst 16 Jahr. Niethammers sind auch wieder zurück, nicht überentzückt von Schwaben. Von Schellings Schwester hat *sie* mir aber eine sehr vortheilhafte Beschreibung gemacht. Mammeselle Niethammer ist mitgekommen, und wird den hiesigen Schönen, wenigstens allen Blondinen, starken Eintrag thun.

Die Veit fährt fort eine trefliche Frau zu seyn, und Friedrich zu träumen. Die Schillern hat eine Tochter. Die Melish auch, und denke Dir, erst vor ein paar Tagen kam sie nieder. Er schickte einen Expressen. Daß die Schiller schwanger, hast Du wohl nicht einmal gewußt? Gott segne Dich, Du weißt vieles noch nicht. Lernst Du denn doch wenigstens singen?

Dein verzweifelndes Mütterchen.

[Jena] d. 28. Oct. Montag [1799]

Liebes Kind, nun ich Dich nicht gleich wieder bekommen kann, fängt die Sehnsucht auch an, mir in die Seele zu treten. Gestern kamen Hufelands wieder, mit denen hättest Du nun auf keinen Fall kommen können, also darfst Du mir doch die Schuld nicht mehr geben, daß ich Dich fern von uns verschmachten lasse, und ich habe sie mir auch nicht mehr selber beyzumessen. Schicksal! Schicksal! mein Engel und das Gemeine – nehmlich *das* Gemeine, daß man nicht fliegen kan – enfin alles wie es in dem Wallenstein steht, die Sterne, der Hufschlag der Pferde usw. Doch die Zeit wird kommen, und Du sollst einen herrlichen Weinachten hier feyern. Mit dem Husten das ist schlimm, spiele nur recht viel und thue Deine Ohren auf, um recht zu hören, was die andern spielen und singen, damit Dir ein innres Verständniß der Musik aufgehe. Laß keine Operette ungehört vorbeygehn. Was es kostet, will ich denn schon bezahlen. Deinen Muff schick ich Dir durch die Schwester der Fromman, Mad. Bohn, die über Dessau zurückreisen. Auch der Fromman Tante, Mad. Hanbury, ist da mit vielen Kindern, kurz eine ganze Hamburgerey bey ihnen aufgeschlagen. Der Hofrath Hufeland ist zurück nebst Frau und Kindern. Lauserey das alles! *Buonaparte ist in Paris*. O Kind, bedenke, es geht alles wieder gut. Die Russen sind aus der Schweiz vertrieben – die Russen und Engländer müssen in Holland schmälich capituliren, die Franzosen dringen in Schwaben vor. Und nun komt der Buonaparte noch. Freue Dich ja auch, sonst glaub ich, daß Du blos tändelst und keine gescheiten Gedanken hegst.

Die Tiek misfällt mir im Grunde doch, ich mag es nur nicht aufkommen lassen. Er ist sehr amüsant, und wir sind viel beysammen. Was die Menschen vor Zeugs aushecken, das glaubst Du nicht. Ich werde Dir ein Sonnet auf den Merkel schicken, der in Berlin geklatscht hat, der Herzog habe den Schlegels wegen des Athenäum Verweise geben lassen usw. Da haben sich Wilhelm und Tiek lezt Abends hingesetzt und ihn mit einem verruchten Sonnet beschenkt. Es war ein Fest mit anzusehn, wie beyder braune Augen gegeneinander Funken sprühten und mit welcher ausgelassenen Lustigkeit diese gerechte malice begangen wurde. Die Veit und ich lagen fast auf der Erde dabey. Die Veit kann recht lachen, was sie Dir wohl bestens empfelen wird. Der Merkel ist ein geliefertes Ungeheuer. Davon erholt er sich nicht. Ein Mordlerm wird übrigens von allen Seiten losgehn. Schütz und Wilhelm haben artige Billette gewechselt, Schelling rückt der A. L. Zeitung mit voller Kraft auf den Leib. Doch diese Händel gehn Dich nichts an, die Russen und Buonaparte aber viel. ...

Wenn doch Tischbein recht früh, im November schon käme und Dein Bild noch fertig machte.

Die Schillern ist an einem Nervenfieber im Wochenbett so krank, daß der Arzt sie schon aufgegeben hat.

Grosmutter hat wieder geschrieben. Ich bin stark willens Dich hier confirmiren zu lassen mit der Luise Seidler.

Also dick wirst Du, mein schlankes Kind, o das ist häßlich, da muß ich Dich nur dort lassen, damit Du Dich mager grämst. ...

Schellings Bruder ist groß und stark und spricht dick und breit schwäbisch, Ähnlichkeit mit dem Bruder, aber doch nichts von dem geistreichen Trotz im Gesicht. Er ißt nicht bey uns, Schelling meint, so einem Bengel müßte es nicht gleich so übermäßig gut werden. ...

Hab ich Dir geschrieben, daß Charlottens Kind todtkrank war, so wiße hiemit, daß es auch wieder beßer ist.

Ich werde das nächstemal der lieben Tischbein schreiben, heut ists unmöglich.

[Jena] den 22. Nov. [17]99

Schlegel ist diesen Morgen auf mehrere Tage verreißt, um Augusten wieder zu hohlen, die wir seit 8 Wochen nicht bey uns gehabt haben. Ihr Brief kam vor einigen Stunden, ich brach ihn auf, weil ich Ihre Hand erkannte und also wußte, daß ichs durfte. Nun lassen Sie mich ihn auch vorläufig beantworten, und zwar eben, damit die Antwort nur Ihren Brief gelte, denn die Rezensionen sind bis heut noch nicht erschienen, vielleicht kommen sie morgen.

Ich glaube, Therese hatte Recht. Sie mußten entweder den Antrag nicht annehmen, oder Schlegel sagen, daß Sie ihn übernehmen, da Ihr Urtheil *so* stand. Denn, mein lieber Huber, Sie wußten genug vom Geist oder Ungeist der Literatur Zeitung und vom jetzigen hiesigen Geist, um einzusehen, daß sie diesen grade damit in die Hände arbeiten. Persönlichkeiten abgerechnet, waren Sie das der Sache schuldig, die Sie doch hoffentlich im Ganzen mit Schlegel gemein haben, oder ich müßte nichts mehr von Ihnen wissen. Die Art tadeln, das verwechselt der gemeine Haufe mit der Sache, und in der LZ. schreibt man nur für den gemeinen Haufen. S. hat Ihnen dazu mehrmals bestimmt gesagt, wie er über dieses Institut dachte, daß er so durchaus kennen zu lernen Gelegenheit hatte. Sie werden aus einen der lezten Blätter desselben sehen, daß er sich darüber, und zwar durch die jämmerliche Handlungsweise der Redaktoren getrieben, nun öffentlich erklärt hat; redlich haben Sie also dieser unredlichen clique in diesem entscheidenden Moment beygestanden. sie muß Ihnen unendlich verbunden seyn. Glauben Sie mir, mein Freund! Ihre freye Unbefangenheit des Urtheils und Geschmacks übersieht dieses Gewebe nicht; eben darum haben Sie sich damals schon bewegen lassen, Kotzebues Elendigkeit durch Ihre gutherzige Zurücknehmung Vorschub zu thun. Sie haben den ersten Schritt gethan, um diesen mit der LZ. zu verbinden, die denn nun auch, wenigstens Schütz und er, in der genauesten Coalition stehen. So hat Schlegels literarisches Benehmen schon mehrmals die auffallende Wirkung gehabt, die miserablen nahe zusammen zu drängen. Denn eben gegen ihn haben diese sich nun verbündet. Schütz hat in seinem Hause, wo Mad. Schütz halbverrückt die Minna v. Barnhelm spielte, einen Prolog im Geschmack des Kotzebueschen Stücks aufführen lassen. eben so sehen Sie nun den alten Nicolai gnädiger an, und da Sie über alles, was dieser seit Jahren geschrieben, sich zu reden schämten, zeigen Sie nun auf einmal dies Buch an, das gegen die Schlegel gerichtet ist. Es bildet sich jetzt ein *allgemeiner* Kampf des Guten und Schlechten, Sie kennen revoluzionäre Zeiten, und sollten an der Weise nicht krittlen. Was Sie wollen, nennt man im Politischen halbe Maaßregeln, ich gestehe, ich halte Sie, auch im politischen, für zu friedliebend, zu genau abwägend, darum haben Sie eine größere Wirkung verfehlt, die Ihnen sonst gewiß zu Gebote stand. Was ich hierüber meyne, ist gewiß nicht Liebe zum Streit. An meinen Vorstellungen, ja an meinen dringenden *Bitten,* hat es nicht gelegen, daß nicht die Hälfte des Anzeigers im Athenäum unterdrückt wurde. Ich habe zulezt der männlichen Gewalt nachgegeben, ich habe geschwiegen, wie ich das eben in politischen Angelegenheiten auch thun würde, im Glauben, daß, aller unsrer Vernunft zum Trotz, die Männer dieses doch besser verstehen. Jetzt da es geschehen ist, kommt es mir nothwendig vor, und wenn sich die ganze Welt dagegen auflehnte, wie es ja auch geschieht. Denn sehen Sie, mein Freund, ich kenne Schlegel – ich bin wie von meinem Leben davon überzeugt, daß nicht der Schatten eines persönlichen acharnements in ihm ist. Hat er sich denn nicht alle diese Feinde erst gemacht? Die Plattheit, die Nullität, die Unpoesie ist ihm in den Tod zuwieder. Verfolgt man die Sache, so geht es dann auch gegen die Person. Ist nicht Wielands Poesie Wielands Person? Es ist nur thörichte Weisheit beide hinterher noch trennen zu wollen. Am Privatleben eines solchen Menschen wird sich Schlegel nie vergreifen, das geht dann ans Pasquill, er selbst wird sich wahrscheinlich dergleichen gefallen lassen müssen, man wird alle Waffen gegen ihn aufbieten. Ich kenne niemand, der das ruhiger zu ertragen im Stande wäre. Sein ganzer Geist ist vorwärts gerichtet, der Wiederstand kann nur ihn mehr beflügeln. Glauben Sie doch nicht, daß er sich ernstlich mit diesen Teufeleyen abgiebt. Er lebt in ganz andern Planen. Dieses amusement wird eine Weile dauern, ist es denn vorüber, so bleibt es nicht ohne Wirkung, es ist gut gewesen, weil es zum Fortkommen gehörte. – Auch wird er sich nicht dabey aufopfern, da er noch andre als kritische Mittel in seiner Gewalt hat, um durchzudringen. Sie kennen Schlegel nicht, wenn Sie ihn an Männlichkeit mahnen, er ist Mann: frey und selbständig, wie je einer war, dazu hat ihn die Zeit gebildet. Was er zu Ihrem Brief und der Rezension sagen wird, weiß ich, was er *Ihnen* sagen wird, nicht; für alle Bitterkeit aber stehe ich Ihnen und versichre Sie im voraus, daß die nicht Statt finden wird, im Fall er selbst etwa nicht antworten sollte. »Die Hand aufs Herz« und an den Kopf gelegt, würde er Ihnen erzählen, daß er im innersten Gemüth so schlecht von Wieland denkt, und ihn in einem solchen Grade für *unsittlich* hält, als er es noch nie öffentlich ausgesprochen hat. Und dieses auszusprechen, unter seinem eignen Namen, ist also für ihn wenigstens eben so billig und gerecht, als es für Sie ist Ihre Misbilligung am Athenäum und der Lucinde in der ALZ. unter den Schutz der Autorität [Anonymität?] auszudrücken.

Ihre psychologischen Bemerkungen über Friedrich sind wirklich eben so ungegründet. Das ist ja doch wohl psychologisch einen der Affectation, der Sucht nach Originalität zu beschuldigen. Er weiß gar nicht anders, als daß man so wunderbar *ist,* wie er den Menschen erscheint. Er wundert sich kindisch über unsern Wiederspruch und Kopfschütteln. Friedrich ist ein tiefsinniger, oft tiefgrübelnder, innerlich großer Mensch, der äußerlich ein Thor einhergeht. Selbst die künstliche Absichtlichkeit seiner Composizionen behandelt er mit kindlicher Zuversicht und Unbewußtheit. Er ist in Allem aufrichtig, bis in den tiefsten Grund der Seele hinein. Und da sprecht ihr nun so leichthin von Affectation, und daß der Mensch verkehrt sey, oder vielmehr sich verkehrt machen wolle – und Sie sollten doch bedenken, daß es von je der außerordentlichen Menschen Schmach gewesen ist, so auszusehen. Lucinde hätte nach meiner Meynung nicht gedruckt werden müssen, nehmlich in der Gegenwart nicht. In 50 Jahren da könt ich es leiden, daß sie vor 50 Jahren gedruckt worden wäre. Wozu hatten Sie aber nöthig sie zu rezensiren, das, dächte ich, hätte noch weit weniger geschehen müßen, zumal da sie noch nicht fertig ist.

Denken Sie nicht, daß diese Männer sich unter einander schmeicheln, und etwas weis machen: sie kennen sich, sie sagen sich ihre Wahrheiten, aber sie haben ein Ziel – und das haben sie sehr fest in den Augen. Ich könnte mir sehr den Triumpf wünschen Sie persönlich unter uns zu sehen. Es würde lebhafte prächtige beredte Disputen geben. – Was sprechen Sie von Faction? Keine Revoluzion ohne Faction, das wissen Sie, oder sind Sie plözlich so modéré geworden? Zu den Klagen gegen die LZ. und Schlegels Erklärung schließen sich Fichte und Schellings Sache und Klage unmittelbar an. Das alles wird noch viel lauter werden, und die LZ. fürchtet sich bitterlich. Sie haben das ihnen mögliche gethan, um S. Erklärung zu verhindern, die sie nun so nach Hufelandscher Art fein und hinterlistig, auch etwas langweilig beantwortet haben. Und glauben Sie denn, daß in die Sache der schlechten Schriftsteller nicht auch die hohen Häupter gemischt werden? Es ist alles geschehen, um den Herzog aufzuwiegeln, und was der nicht that, oder nicht thun konnte, wurde ihm angelogen. Und alle dies Volk wird sich nun ausgelassen über Ihre Rezension freuen et vous avés bien merité de la patrie! Die Redaktoren fügen sicher noch die Anmerkung hinzu, daß sie von einem Freund Schlegels sey.

Schlegel dachte Sie in aller Unschuld zu bitten, Sie möchten um der guten Sache und andrer Projekte willen nicht mehr für die ALZ. arbeiten, besonders ihnen den W. Meister nicht liefern. Er dachte sich mit Ihnen einzuverständigen. Das scheint mir nun freylich nicht mehr an seiner Stelle. Nie wird er sichs zum kleinsten Verdienst anrechnen Ihrem Willen Gerechtigkeit wiederfahren zu lassen, und in diesem Sinn Ihr Freund zu bleiben, wie ers bisher war, aber wie soll er es *mehr* werden können? Den Eifer habe ich ihm nun vorweg genommen auf alle Fälle. *Die* Partheylichkeit werden Sie natürlich finden, doch erinnern Sie sich, daß mich Fichtens Sache auch warm gemacht hat. Auch ist der Eifer überhaupt in mir erregt, durch die erneute Theilnehmung an den französischen Begebenheiten, besonders seit Buonaparte Consul ist. Adieu …

NB. Der Literarische Anzeiger ist zwey kleine Sachen ausgenommen ganz von W. Schlegel, also macht er freylich nicht blos halb mit.

45 *Auguste und Caroline*
an Friedrich Wilhelm Joseph Schelling

[Bamberg] Sonntag den 8ten[-9.] Juni 1800
Wir haben gestern Deinen niedlichen Brief bekommen und er hat uns große Freude gemacht. Du bist recht artig, daß Du uns so bald geschrieben, wir sehnten uns schon recht. Mutter ist recht wohl und die Kälte hat ihr nichts geschadet, wir sind auch alle Tage zusammen spazieren gegangen, wenn es das Wetter erlaubte. Aber mit mir armen Kinde geht kein Mensch des Abends spazieren, einmal ließ ich mir einfallen, weil es gar zu schön war, mit Röschlaub und Kusine zu gehn, da schlepten sie mich gleich nach Buch, aber ich blieb standhaft und gieng durchaus nicht hinein, sondern grade vorbey

nach dem Dorf zu, da mußten sie mir wohl folgen, sonst hätten sie mich wahrhaftig wieder da hinauf in den garstigen Tanzsaal geschlept. So geht es uns Kinderchen, wenn Du nicht da bist, kom nur bald wieder. Von Deinem Schwesterchen hast Du doch auch nicht ein Wort geschrieben, wie sie Dir gefällt, ist das nun nicht recht schlecht?

Nun stell Dir unser Unglück vor, mit dem schönen Logis bei Hofrath Faber ist es wieder nichts; der Herr Hofrath wollte es wohl sehr gern vermiethen, und mit dem Preis waren wir auch einig, nämlich 5 Carol. für 3 Monat. Aber nun hat der Herr Hofrath noch einen Vater, der Titular Geheimerrath ist und von dem der Sohn, der erstlich dum ist und zweitens viel Schulden hat, abhängt, und dieser will es durchaus nicht zugeben, das vermiethet wird. Röschlaub war selbst bey ihm, aber er hat allerley Vorwände, es wäre keine Frau im Hause, denn der Sohn ist Witwer mit kleinen Kindern, und da könnten Unordnungen entstehen, und es könnte was an den Möbeln verdorben werden und das Haus stünde so im Verkauf, und kurz, er giebt es nicht zu, und der Sohn kann nun nichts machen und steht da, als wenn er die Ruthe vom Papa bekommen hätte. Nicht genug, das die Frauen an diesem Orte Männer haben anderes Sinnes wie sie, um uns zu quälen, die Söhne haben auch Väter, und die Titular Geheimeräthe scheinen uns ganz besonders aufsäßig zu sein. Und was wirst Du erst sagen, wenn ich Dir erzähle, daß dieser halsstarrige Vater derjenige ist, vor dessen abscheulicher Nase wir einsmals nicht zu abend essen konnten, der uns auf dem Spaziergang begegnete.

Mit dem ist es also wieder nichts; ich ärgere mich nur, daß ich Dir schon davon geschrieben habe. Nun haben wir wieder ein andres auf der Spur, von dem wir aber noch nichts gewisseres wissen.

Montag
Gestern konnte Dein armes Kind den Brief nicht vertig schreiben, denn es hatte solche Schmerzen in der Schulter, daß es

nicht im Stande war, die Feder zu halten, und habe beynah den ganzen Tag auf dem Bett liegen müssen. Heute ist es nun aber wieder vorbey.

Die alte Mad. Schindler, die Unterhändlerin bey dem Faberschen Logi war, weil sie den Hofrath sehr genau kennt, meint, der alte hätte [es] nicht zugeben wollen aus religions Haß. Selbst religions Haß.

Vom neuen Logi sollst Du nicht ehe ein Wort hören, bis alles in Richtigkeit ist.

Mutter will auch noch ganz viel schreiben. Leb recht wohl, Du Mull, und vergiß das Uttelchen nicht, das so gern mit Dir spazieren ginge.

Montag früh d. 9ten

Ich habe das kleine zärtliche Gemüth zur Ruhe verwiesen, denn troz ihrer Versicherung ist sie doch noch nicht wieder besser und hatte Fieber gestern – es wird aber weiter nichts draus entstehn, als daß ich meine Abreise bis auf den 12ten verlege, auch aus der Ursache, weil es so kalt ist, und ich in das kühlere Bocklet nicht mit der Kühlung eintreffen mag. Marcus ist heut nach Nürnberg, und ich hab ihm versprechen müssen seine Rückkehr den 11ten Abends abzuwarten. Erst von Bocklet schreib ich, was ich hier ausgerichtet habe – Wir haben Tag und Nacht zu sorgen gehabt, seit Du weg bist, und ich könt ein Lied nach alter Weise mit einem doppelten Refrain dichten – »wenn er doch nur bey uns wäre!« und »gut daß er nicht bey uns ist!« Bald hätte ich Dich mir zur Entscheidung gewünscht, und dann war ich wieder so froh Dich aller dieser Plage überhoben zu wissen, zumal ich selbst allein sie besser zu tragen vermochte. Nur das war mir im Wege – meine Schüchternheit an Deiner Stelle zu handeln, da ich es ganz als Deine Sache ansehe – Du weist, ich folge Dir, wohin Du wilst, denn Dein Leben und Thun ist mir heilig, und im Heiligthum dienen – in des Gottes Heiligthum – heißt herrschen auf Erden. Doch konnt ich nicht aus dem Gesicht verlieren, daß unser Aufenthalt hier schon wie gemacht, erklärt und bereitet ist, daß er so manche Vortheile für Dich anbietet, und das bestimmte mich, allen Verdruß zu ertragen, den ich sonst oft auf den Punkt war von mir zu stoßen, und ohne weiter etwas ausgemacht zu haben, nach Bocklet zu gehn. Erst dort werd ich wahrscheinlich hören, ob Dir die nöthige Ruhe im Hause Deiner Eltern wird, worauf so viel ankömmt – gewiß bekomme ich nun hier keinen Brief mehr von Dir. Daß ich einen andern, nehmlich von meiner Mutter, noch hier abwarten kann, weil ich am Mittwoch noch da bin, ist mir lieb. Du giebst mir nicht eine einzige militairische Nachricht. Fast sollt ich vermuthen, ihr würdet Kaiserliche bekommen. Das wird Dich stören.

Vorgestern hat mich Marcus zu seiner einen Schwiegerin geführt, wo ich auch die andre, sammt der Gräfin Rothenhahn und Hofmarschall Redwitzens traf. Beyde Schwägerinnen sind artige Frauen. Dieser Bruder von Marcus, der krank ist an Krämpfen, sieht natürlich wie der idealisirte Hofr. Schütz aus. Die Rotenhahn war ganz und gar nicht adelich, sie hat sich so gefreut und wir haben unendlich viel mit einander geschwazt – es war auch eigentlich ein Rendésvous mit ihr.

Röschlaub hat mir eben das Geld gebracht.

Eben hat mich die Commerzienräthin Markus besucht.

46 An Friedrich Wilhelm Joseph Schelling

[Braunschweig, Oktober 1800]
Ich schreibe Dir von Göttingen, so Gott will.

Sieh nur Goethen viel und schließe ihm die Schätze Deines Innern auf. Fördre die herrlichen Erze ans Licht, die so spröde sind zu Tage zu kommen. Mein Herz, mein Leben, ich liebe Dich mit meinem ganzen Wesen. Zweifle nur daran nicht. Welch ein Blitz von Glück, wie mir Schlegel gestern

Abend Deinen Brief gab. Du schreibst nach Braunschweig bey Prof. Wiedemann abzugeben. Rose ist allerliebst, ob Schlegel sie aber brauchen wird, sehr problematisch. Sie hängt sich ganz an mich und ich bin recht gut mit ihr. Wir wollen weiter sehn. Gott segne Dich, sey *recht* ruhig, Du darfst es seyn.

47 *An Friedrich Wilhelm Joseph Schelling*

[Braunschweig] Dienstag früh [Oktober 1800]
Ich habe den Himmel recht gebeten mich zu erleuchten und mir gute Gedanken zu verleihn, ehe diese Post abginge, und er hat mich auch erhört. Wenn ich Dir wollte oder vielmehr vermöchte alles hinzuschreiben, was in mir vorgegangen ist, es würde so tief und so wehevoll werden wie Deine Blätter, aber ich muß mich schonen und gebe Dir nur den Frieden von Gott, in dem sich mein Herz aufgelöset hat, voll fester Hofnung, daß ich ihn Dir auch mittheilen werde. Ich habe Dich innig lieb, ich küsse Deine Stirn, Deine beyden lieben Augen und den süßen Mund. Das ist recht das selige Zeichen des Kreuzes.

Wenn ich Dir auch könte lange Vorstellungen erwiedern über Deine Vorstellung, und eine Menge begeisterte Vernunft gegen Deine irrigen Ansichten setzen, es wäre eine bloße Redeübung – genug daß ich meinem Freunde verspreche, daß ich leben will, ja daß ich ihm drohe, ich werde leben, wenn er so zur unwahren Stunde den Tod sucht. Du liebst mich, und sollte die Heftigkeit des sich in Dir bewegenden Wehes Dich auch einmal mit Haß täuschen und mich damit zerreißen, Du liebst mich doch, denn ich bin es werth, und dieses ganze Universum ist ein Tand, oder wir haben uns innerlich für ewig erkannt.

Ich wiederhol es noch einmal, warum kann ich dem Goethe nicht sagen, er soll Dich mit seinem hellen Auge unterstützen. Er wäre der einzige, der das nöthige Gewicht über Dich hätte. Gieb Dich wenigstens seiner Zuneigung und seinen Hoffnungen auf Dich ganz hin, und denke, daß Du doch liebe Freunde hast – so gut, wie das Jahrhundert sie vermag. Schreib mir, was Du eigentlich jetzt arbeitest, am Journal, das errath ich wohl, weiß aber nicht welches Thema. Friedrich seine Querspiele haben mich sehr amüsirt. Ich habe hier beyläufig von Wilhelm vernommen, er sähe seine Vorlesungen aus einem sehr sublimen Standpunkt an, nehmlich er könne sich der Ironie nicht dabey enthalten, die Studenten wären gar zu dumm. Die Ironie ist doch zu allen Dingen nütze. Euer Conversatorium wird übrigens zu allerley Partheywuth, Streichen, Nücken und Tücken Anlaß geben, deswegen hat es mir gleich nicht besonders gefallen. Gieb Du dem Wickelmann immer nur ein humanes gutes Wort, damit er Deine Divinität wieder bekennt. Man muß nichts vernachläßigen im Spiel. Paulussens sind ein jüdisch und judassisches Volk, aber ihnen ganz aus dem Wege gehn solltest Du doch nicht. – Über die Veit denkt Wilhelm nun nach und nach fast wie wir – ich habe ihm auch gesagt, daß sie so über das Innre unsers Hauses geschwazt und gelogen hat, was er als einen sehr schlechten Dienst gegen sich selber anerkannte.

Hast Du das neuste Stück der Propyläen schon gesehn?

Sey nur nie besorgt, was Deine Briefe betrifft; ich bekomme sie aus der Hand des Briefträgers immer zu eignen Handen, beantworte sie aber nur manchmal so überzwerch, wie Friedrichs Philosopheme sind. Ich muß doch auch probiren,

$$\text{ob ich nicht aus } \frac{\text{Tod}}{\text{Schmerz}} \quad \times \quad \frac{\text{Wonne}}{\text{Liebe}} \quad \text{Leben und Frieden}$$

herausbringen kann. Woher mir die Ursätze kommen, darum wirst Du *mich* wohl nicht so scharf befragen. Es ist doch arg, wenn man etwas gewiß hat, und soll nun auch noch Rechenschaft geben, woher man es nimmt.

Goethe tritt Dir nun auch das Gedicht ab, er überliefert Dir seine Natur. Da er Dich nicht zum Erben einsetzen kann, macht er Dir eine Schenkung unter Lebenden. Er liebet Dich väterlich, ich liebe Dich mütterlich – was hast Du für wunderbare Eltern! Kränke uns nicht. Und hast Du wohl bey Deinen lezten Vorsätzen an Deinen guten Vater und die gute Mutter gedacht, die einfältiger, aber eben so kraftvoll und liebreich Dir das erste Leben gaben? O welch ein schwarzer Nebel hatte das Haupt meines Freundes umzogen.

Ich wollte Dir selbst schon vorschlagen, ob ich Dir etwas für Dein geplagtes Schwesterchen schicken sollte. Nur daß ich gar nicht ausgehe, hat mich verhindert es schon zu thun. Ich möchte wohl wissen, ob Du ihr lieber etwas zum Anzug oder zum Andenken gäbest und ob sie Ohrringe trägt.

Es ist vielleicht ein seltsamer Contrast, daß ich Dir so heiter schreibe nach einem solchen Brief. Aber ich habe viel gelebt in diesen wenigen Tagen, und das ist mein innerstes Wesen, daß ein Lächeln gränzen kann an die unsäglichste Noth. Du hast mich wieder geweckt, und gewiß, wir quälen uns nun wohl recht mit hin und her schreiben, und tausend Widersprüche fallen vor, aber am Ende werden wir doch uns etwas bilden, das alle löset. Verlaß mich nicht, ich liebe Dich, ich wollte ich könnte Dir sagen wie sehr, aber in Deinen Armen selbst würde ich es Dir nicht ausdrücken können.

48 An Johann Wolfgang Goethe

[Braunschweig 26. Nov. 1800]
Wenn Ihre eignen Hoffnungen von *Schelling* und alles, was er schon geleistet hat, wenn er selbst Ihnen so lieb und werth ist, wie ich es glaube, so werden diese Zeilen ihre Entschuldigung finden, ungeachtet ihrer Seltsamkeit, die Sie bitten sollen ihm zu helfen. Ich weiß in der Welt niemand außer Ihnen, der das

jetzt vermöchte. Er ist durch eine Verkettung von gramvollen Ereignissen in eine Gemüthslage gerathen, die ihn zu Grunde richten müßte, wenn er sich ihr auch nicht mit dem Vorsaz hingäbe sich zu Grunde richten zu wollen. Es kann Ihnen fast nicht unbemerkt geblieben seyn, wie sehr sein Körper und seine Seele leidet, und er ist eben jetzt in einer so traurigen und verderblichen Stimmung, daß sich ihm bald ein Leitstern zeigen muß. Ich bin selbst müde und krank und nicht im Stande ihm die kräftige Ansicht des Lebens hinzustellen, zu der er berufen ist. Sie können es, Sie stehn ihm so nah von Seiten seiner höchsten und liebsten Bestrebungen, und der persönlichen Zuneigung und Verehrung, von denen er für Sie durchdrungen ist. Sie haben das Gewicht über ihn, was die Natur selber haben würde, wenn sie ihm durch eine Stimme vom Himmel zureden könnte. Reichen Sie ihm in ihrem Namen die Hand. Es bedarf weniges weiter, als Sie wirklich schon thun, Ihre Theilnehmung, Ihre Mittheilung ist mehrmals ein Sonnenstral für ihn gewesen, der durch den Nebel hindurch brach, in dem er gefangen liegt, und manches, was er mir geschrieben, hat mir den Gedanken und den Muth gegeben Sie bestimmter für ihn aufzufordern. Lassen Sie ihn nur wissen, daß Sie die Last auf seinem Herzen und eine Zerrüttung in ihm wahrnehmen, die ihm nicht ziemt, und wenn das Geschick auch noch so ausgesucht grausam ist. Lassen Sie ihn einen hellen festen Blick auf sich thun. Sie werden durch jeden Wink auf ihn wirken, denn mag er noch so verschlossen und starr erscheinen, glauben Sie nur, sein ganzes Wesen öffnet sich innerlich vor Ihnen, wenn Sie sich zu ihm wenden, und wenn er nicht die heftige Erschütterung scheute Ihnen gegen über, so hätte er vielleicht selbst gethan, was ich sanfter, obwohl sehr bekümmert an seiner Statt thue: sein Heil Ihrer Vorsorge übergeben. Es ist das beste, was die Freundin für ihn zu thun vermochte, die ihn nicht auf die Art trösten kan, wie sie sich selbst trösten darf. Ich habe es gewagt im Vertrauen auf Ihre Güte und den ernsten Sinn meines Anliegens. Meine Augen sind trübe, ich sehe nur noch, daß er leben muß und alles Herrliche ausführen, was er sich gedacht hat.

Wenn ich einen Wunsch besonders aussprechen darf, so ist es der, daß Sie ihn um Weynachten aus seiner Einsamkeit lokken und in Ihre Nähe einladen.

Ohne weitere Antwort hoffe ich es beruhigend zu erfahren, daß Sie meine Bitte geachtet haben, und nur zum Überfluß ersuche ich Sie, ihrer auf keine andere Weise zu erwähnen.

Caroline Schlegel.

Schlegel wird wahrscheinlich noch vor Ende des Jahres die Ehre haben Sie zu sehn.

49 An Friedrich Wilhelm Joseph Schelling

[Braunschweig] Sonnabend früh den 20 Dez. 1800
Anbey kommt ein großer ächt englischer Überrock, der meinen Freund wärmen soll. Ein Weinachtsgeschenk soll es nicht seyn. Er war Dir schon lange bestimmt und besonders für das große Carneval berechnet, aber ich habe ihn nicht eher von Hamburg bekommen. Wenn Dir nur halb so wohl darin ist als warm, so soll es mich freuen. Ich habe ihm befohlen, er soll sich recht um Dich herum schmiegen. Die erstemale wird er einige Haare lassen, und es wird an Deinen Röcken viel auszubürsten seyn, das giebt sich aber. Sonst ist er unendlich bequem, und man hat doch die Arme darin frey um eine Freundin zu umarmen. Der blaue Mantel wickelte Dich ein wie den Grafen Egmont. O daß ich Dein Clärchen seyn könnte, aber ich bin nur Deine Caroline.

[Braunschweig, Ende Dezember 1800]
Mein lieber Freund, mein Schelling, Du hast die Abrede gehalten und ich nicht. Am Abend des nehmlichen Tags, wo ich dir zulezt schrieb, bekam ich dein Geschenk noch. O du lügst, dein Ring ist stark und stärker wie Ketten, es ist der Ring, an dem die Kette hängt, die mein Leben festhält. Ich suchte gleich nach dem Namen Joseph, und fand ihn durch die Thränen hindurch, die mir die Augen verdunkelten. Du hast nichts vergessen. Denke auch nicht, daß ich etwas vergessen hätte, und wenn ich dir den Ring, der zu diesem gehört, niemals geben sollte, so wie ich es bis jetzt nicht gethan habe. Wie leicht hättest du ihn in derselben Stunde erhalten, denn ich habe den Gedanken oft gehabt. Du hast ihn nicht erhalten, und das ist unser Schicksal. Du darfst es nicht meine Schuld nennen. Ja, dieß ist der erste, der einzige ächte Trauring für mich, und er bleibt einzeln. Er sagt sich von der Zukunft los und bindet uns nur an eine kurze Vergangenheit. O du liebes treues Herz, er ist gediegen von deinen Schmerzen, ich erkenne sie alle und habe sie mit Dir auszutauschen. Aber ich habe noch welche zurück, die immer nur mein bleiben müssen. Nie kannst Du doch das Wehe der Mutter ganz in Dich aufnehmen. Sey nicht betrübt, wenn Du Dir denkst, wie das Deine Freundin zerreißen müsse, was sie in diese Worte ausbrechen läßt – ja, so eben zerreißen müsse. Dieses alles muß mir wieder zur Freude werden, glaubst Du es nicht? – Es löst sich meine Seele mehr und mehr in jenes Wehe auf, und doch bin ich getrost und stark. Dies erhalte Dir gegenwärtig, wenn ich mich nicht verhindern kan, an Deinen Busen zu weinen. Es quillt ein neues Leben aus diesen Augenblicken, sie sind selbst ein hohes Lebenszeichen, mein Gram ist nicht Niederschlagenheit, kein Verzagen und keine Verzweiflung, und dann kann ich erst volles Vertrauen zu meinen Freunde haben, wenn ich ihm nichts davon zu verbergen brauche. Be-

rühren laß es mich wenigstens, ich will Dich nicht dabei verweilen. Ich verweile selbst nicht. Wenn die Wolken des eignen Jammers mir auch das Haupt eine Weile umhüllen, es befreyt sich bald wieder, und wird vom reinen Blau des Himmels über mir beschienen, der mein Kind einschließt wie mich. Die Allgegenwart, das ist die Gottheit – und meinst Du nicht, daß wir einmal allgegenwärtig werden müssen, alle einer in dem andern, ohne deswegen Eins zu seyn? Denn Eins dürfen wir nicht werden, weißt Du wohl, dann würde das Streben sich zu Eins zu machen ja aufhören.

Mein lieber Freund, ich habe eben einige von den Sonnetten für Dich abgeschrieben, von denen ich Dir lezthin sagte. Das mittelste ist besonders von sehr großer poetischer Schönheit. Du wirst Dich erinnern, daß der König von Tule ihr leztes Lied war. Die Wahrheit machte sich bey diesem Kinde oft schon von selbst zu einem lieblichen Gedicht.

Ich hoffe nicht Dich hart zu unterbrechen in Deinen jetzigen guten Tagen. Nein, das ist eben gut, wenn Deine Erinnrungen gleichsam durch einen Sonnenstral ziehn, in dem auch die dunkle Farbe helle erscheint.

Am Sonnabend erst erhielt ich Deinen Brief vom Montag. Wetter und Wege sind so sehr schlimm, daß man auf keine bestimmte Ankunft mehr rechnen kann. Sie halten auch Schlegel hier zurück, der eigentlich gewillt war, nächsten Sonnabend abzureisen.

51 *An Friedrich Wilhelm Joseph Schelling*

[Braunschweig] Dienstag früh [Januar 1801]
Lieber Freund, ich komme weit her schon an diesem frühen Morgen und war dabey, wie sich die glühende Erde zuerst verhärtet hat und Blasen warf, aus denen die Berge wurden, welches alles mir sehr begreiflich scheint. Lieber Gott, wenn

man sich die Materie einmal vorausgiebt, so hat man ein leichtes Spiel und kann sich die Dinge nach Belieben gestalten lassen. Mir liegt aber ordentlich die Materie schwer auf, in der ich mich bey dieser théorie de la terre und époques de la Nature herumarbeiten muß, welches doch sehr thöricht von mir ist, weil ich gewiß bin, daß meine Vorstellungen sich niemals solide werden über sie erheben können, sie werden wieder herunter flattern, wie Vögel müssen, wo die Luft zu leicht für sie würde, und wenn selbst Adler unter ihnen wären. Sag mir nur, wie weit seyd ihr denn darüber hinaus? Du mußt indessen dieß nicht so nehmen, als ob ich die Materie so roh sonderte, indem ich es beym Buffon blos mit ihr zu thun habe. Ich erinnre mich sehr wohl des Geistes im Mittelpunkt und daß Licht Geist und Geist Licht ist. Dieses ist mir nicht begreiflich, aber glaublich, und durch den Glauben und die Imaginazion wirst Du mich auch leicht bis zum Zweck von allem End und Ziel führen können, nur die Sprossen der Leiter, die Demonstrazionen, die Folgerungen, das ist nichts für mich.

Und meinst Du also, daß ich je zu einer andern als poetischen Erkentniß Deines Gedichtes gelangen werde?

Eine Menge Begriffe hab ich mir doch neuerdings eingesammelt, der Himmel gebe nur, daß mein Gedächtniß sie festhält. Mit einer Anhäufung von Thatsachen, welche hie und da einen Artikel im Buffon einer Compilation von Meiners ähnlich sehn machen, kann ich es nun vollends nicht beschweren, und frage blos, was er jedesmal beweisen will, dann schenk ich ihm von den Beweisen immer die Hälfte. Ich hab einen Verdacht, mein Freund, als wenn Du eben auch nicht gründlicher läsest. Jetzt will ich Dir eine neue Thatsache erzählen, die Du vielleicht von mir zuerst erfährst; in dem schrecklichen Sturm von 9-10ten Nov. ist die ganze Insel St. Thomas in Westindien untergegangen. So regt sich noch das Fantom des Jahrhunderts in Naturbegebenheiten, Pest und Krieg, ehe es Abschied nimmt. – Dieser Sturm muß doch einen unterirdischen Ursprung gehabt haben, eine Höhlung der Erde muß eingebrochen seyn und ihm Ausgang gemacht haben. Siehst Du, wie ich zunehme an Weisheit? Wenn ich Mittags mich um nähere Erläuterungen von diesem und jenem befrage, so lachen die Herren über mich, geben mir doch aber sehr ernsthaften Bescheid und Schlegel ermangelt nicht zu bemerken, wenn ich mich doch nur jemals einer Sache so ernstlich gewidmet hätte, die *seine* Beschäftigungen anginge! Was wäre das denn auch wohl gewesen, außer dem, was ich nicht zu lernen brauchte, der Poesie! – Und was ist

[Bogenende.]

52 *An Friedrich Wilhelm Joseph Schelling*

[Braunschweig] Freytag, d. 13 Febr. [1801] Im Verlauf nächster Woche wird Schlegel gewiß abreisen, er wartet nur auf seinen Gesellschafter. Es ist freylich wieder sehr strenger Winter geworden, aber ich befinde mich wohl. Durch ein Zeitungsblatt erfuhren wir gestern den Tod einer Schwester von Schlegel, die an einen Prediger verheyrathet war. Sie ist kränklich gewesen und hat keine Kinder. Die Ernsten ist also mehr zu beklagen, denn stell Dir vor, sie war nahe daran den schwarzen Staar zu bekommen. Hardenberg ist von seinem Vater nach Weißenfels abgeholt worden, fast hofnungslos, Petzold hat ihn aufgegeben. Die Ernsten stellt sich noch die Möglichkeit der Rettung vor, und ich selbst kann nicht ganz daran verzweifeln. Fünf Tage hat er auf der Reise zugebracht, ist aber doch glücklich angelangt, seine arme Braut begleitete ihn. Es ist recht viel Leid in der Familie, denn Hardenbergs Mutter soll völlig melancholisch geworden seyn über den Tod eines Knaben von 12 Jahren, der ihr Liebling war und im verwichnen Sommer ertrunken ist.

Ich kann mir wohl vorstellen, daß Dir Hardenberg nicht wohl will; Du hast ihm Deine Abneigung auch deutlich genug gezeigt. Er wird mir auch gram seyn, und uns beyden einen um des andern willen, dazu wird man ihn schon gestimmt haben. Wir können ihm nicht helfen, wenn ihm Gott nur hilft, es sey zum gesunden Leben, oder zum freudigen Tode. Ich kann ihn nicht beklagen, wenn er dahin ist. Er hat die Schranken gebrochen.

Nun reut mich mein Einfall, Du Lieber Lieber, daß ich nicht schrieb. Was Du mir vorwirfst – ich hab eben Deinen Brief erhalten – daran bin ich unschuldig, ich schickte die Dose allerdings am Dienstag ab, wo reitende und fahrende Post in Einer Stunde gehn – aber nun bin ich nicht mehr unschuldig, ich habe meinen lieben traurigen Freund gewiß gekränkt. Warum bist Du nur so traurig? ich möchte Dir ganz kindisch sagen: ich bin es ja nicht. Ich bin es nicht anders, als ich es ewig seyn muß, und Dein Trost ist der meinige. Unser Kind weicht mir keinen Augenblick von der Seite, ich kenne kein Vergessen, ob ich äußerlich schon lebe wie ein Andrer. Ja, Du weißt es, liebe Auguste, wie Du bey Tage und bey Nacht vor Deiner armen Mutter stehst, die kaum mehr arm zu nennen ist, denn sie blickt Dich mehr mit Entzücken als mit Jammer an, die Klage über den herben bittern Tod hat keine Dolche und zerreißenden Schmerzen mehr, ich kann lächeln, freundlich mich beschäftigen, aber ich lebe und bewege mich immer nur in Dir, mein süßes Kind – ach störe mich nicht in meinen sanften Trauren, lieber Schelling, dadurch daß ich bitterlich über *Dich* weinen muß. Das sollte nicht sein. Hättest Du Dir vorzuwerfen, dann ich tausendmal mehr; aber Gott weiß, es will nicht Raum in meiner Seele finden und haften. Ich habe Dich geliebt – es war kein frevelhafter Schmerz, das spricht mich frey, dünkt mich.

Im Frühjahr sehe ich Dich ganz gewiß. Anstalten sind wenig zu machen. Unser ehemaliges Haus bleibt mir offen, ich möchte es freylich ungern bewohnen, und ich sagte Dir schon einmal von dem kleinen Gartenhause am Paradiese; es wäre groß genug für mich. Du möchtest das immerhin miethen.

Ich halte mich zurück Dir viel über Deinen schmerzlichen Brief zu sagen – wir können es mit Worten nicht überwinden.

Wir wollen den Wilhelm Tell zusammen sehn. Er kann recht schön werden, und Iffland soll mich auch erfreuen. – Gestern sah ich im Schauspiel Louis Buonaparte, der von Berlin zurückkommt, also hab ich nun etwas von diesem edlen Blut mit Augen erblickt.

Lieber, ich las in diesen Tagen den Tancred wieder im Boccaz, bey Gelegenheit von Bürgers Lenardo und Blandine, das eine so unwürdige Parodie davon ist. So viele Thränen hab ich darüber vergossen, wie Gismonda auf das Herz ihres Geliebten herabströmt, eben um diese Zeit war es, daß Auguste die Erzählung zu übersetzen anfing – ich habe mir vorgenommen sie zu vollenden, und so lange daran zu arbeiten, bis sie möglichst gelungen, und das Original wieder giebt in seiner Grosheit. Wie liebte mein Kind diese Erzählung – sie war doch ein recht tiefes Gemüth.

Schickst Du mir wohl nicht die Canzone zurück? – Ich kann durchaus das Lied von Dir nicht finden und weiß doch gewiß, daß ich es aufgeschrieben hatte. Erzeige mir die Liebe und schreib es nieder aus Deinem guten Gedächtniß. Versäum es nicht.

Zum Spaß zeichne ich hier eine Grabschrift des Aretino auf, die mir kürzlich vorgekommen ist:

> Qui giace l'Aretino poeta tosco
> Chi disse mal di tutti fuor di Cristo
> Scusando se col dir: non lo conosco.

Sag, ob Du die fernere Uebersetzung des Quixote gelesen hast, und wirklich besitzest, sonst liegt der dritte Theil, den ich einmal gekauft habe, immer noch für Dich hier.

Adieu, mein lieber lieber Schelling. Erquicke mich durch ein freudigeres Herz.

[Braunschweig, Februar 1801]

[Anfang fehlt.]

...würden im Sommer zusammen leben. Das kommt mir nun als Verblendung über den Weg vor, den wir zu nehmen hatten.

Mein lieber Freund, und ich nenne dich so mit Liebe, vielleicht bin ich wirklich schwer zu einer Entscheidung zu bringen, allein ich habe sie noch stets gefaßt, ehe es zu spät war, und mich unverrückt an ihr gehalten. Ich sage nicht heut – ich will das thun – und morgen – ich will ein andres, und jedesmal so zuversichtlich, als wenn es ewig gelten würde – nein, es mahlt sich wohl sehr deutlich in meinen Äußerungen, daß ich nicht weiß, was ich thun soll – bis der Moment komt. Der ist da, und ich bitte Dich, nimm es so an.

Ich scheide nicht von Dir, mein Alles auf Erden, das Mittel, das die Seele ergreift, um sich der Entweihung des Bundes zu entziehn, stellt alles her, ihn selbst in seiner ganzen Schöne und die Zärtlichkeit, die ihn unterhält.

Ich bin die Deinige, ich liebe, ich achte Dich – ich habe keine Stunde gehabt, wo ich nicht an Dich geglaubt hätte, es sind Umstände gewesen, die Deinen Glauben an mich trübten, es wird nun heller werden. Ich sehe Dich wieder, vermuthlich so bald, als ich mir kürzlich vorstellte. Als Deine Mutter begrüße ich Dich, keine Errinnrung soll uns zerrütten. Du bist nun meines Kindes Bruder, ich gebe Dir diesen heiligen Seegen. Es ist fortan ein Verbrechen, wenn wir uns etwas anders seyn wollten.

[Es fehlt ein Blatt.]

...recht gut machen für die Welt, und mir sind die Kinder herzlich lieb, sie würden mir wohl thun.

Dienstag [24. Februar]
Schlegel ist am Sonnabend früh abgereißt, er wird Dir bald von Berlin aus schreiben und hat mir beykommenden Kotzebue für Dich zurückgelassen, nebst einer närrischen Tabelle eines Professor Wild in Goettingen, die er Dir immer mündlich mittheilen wollte. Dieser Mensch bildet sich ein, daß Fichte und Du aus ihm die ersten Keime genommen habt.

Mein lieber Freund, ich muß schließen, denn manche Pakkereyen, da ich Schlegels Sachen nachzuschicken hatte und noch andres sich zufällig damit traf, haben mich sehr ermüdet...

Meinen süßen Freund bitte ich innig um ein endliches Verstehen mit seiner Caroline, ich beschwöre ihn mir nicht die lezte Hoffnung zu nehmen.

Ich bete zu Gott, daß er diese Blätter segnen wolle.

54 An Friedrich Wilhelm Joseph Schelling

[Braunschweig, Ende Februar? 1801]
[Anfang fehlt.]
...damit den frühesten Frühling, wenn die Veilchen ausbrechen und den Boden mit tiefer Bläue bedecken. Vor dem Jahre – o Du weißt es, was ich sagen will – da pflücktest Du sie mit meinem Kinde und ihr brachtet sie der kranken Mutter, nun brechen Veilchen wohl aus der heiligen Erde, die sie bedeckt. Arme Mutter, warum nicht aus Deinen Hügel! Meine beyden Lieblinge würden in sanfter Wehmuth daran knien. Ich hätte euch nicht unglücklich gemacht, wie mein süßes Kind uns gethan hat. Vergib mir, ich will auch nicht weiter schreiben und kann auch nicht. Gute Nacht.

Freytag früh
Guten Morgen, guter Freund, ich habe recht lange geschlafen. Die Theogonie geht mir sehr im Kopf herum (so heißt

doch das deutlich geschriebne, unterstrichne und dennoch unleserliche Wort?). Das wäre wohl ein vortreflich Studium, aber versplittere Deine Kräfte nicht. Sieh, mit dem Beschränken – im voraus sieht das Vorgesezte nur so unendlich aus, es beschränkt sich von selbst, so bald man an die Ausführung gekommen ist. Doch mache nur, alles was Du machst wird gut seyn, und ist denn doch da und wird bleiben.

Schick mir ein Stückchen hesiodische Übersetzung; ich will sehn, ob Du zugenommen hast im antiken Sylbenmaß, so viel Kennerschaft wird mir Wilhelm doch mitgetheilt haben. Der könte Dir nun recht nüzlich seyn. Ich halte Hexameter und Elegie für viel. …

[Blattende.]

55 An Friedrich Wilhelm Joseph Schelling

[Braunschweig] Mittwoch Abend [Ende Febr.? 1801]
Wenn ich nur zu Dir kommen könnte diesen Abend und liebreich mit Dir schwazen! Die Sonne und der blaue Himmel lockten mich heute unwiederstehlich an und mahnten mich an meinen Freund; ich wünschte zulezt nur, es möchte recht schlecht Wetter seyn und bleiben bis zum wahren Frühling, dann ist doch alles rund herum zu und man weiß, daß man nicht hinaus kann. Ich bin vor dem Thore gewesen in einem protestantischen Jungfrauenkloster, wo Jerusalems Tochter Domina ist. Es ist da noch einige Freundlichkeit der Aussicht und vor allen Fenstern herrliche Pflanzungen, Reseda, Heliotropium und was es liebes in der Art giebt, dessen Gemüth in Duft besteht. – Süßer Freund, Dein Brief hat diese Nacht mit mir geruhet; ich bekam ihn gestern sehr spät; halb mit Schmerz habe ich alle seine Liebe in mich gesogen. Wenn Du es nun sehr gewaltsam nimmst, was ich Dir gestern geschickt habe – ach wie wirst Du mich noch bekümmern. Es *ist* doch gar nicht gewaltsam – im Anfang war ich erschüttert, aber al-

les hatte sich gelegt und die Seele meiner Entschließung wurde von dem Anfang ganz unabhängig. Im Grunde haben wir uns oft gedacht, daß es so mit uns werden sollte, Du hast es mir auch geschrieben. Glaube nur, ich werde nie etwas eingehen, wo ich nicht ganz Deine Freundinn bleiben kann.

> Den Freund will ich nicht lassen,
> Noch läßt er auch von mir.

Tausendmal hab ich mir heut schon dieses einfältig liebe Lied vorgesagt. Freund ist ein allgemeines Wort gegen das, was ich meyne, Liebling, Du, den ich wie ein theures Kind an mein Herz drücke und verehre als Mann. Du weißt, ich thue beydes, muß ich gleich Dich zuweilen hart tadeln. Mein lieber Joseph, ob ich mich freuen werde Dich wieder zu sehn? Ja wahrlich mehr, wie ich Dir sagen kann, eilt meine Freude schon der Zeit voraus, die uns noch trennt, und ich überlasse mich ihr jetzt ohne Furcht; ich bin so sicher in mir selber geworden, weil ich weiß, was ich will.

> Mit Wonn werd ich Dich sehn,
> O nimm mich auch so auf.

Gott führe Dir ein Herz zu, das Dir seine Treue reiner beweisen darf, aber ein treueres – nein, Du kannst es nicht finden, und darum leg ich auch einigen Werth darauf, daß Du dieses aus dem Sturme dennoch davon bringst. Stoß es zurück im Augenblick des Unmuths – es hoft auf die Stunde der rückkehrenden Liebe und bleibt Dir. Sag, hab ich Dich nicht immer geliebt, und wenn ich mich gegen Dich auflehnte, weil ich nicht anders konnte, dennoch geliebt? Habe ich Dich nicht stets mit inniger Zärtlichkeit wieder an meine Brust gezogen und die Stirn Dir geküßt, die finster gesehn hatte?

Wenn nur *die* Sorge erst ein wenig gemildert wäre in mir, daß ich Dich störe in Deinen Gedanken und Worten durch das, was ich Dir geschrieben habe. – Erst mit Ungewißheit, nun vielleicht durch Gewißheit, – denn Du wirst sie Dir viel schneidender denken, als sie ist – nehmlich gewiß ist sie, aber was ist denn so sehr bittres daran? Wir wollen uns blos unabhängig wissen von uns selber und der Welt. Übrigens…

[Bogenende.]

56 An Friedrich Wilhelm Joseph Schelling

[Braunschweig] Mittwoch früh [März? 1801]
Mein allerliebster Freund, ich schreibe Dir gleich frisch auf der That nach Deiner artigen Sendung. Gestern hatten wir ein großes Concert hier im Hause (mit Quartetten) und ich hatte Dich immer vor Augen und im Herzen gehabt; ehe ich mich schlafen legte, übergab mir Rose noch die beyden Briefe von Dir, und so wie ich aufstehe, will ich Dir dafür danken. Ihr Sinn ist doch liebreich, den kleinen Bitterkeiten zum Troz; Du irrst Dich, aber ich hoffe, Du wirst nicht etwa meynen recht zu haben. Denn wenn ich Dich gleich verlasse, so thu ich es doch ganz anders, wie Du vorgiebst Dir einzubilden, und ich habe niemals so fest und unauflöslich an Dir gehangen. Wenn Du mich von Dir losmachen wolltest, so würdest Du mein Leben mit zerreißen. Also was Du schwazest vom Wunsch frey zu seyn, und von der Möglichkeit, daß mich mein innrer Genius nicht eben zu Dir unwiederstehlich hinzöge, das ist alles Thorheit – denn eben zu Dir; ich habe es nie allmächtiger empfunden. Ich will blos dabey bleiben, was ich bin, was ich nicht ändern könnte ohne mich zu zerstören, mir treu, um Dir desto treuer zu seyn. Die Furcht Dein Misfallen zu erregen, und der zerrüttende Eindruck, den Dein Misfallen auf mich macht, die muß ich fliehen um der Liebe und meines heiligen unabänderlichen Grames willen, der solche Störungen nicht mehr erträgt – drum muß ich mich wenigstens in so fern von Dir trennen, daß Du nicht leidest durch

meine Schulden, und blos das Freundesrecht habest zu tadeln, nicht beschämt für mich zu werden, und blos das Recht des Geliebten Gefallen an mir zu finden, nicht Gefallen an mir zu üben. O ich habe Dich schrecklich lieb, unbegreiflich lieb, und nun wird es erst ganz an den Tag kommen. Könnt ich Dir nur meinen Sinn einflößen, alle Spannung weghauchen, Dich selbst fest halten in Deiner Anmuth, bei Deiner leichtern Stimmung. Süßes Herz, Du bist auch liebenswürdig, der Himmel ist nur noch nicht klar. Wolken fliehen hin und her, der Sturm jagt sie vor das Angesicht der Sonne. Kein Klima giebt es auf der Erde ohne Wolken, aber nur im Norden steigen sie so unaufhörlich wieder empor, komm in mein Süden, komm, Du geliebtester aller Menschen. Gewiß, wenn Du Dich jetzt nicht mehr trauernd an Unmöglichkeiten wendest, so können wir uns noch ein schönes Leben bilden. Nimm unser wunderbares Bündniß, wie es ist, jammre nicht mehr über das, was es nicht seyn konnte, nicht die reine irdisch schöne beschränkte Liebe zweyer Wesen, die frey von allen Fesseln sich zum erstenmal begegnen um ihre Freiheit mit einander auszutauschen, ja nicht einmal ein muthiges Zerreißen aller vorher gegangner Bande, das sich die Liebe selbst in meiner Lage nie als Tugend hätte anrechnen können. Und doch, so zerstückt wie es den einfachen Wünschen dasteht, ist es alles in allem, als Freund, als Bruder, als Sohn und Geliebten schließe ich Dich an meine Brust, es ist wie das Geheimniß der Gottheit, gleich der Jungfrau, die Mutter ist, und Tochter ihres Sohnes, und Braut ihres Schöpfers und Erlösers. So laß es uns denn endlich still und gläubig ansehen.

Ich weiß wohl, daß mir dies nach meiner Natur und schon als Weib viel leichter wird. So wie Du in das Bewußtseyn tratest, waren Deine Forderungen an das Schicksal die eines Herrschers, recht bestimmt, von keiner Einschränkung wissend, vielleicht dennoch beschränkt – Du wolltest ein ungetrübtes jugendliches Glück, Du jugendlich Herz, wie es auch so einem herrlichen Menschen ziemet, wenn Du nur nicht noch so viel herrlicher wie herrlich gewesen wärest. Wie ich in mir selber erwachte, da machte es sich so, daß ich lange, lange glaubte, in der Wirklichkeit wäre das Glück niemals zu Hause, und nichts, was dem innern Daseyn eigentlich entspräche. Und durch diese erste Erziehung bin ich immer ein wenig bescheiden geblieben. Die Resignation hat mir Tiefe gegeben, und die erste Liebe eine ganz unaussprechliche Heiterkeit, ob sie schon selbst fast nicht in die Wirklichkeit gehörte. Nun begnügst Du Dich, wenn es seyn muß, jedoch in Bitterkeit, und ich in reicher Dehmuth. Du kannst und sollst gar nicht seyn wie ich – aber erkenne nur die Sache, wie sie steht von beyden Seiten, und nimm von mir an, was Dein edles Gemüth nicht bezwingen, aber besänftigen, trösten, beruhigen möchte.

Donnerstag.

Spotte nur nicht, Du Lieber, ich war doch zur Treue gebohren, ich wäre treu gewesen mein Lebenlang, wenn es die Götter gewollt hätten, und ungeachtet der Ahndung von Ungebundenheit, die immer in mir war, hat es mir die schmerzlichste Mühe gekostet untreu zu werden, wenn man das so nennen will, denn innerlich bin ich es niemals gewesen. Dieses Bewustseyn eben von innerlicher Treue hat mich oft böse gemacht, hat mir erlaubt mir wagend zu erlauben; ich kannte das ewige Gleichgewicht in meinem Herzen. Konnte mich etwas nied[r]eres vor dem Untergang bewahren in meinem gefahrvollen Leben als dieses Höchste? Und wenn ich mir Verzweiflung bereitet hätte in der Verzweiflung der von mir Geliebten – ja, ich würde im Schmerz darüber verzweifeln, im Gewissen nicht, niemals könnte ich wie Jacobi ausrufen: verlasse Dich nicht auf Dein Herz. Ich müßte mich verlassen auf mein Herz über Noth und Tod hinaus, und hätte es mich in Noth und Tod geleitet. Das ist *mein* unmittelbares Wissen, daß diese Sicherheit sicher ist, und könnte sie in mir zerbrochen werden, so müßte sogleich die Vernichtung eintreten, für mich nehmlich. Denn eine Lehre ist das nicht und kann nicht mitgetheilt werden, eine unsichtbare Kirche wird es aber doch wohl seyn. Du siehst, ich nehme es mit der Treue im Großen – aber gewiß nicht um Dir zu entschlüpfen, nur weil mir das so nahe liegt; insofern ich mir treu bin, bin ich es auch Dir. Freylich wohl, so wie nach meiner Idee die Sünde nicht in den Handlungen liegt, so möchte auch die Treulosigkeit mir nicht in den Untreuen erscheinen, und Du bist also vielleicht schlecht zufrieden. Bist Du, mein Lieber? Nein, Du erkennst hierin den Punkt auch, der Hohes und Niedres scheint [scheidet?], sonst hättest Du mir lezthin nicht so ernst zugestanden, daß Du keinen zuverlässigern Freund hättest wie mich – und jetzt so anmuthig mit Deiner Freundin über ihr untreues Haupt gescherzt. Diese wenigen Zeilen sind in der That recht bezaubernd süß – aber ich hoffe doch, unter Liebenswürdigkeit verstehst Du die Würdigkeit geliebt zu werden? Worauf bezieht sich aber *die* Erwähnung: Du glaubtest jetzt selbst, was man über diesen Punkt (der Nichttreue nehmlich) versichert habe? Geht das mich oder mein ganzes Geschlecht an?

[Blattende.]

57 An August Wilhelm Schlegel

Hamburg d. 10ten Aprill [1801]
Gestern, mein lieber Schlegel, erhielt ich hier Deinen Brief und will nun auch recht artig und ruhig seyn, aber doch sehr eilen endlich mein herumschweifendes Leben zu endigen. Ich bin eigentlich in Altona logirt und habe nur die vergangne Nacht wegen des Schauspiels bei Meyers zugebracht. Dort ist die Stiefmutter der kleinen Michaelis an einen reichen Engländer verheirathet und die nahmen mich mit herüber von Harburg. Ich bin so satt gestopft mit Politik, daß ich fast nichts wieder von mir geben kann. Man freut sich sehr über

Pauls Tod, der die Nordische Allianz zerreißen soll. Man kündigt in Altona dänische Siege an, und haßt hier die Dänen auf den Tod und rennt mit den weisen reichsfreyen Köpfen gegen einander und mein Hauswirth droht von stiller Wichtigkeit zu bersten. – In Harburg werden die Preußen erwartet und der König Georg detestirt.

Ich war gestern Abend im französischen Theater und habe Dir an der Thür das Einliegende gekauft. Ich will mich noch auf mehr besinnen, obschon ich Morgen wohl wieder nach Harburg zurückgehe. Hamburg ist ein äußerst beschwerlicher Ort. Gott behüte mich vor dem ganzen Wesen.

Hardenberg ist also in Ruhe, wohin meine Seele auch so gern gelangen möchte. Er ist sehr glücklich, aber die arme Julie.

Mein Freund, bleibe doch ja gesund. Der kleine *Robert* von Ro[o]se ist gestorben an einer Auszehrung. Sey nicht böse auf mich und nur so gerecht gegen mich als nachsichtig gegen andre. Sey mir gut, lieber Freund, ich bin wahrlich recht gut. – Ich will keine langen Briefe, nur Nachricht von Dir. Geld brauche ich auch nicht früher als in Jena. Blos gute Worte. Adieu, Du Bester.

Das Feenkind ist sehr hübsch und nicht zu verkennen. Aber was treibst Du für Geheimnisse mit Unger?

58 An August Wilhelm Schlegel

Jena d. 29 Jun. [18]01

[Auszug]

Erquicklicher konnte mir nichts seyn, als was Du mir da mit Einemmal eröfnest, mein lieber S. Ein Act fertig, 500 Verse, und wenn das Ding vollendet *ist,* ist es ein Schauspiel und kein überseztes, und Du scheinst zufrieden! Ja, diese Aussicht macht mich unbeschreiblich vergnügt und es ist billig, daß Du sie mir nicht länger vorenthalten hast; ich will auch weiter nichts und den Deckel des Gefäßes nicht etwa öffnen von Zeit zu Zeit, sondern fest verschlossen halten bis zu dem gehörigen Tage, wo er sich von selber aufthun wird. Sag mir auch weiter nichts – nur seh ich, wenn Du ein solches Werk dort fertig machen willst, so kommst Du auch im Julius noch nicht, und ich muß die erregten Hoffnungen auf Deine Ankunft bey den Hausgenossen wieder niederschlagen, die Dir mit gefüllten Oehllampen gleichsam täglich entgegen gehn – aber am Ende stehen wir vielleicht sämtlich wie die thörichten Jungfrauen da! Schelling und ich sind auf die Gedanken gekommen Dich nun, wenn Du in der lezten Hälfte des Sommers doch nicht zeitig kommst, spätlich selbst abzuholen, denn er hat große Lust nach Berlin zu gehn um dort auch einige philosophische Gespräche zu führen. Halte dieses aber nur nicht etwa für ein Projekt, das Dir Thür und Thor öffnete ordentlich mit Gewissensruhe dort zu verweilen, sondern fahre fort fleißig an Deine baldige Rückkehr zu denken. Am allermeisten aber an die herrliche Ausführung der herrlichen Unternehmung. Höchstens habe ich mir einen Euripides gedacht für das Berlinische Theater eingerichtet. Das ist gewiß, Du hältst Dich frisch und grünest immer von neuen, Gott wird Dir auch noch rechtes Gedeihen geben. Du machst es nicht wie die andern befreundeten Pflanzen, die sich so schmälich hinwelken lassen. Über Tiek kann ich mich gar nicht beruhigen. Ich hoffe zwar wohl, daß er auch einmal wieder hervorkommt, aber aus einem gewissen verkümmerten Zustande nimmermehr recht heraus.

Also seyd ihr auch gespannt, wie sich das zwischen Fichte und Schelling entscheidet? Da seyd ihr auf der rechten Spur, denn es ist alle mögliche Ursache vorhanden, und die Kämpfer ehrenwerth. Hat *Dich* denn Fichte überzeugt, daß es nicht geht mit der spekulativen Naturphilosophie? O schriebest Du mir nur zu meinem Privatvergnügen mehr davon, ich wolt es gewiß Schelling nicht verrathen, wenn Du es verbötest. Denn wenn auch der große Brief kommt, so wird doch

F. *Gesinnung* darin etwas verkleidet seyn. Sch. ist in einer wackren Stimmung. Er hoft recht zu haben und ist dabey doch voll Ehrfurcht gegen die heilige Stärke seines Gegners. Wenn die beyden wirklich öffentlich auftreten sollten, so wird es redlich und in einem würdigen Tone geschehn und alles übrige Volk in die Schranken zurückweichen müssen. Sch. würde in der That F. sehr gern mündlich sprechen, wenn bis zum Herbst hin nichts äußerlich sich in dem Stand der Dinge zwischen ihnen verändert. Sag also weiter nichts davon. Das aber verhehle mir nicht, ob Schleyermacher schon ein Urtheil glaubt fällen zu können.

Wenn Schelling auch heute seinen an Dich angefangnen Brief nicht endigt, so glaube nur, daß ihn seine Gedanken in Ketten und Banden haben, er ist nicht einmal zu Tisch gekommen.

[…]

59 *An August Wilhelm Schlegel*

[Jena] Sontag vor Weinachten [20.-21. Dez. 18]01
[Auszug]

Wo soll ich anfangen um Dich genugsam zu schelten? Etwas Besseres wie Schelte sollte Dir auch diese Gelegenheit eigentlich nicht zu überbringen haben, denn sie wird von Freund Kotzebue angeführt, in dessen Gesellschaft zu reisen der Hr. Geh. Hofr. Loder sich eine besondre Ehre und Vergnügen macht.

Sage mir, Freund, wie ist es eigentlich mit Deinem Schweigen? Vermeinst Du, weil Du mir Laubthaler geschickt, so sey es nun damit gethan? Oder bist Du so sehr zerstreut und beschäftigt zugleich, daß Du ganz ordentlicher weise Deine guten Freunde alhier vernachlässigst? Ich bin heute grausam in meiner Erwartung betrogen, wie kein Brief kam, wir alle – Schelling hat eine Art von Angst, es möchte Dir etwas unangenehmes begegnet seyn, – Julchen *verwundert* sich fast noch mehr wie ich selber. Es geht wirklich in die 4te Woche seit Deinen lezten ausführlichen Nachrichten, und kann seitdem freylich manches geschehn seyn. Liebster Wilhelm, ich muß wahrhaftig immer wissen, wie es Dir geht, sonst hab ich keine Ruhe – und überdem ist das, was ich von Dir höre, der einzige freundliche Besuch von außen her – Doch genug, um Dir darzuthun, daß Du mich bitterlich betrübt hast.

Meine Gesundheit ist ziemlich gut, aber – Du mußt bald schreiben. Hast Du denn meinen Brief vom Donnerstag vor 8 Tagen nicht so früh erhalten, daß Du mir schon hättest antworten können? In Absicht der Wohnung hätte es die Nothdurft erfordert – wie in Absicht auf mich der gute Wille. Ich soll nehmlich Resolution von mir geben wegen des Asverusschen Hauses ... es ist sehr freundlich, die Aussicht aus den obern Zimmern, besonders hinten hinaus, so hübsch wie möglich, das ganze Thal von Kunitz bis nach Dornburg hin, übrigens kleine Zimmer ... der Preis 60 rh. ... Zöge Mlle Schubart aus, die Schellings ehemaliges Logis hat, so könten Bernhardis mit darinn wohnen ... Auf allen Fall nehme ich es nur auf ein Jahr. Niethammers ziehn in das Unsrige, ihres ist verkauft. So viel hiervon. Deine Bücher sind abgeschickt, etwas später, wie ich hoffte, weil die äußerst schlechte Beschaffenheit der Wege die Fuhrleute zurück hielt. Catel, denk ich, soll den Wieland noch mit nehmen und die Schillerschen Sachen. Den Shakesp. hast Du ja dort bey Deinen Freunden, wenn es ihm zu viel werden sollte.

[...]

Aber nun etwas von höhern theatralischen Angelegenheiten. Goethe meldet Schellingen, es ginge mit Ion einen sehr guten Gang, sie hoften ihn schon auf künftigen Sonnabend (als den 2ten Feyertag) zu zwingen, spätestens aber 8 Tage drauf. Nun, da wirst Du doch einige Emotion verspüren! Goethe scheint ungemein zufrieden mit der Anstelligkeit der Schauspieler. Du kannst denken, daß bereits verlautet, es werde ein Stück aufgeführt, aber ein Stück! einige sagen nur

schlichtweg: in Hexametern, verständigere aber: in Heptin-
tomachelapetern. – Was Du aber nicht denken wirst: Friedrich muß es nicht ernst mit der Verschweigung Deines Nahmens genommen haben, oder er hat seinen Ernst der Veit
nicht mittheilen können – genug, Ritter hat Gries Deine Au-
torschaft verrathen – also vermuthlich auch Frommans und
dergleichen – und gestern kam Carl Schelling, der von nichts
wuste, und hatte sie von einem Nahmens *Richtsteig* bey Me-
ders am öffentlichen Tisch erfahren, der es nach seiner Aussage von Monsieur *Ast* gehört hatte, alles indessen als ein tiefes Geheimniß. Da nun Ast alle Tage mit Mad. Veit spazieren
geht, so hat sie es unstreitig diesem Jünglinge, der ihren Florentin recensirt hat, in vertraulicher Ergießung mitgetheilt. –
Ich hätte Dir dies am Ende lieber verschwiegen, wenn Du
nicht nun um desto aufmerksamer auf das Schicksal des Ion
bey der Direktion in Berlin zu seyn Ursach hättest. Für hier
ist es nicht wichtig, aber für dort gewiß, daß Du bekannt bist,
zumal da Iffland und Kotzebue jetzt zusammen kommen.
Gries sagte mir zwar, in Weimar habe er blos das Factum der
Aufführung, aber nichts vom Verfasser gehört – indeß wird
es Kotzebue *hier* leicht in Erfahrung gebracht haben. Wir
sind etwas wüthend auf diese Indiskretion, und es scheint
mir, Du könnest wohl Friedrich gradezu drauf anreden. Du
mußt ihm auch nichts wieder vertraun, was zu verschweigen
wirklich noth thut, oder Dir wenigstens ausdrüklich von ihm
versprechen lassen, der Veit nichts zu sagen. Es herrscht in jener Kreise ein endloses Wiedersagen, und gewiß wird ein gut
Theil weniger geklatscht werden, wenn sowohl die Veit als
Friedrich weg sind, denn er ist nicht frey von dieser Schwach-
heit.

[…]

[Jena, September 1802]

Es war auch mein Gedanke den Entwurf zum Memorial im voraus abzusenden, allein ich muß selbst erst die Anweisung abwarten, wie es einzurichten ist, denn dieses kommt auf die deshalb genommene Verabredung mit dem Herzog an. Die Sache steht so: Der Herzog deutete dem Konsistorium in der Mereauischen Angelegenheit ohne weiteres an, die Ehe als aufgehoben einzuzeichnen, und dies geschah auf besondre Verwendung des Erbprinzen von Gotha. Nun kommt es darauf an, ihn zum zweitenmal zu einer solchen Vergünstigung zu disponiren, da er vielleicht eben deswegen abgeneigt seyn könte sie zuzugestehn, weil er es kürzlich that, damit aus der Ausnahme keine Regel werde, weshalb man sich auch schriftlich auf diese nicht berufen muß. Ich habe mich also an einen Mann gewandt, der guten Willen für uns beyde und Macht genug hat es bey ihm durchzusetzen, er hat auch versprochen zu thun, was er vermag, nur hat er mich auf die Möglichkeit einer abschlägigen Antwort bereitet, die mir indessen nicht glaublich scheint, da er es einmal unternommen. Er wird die Sache unmittelbar mit dem Herzog verhandeln, und er ist der einzige, dem sie mitgetheilt worden ist, außerdem ist kein Wort und kein Wink vorgefallen. An seiner Verschwiegenheit ist kein Zweifel, sogar habe ich ihm versprochen *ihn* gegen niemand zu nennen, weswegen ich im Fall des Errathens auch bitten muß diese Diskretion gegen ihn selbst sowohl wie gegen andre zu beobachten. Die Spur eines Mangels an Diskretion von meiner Seite ist also auf jeden Fall eine falsche Spur, und es ist unartig sie, auf irgend ein Geschwätz hin, nur zu erwähnen. Seit wenigen Tagen ist der Herzog zurück, und ich erwarte täglich weitere Nachricht. Dann kann leicht alles noch vor Ende des Monats entschieden seyn, und da ich die Beschleunigung selbst dringend wünsche, so werde ich sie auch eifrig betreiben. Sollte die Sache auf diese Art nicht durchzusetzen seyn, so überschicke ich sogleich das Memorial, was für den andern Weg erforderlich ist. Seyn Sie also ganz ruhig hierüber und halten Sie jede Spannung fernerhin für unnöthig. Sie haben sie lezthin sogar auf meinen Bruder übertragen, wo sie wirklich überflüssig war, indem er ja hierin eine völlig indifferente Person ist, und schwerlich irgend einen nähern Anspruch an Sie machte. Hätte ich seine Reise voraus gewußt, so würde ich ihn benachrichtigt haben, sich den Besuch zu ersparen.

Die Theilnehmung, welche Sie Schelling in diesem Augenblick bewiesen, ist, was ich von Ihnen erwartete – obgleich mir bey der Erneuerung jener verhängnißvollen Schlechtigkeiten, mit denen ich in den Tagen einer besinnungslosen Angst umringt war, kaum ein Andenken schmerzlicher seyn kann, als daß Sie fähig waren mich damals ohne alle Schonung mit der vollständigen Bekanntmachung derselben zu überfallen und die unglückliche Mutter wiederholt durch die höchste Feindseligkeit zu ängstigen, aber ich will es auf ewig in mir unterdrücken, wenn Sie jetzt thun, was etwa die Umstände an die Hand geben können, und was nicht Grosmuth, die immer nur eine falsche Vorspieglung ist, sondern das einfachste menschliche Gefühl verlangt. Sie sehn aus der Wärme, mit welcher Schelling Ihr Schweigen gegen ihn aufnimmt, daß ich dessen Werth nicht herabzusetzen gesucht habe. Bleiben Sie ferner freundschaftlich mit ihm verbunden, ich trete ganz zurück.

61 An Julie Gotter

[Jena] d. 18. Februar [18]03
Wenn Du gemeint hast, mein Schweigen bedeute nichts Gutes, entweder als in so weit es äußerliches Übelbefinden anzeigte, oder innerlichen Mismuth oder Mangel an freundse-

ligen Andenken – so hat sich mein Kind in allen diesen drei Stücken gänzlich geirret. Verhindert bin ich freilich dann und wann worden, wenn ich eben zu schreiben gedachte, ich bin aber übrigens recht wohl, und meinen wenigen Lieben von Herzen zugethan, so daß ich auch Deinen letzten Brief mit der größten Freude über den so durchaus richtigen und braven Entschluß Deiner Mutter gelesen habe. Was sie zu thun gesonnen ist, ist eben das, was ich ihr schon oft, nur in Ansehung Dresdens, vorschlagen wollte, mir aber die Ausführung davon, besonders in Absicht der kranken Tante, unmöglich dachte. Es bewährt sich mir die ganze Vortrefflichkeit Deiner Mutter von neuen dadurch, daß sie für ihre Kinder thut, was, wie ich mir leicht vorstellen kann, ihr sehr schwierig scheinen mußte. Ist in Gotha erst alles geebnet, in Cassell wirds auch nicht fehlen, am wenigsten an einem guten logis. ... Die Gegend wird euch sehr erfreuen, das Theater euch doch auch einige Belustigung gewähren, und in Absicht auf Umgang hättet ihr in Dresden wahrscheinlich noch weniger gefunden. Cecilien muß man nun ihrem guten Genius empfehlen, sie muß sich selbst helfen – daß Nahl nicht das rechte ist, weiß sie. Mag sie sich nun eine eigne Art herausarbeiten.

Es ist endlich auch nöthig, daß ich Rechenschaft von *mir* gebe. Im May oder Junius verlasse ich Jena auf lange Zeit und gehe erstlich in ein Bad in Schwaben, dann aber im Herbst nach Italien, und der Winter wird in Rom zugebracht, so Gott will. Um aber hierzu völlige Freyheit zu haben und auch niemand in seiner Freyheit hinderlich zu seyn, wird vorher, oder ist vielmehr schon, das Band der Ehe zwischen Schlegel und mir aufgehoben – das einer herzlichen Freundschaft und Achtung wird hoffentlich immer bestehen. – Ich zweifle nicht, daß Dir dieses in diesem Augenblick keine Neuigkeit mehr ist. Alles andre hierüber lassen wir aber abseits liegen und halten uns an das, was ich euch unmittelbar mittheile, und was an *Dich* zu richten, meine junge Freundin, ich nicht das geringste Bedenken trage, noch, so wie alles der Wahrheit nach und in meinem Herzen steht, tragen darf. Indem mir das Schicksal oft seine höchsten Güter nicht versagt hat, ist es mir doch zugleich auch so schmerzlich gewesen, und hat so seinen auserlesensten Jammer über mich ergossen, daß wer mir zusieht nicht gelockt werden kann, sich durch kühne und willkührliche Handlungsweise auf unbekannten Boden zu wagen, sondern Gott um Einfachheit des Geschikkes bitten muß, und sich selbst das Gelübd ablegen, nichts zu thun um es zu verscherzen. Nicht als ob ich mich anklagte; was ich jetzt zu thun genöthigt bin, ist bey mir vollkommen gerechtfertigt, nur verleiten kann das Beyspiel nicht. Ich habe nun alles verlohren, mein Kleinod, das Leben meines Lebens ist hin, man würde mir vielleicht verzeihen, wenn ich auch die lezte Hülle noch von mir würfe um mich zu befreyen, aber hierin bin ich gebunden – ich muß dieses Daseyn fortsetzen, so lange es dem Himmel gefällt, und das einzige, was ich dafür noch bestimmtes wünschen kann, ist Ruhe, wahrhafte Ruhe und Übereinstimmung in meinen nächsten Umgebungen. Diese kann ich in der Verbindung mit Schlegel nicht mehr finden; und mein Gemüth hat sich ganz von ihr abgewendet; das habe ich ihm vom ersten Moment an nicht verhehlt, meine Aufrichtigkeit ist ohne Rückhalt gewesen. Es hätte seitdem vielleicht manches anders werden können, allein andre bemächtigten sich seiner, da ich zurücktrat, und nicht die löblichsten Menschen, wie Du weißt, und ich gewann immer mehr Ursache mich für eine entschiedne und öffentliche Trennung zu entschließen, nicht ohne Kampf, weil es mir schrecklich war, auch noch durch dieses gehn zu müssen, das ich aber endlich durchaus für Pflicht hielt; ich konnte und wollte Schlegeln nicht mehr alles seyn und hätte ihn nur verhindert, ihn, der in der Blüthe seines Lebens steht, auf andern Wegen sein Glück zu suchen. Dazu kam, daß meine Gesundheit mir nicht die Hoffnung läßt Mutter zu werden; und so wollte ich ihn auch dessen nicht berauben, was mir ihm zu gewähren versagt war. Kinder hätten unstreitig unsre Verbindung, die wir unter uns nie anders als wie ganz frei betrachteten, unauflöslich gemacht. Das sind die Seiten meines Geschicks, wo das Verhängniß eintritt und von keiner Verschuldung die Rede seyn kann. Dagegen hätte ich behutsamer seyn sollen die Heyrath mit ihm nicht einzugehn, zu der mich damals mehr das Drängen meiner Mutter als eigner Wille bestimmte. Schlegel hätte immer nur mein Freund seyn sollen, wie er es sein Leben hindurch so redlich, oft so sehr edel gewesen ist. Es ist zu entschuldigen, daß ich nicht standhafter in dieser Überzeugung war, und die Ängstlichkeit andrer, dann auch der Wunsch mir und meinem Kinde in meiner damaligen zerrütteten Lage einen Beschützer zu geben, mich überredeten, allein dafür muß ich nun doch büßen. In so weit Du Schlegel kennst, Julchen – ich muß an Dein unbefangnes Gefühl appelliren – glaubst Du, daß er der Mann war, dem sich meine Liebe unbedingt und in ihrem ganzen Umfange hingeben konnte? Unter andern Umständen hätte dieses bey einmal getroffner Wahl nichts verändert, so wie sie hier indessen nach und nach statt fanden, durfte es Einfluß über mich gewinnen, besonders da Schlegel mich selbst mehrmals an die unter uns bestehende Freiheit durch Frivolitäten erinnerte, die, wenn ich auch nicht an der Fortdauer seiner Liebe zweifelte, mir doch misfallen konnten und wenigstens nicht dazu beitrugen meine Neigung zu fesseln. – Jetzt nachdem das Schicksal keines andern Wesens mehr mit dem meinigen verflochten ist, bin ich wohl berechtigt zu thun, was für mich das Rechte und Wahre ist, und auch ganz und gar nicht danach zu fragen, wie das nach außenhin aussehn mag, was an sich gut ist. Daß es so ist, darauf gedenke ich zu leben und zu sterben. In Berlin, wo mir alles misfiel und Schlegel doch zu bleiben gedachte, kam der Entschluß zur Reife, die Krankheit meiner Mutter verzögerte die Ausführung, aber wie Du zuletzt bey mir warst, waren schon alle Schritte deshalb geschehn – ich will und darf Dir nicht sagen, wer mir in dieser Angelegenheit fast väterlich beigestanden hat – genug, der Herzog zeigte sich geneigt uns alle langwierigen und widrigen Formalitäten der Sache zu ersparen, und sehr bald wird das letzte Wort darinn gesprochen seyn.

Ich kann Dir nicht ausdrücken, wie ruhig ich seit dem Moment bin, wo wir uns entschieden hatten, ich bin fast glücklich zu nennen, und meine Gesundheit hat beträchtlich gewonnen. – Alle Lästerungen, die es ferner nach sich ziehn möchte, gesprochne und gedruckte Pasquille, und was dahin gehört, das kann mich nicht anrühren. Ich habe nur die Meinigen gebeten, mich nicht mit Betrachtungen zu zerreißen, die aus einer andern Welt genommen sind, als in der ich existire. Von der andern begehre ich nichts und ich kenne sie obendrein so gut, daß ich sogar weiß, es würde doch nur von mir abhängen meine Ansprüche an sie auch wieder geltend zu machen, sobald ich es wollen könnte. Sonderbar ist es, daß, Einmal in die Stürme einer großen Revolution verwickelt mit meinen Privatbegebenheiten, ich es gleichsam jetzt zum zweitenmal werde, denn die Bewegung in der literarischen Welt ist so stark und gährend wie damals die politische. Die Schufte und ehrlosen Gesellen scheinen eben die Oberhand zu haben. Von Kotzebue an, der in Berlin fast Minister geworden, ist ein göttlicher Zusammenhang der Niederträchtigkeit in der Welt, ich sage ein göttlicher, denn die Vorsehung wird sich gewiß noch verherrlichen, indem sie ihn auflöset. Schlegel ist nicht so inconsequent, daß er sich im mindesten irgend etwas von dem, was geschieht, anfechten ließe, und er hat diese Gesinnung in ihrem ganzen Nachdruck noch so eben in einem Brief an Schelling erklärt, was mich denn vollends in meiner Ruhe befestigt.

Wenn mir meine jetzige Lage es erlaubte, so würde ich Dich in 8-10 Tagen sehn, um welche Zeit Hr. v. Podmanitzky nach Gotha reiset, aber da der lezte Spruch noch nicht geschehn ist und ich der persönlichen Erscheinung durch den Vorwand meines Übelbefindens auszuweichen hatte, so kann ich mich nicht von hier entfernen. Podmanitzky wird euch besuchen und viel von mir und Schelling erzählen. Sage auch Minchen, daß ihr ein Besuch von ihm bevorsteht, denn Manso hat ihm in Breslau eine Karte an sie gegeben. Dieser bitte ich außerdem noch zu bestellen, wenn ihr der Inhalt dieses Briefs mitgetheilt wird, sie allein hätte mich wegen der Scheidung unschlüssig gemacht, ich hätte sie nicht gern dementiren wollen, nachdem sie sich einmal so kühn zu meinem Bürgen aufgeworfen hatte, und den Frauen gesagt, »wenn sich die Schlegel scheiden läßt, so laßt ihr euch alle scheiden«. Sie soll sich ja nicht wieder so weit verbürgen, man kann nie wissen, was geschieht und ein Mensch zu thun gezwungen wird – nur das läßt sich verbürgen, »dieser oder jene mögen thun, was sie wollen, so werden sie doch etwas behalten, was aller Freundschaft werth ist und ich nicht von meinem Herzen reißen will«.

Meine theure Chanoinesse bitte ich zu grüßen. Sie erfährt nichts Neues, ich habe ihr meine Absicht nicht verhehlt, da ich sie mündlich sprach. Mama Schläger braucht man wohl nichts davon zu sagen.

Was euch betrifft, so rechne ich mit Zuversicht auf die Fortdauer eurer Liebe. Die Welt läßt reden, ihr seyd nicht dazu bestellt mich zu vertheidigen und ich mag auf mir selbst beruhn. Übrigens brauch ich nicht zu versichern, daß hundert ausgestreute Lügen keine Wahrheit sind, daß unter andern an der ganzen Geschichte mit der Unzelmann nicht ein Wort wahr, ferner daran daß ich mit Schlegel entzweiet, ferner daß *ich* die Scheidung nicht gewollt. Ich habe sie vielmehr sehr gewollt, obgleich ich mich nicht leichtsinnig dazu entschlossen habe, und selbst thöricht zögerte.

Ich denke darauf, wie ich euch noch sprechen könte, ehe wir uns auf so lange trennen – eine Zusammenkunft am dritten Ort ist vielleicht das Beste.

Außer den ernsthaften Mittheilungen hätte ich Dir noch hundert komische Dinge zu erzählen. Es geht hier in der Societät so bunt durch einander, daß es alle Tage neue Allianzen und neue Brüche giebt, alles steht auf den Kopf – daß zwischen Niethammer, Asverus, Vermehren und Hufeland ein *geistreiches* Kränzchen statt findet, gehört in dieses Fach. Möller ist völlig verrückt worden, was er bisher nur halb war. Hegel macht den Galanten und allgemeinen Cicisbeo. Mich amüsirt es alles wie eine Comödie, besonders da es Podmanitzky gut vorzutragen weiß, durch den ich es gemeiniglich höre. Er...

[Bogenende.]

62 *An Luise Wiedemann*

Prälatur Murhardt d. 5ten Jun. [18]03
Ich begrüße Dich aus dieser fernen und friedlichen Gegend, liebe Luise, wo ich glücklich, ohne den kleinsten Zufall, angekommen und über alle Beschreibung wohl und herrlich empfangen worden bin. Ich bin nur 9 Tage unterwegs gewesen, ob ich gleich in Bamberg zwey volle Tage und einen in Würzburg blieb. Vom letzten Ort ist es nur zwey Tagreisen bis hieher. Der Ort liegt am Fuß der nicht wilden Gebirge, welche Franken und Schwaben trennen, ungleich lieblicher, als wir es uns dachten, und nicht allein lieblicher, sondern schlechtweg sehr anmuthig in einem weiten Thal zwischen mannichfachen Hügeln und Bächen. Das Städtchen ist neu aufgebaut nach einem Brande, die Prälatur ist außerhalb der Stadt, das Haus ist wohl gebaut, hat einen großen freundlichen Vorhof, und Gärten, Seeen und Wald hinter sich; auf einem kleinen Hügel liegt jenseit des Sees eine Wallfahrtskirche aus alten Zeiten. Nimm nun zu diesen leblosen, obschon sehr lebendigen Ansichten die guten Bewohner, Schellings ehrwürdigen Vater und seine herzlich gute Mutter, die Schwe-

ster, die beyden Brüder Carl und August, in welchen allen doch Schellingischer Geist in verschiednen Nuancen sich regt und jeder sein ganz bestimmtes Wesen und Charakter an sich hat. Beate würde *sehr* hübsch seyn, wenn sie nicht zu stark wäre, was aber bey dieser Fülle von allen Gaben Gottes und der gleichmäßigen gesunden Thätigkeit nicht zu vermeiden gewesen seyn mag. Ich bin nun schon 8 Tage hier und völlig eingewöhnt. Noch kann ich mich nicht recht über die Lage der Dinge außerhalb dieses geweiheten Bezirkes besinnen. Der entschiedne Ausbruch des Kriegs vereitelt höchst wahrscheinlich die Reise nach Italien, und damit geht freylich viel verlohren, da ich sie nicht allein als einen irdischen Gewinn betrachtet habe, sondern besonders für Schelling diese Maaßregel für ganz unschäzbar hielt. Aber ergeben bin ich natürlich in alles, was sich zutragen mag. Auch ist doch wohl nicht alle Hoffnung irgend einer baldigen Endigung vergeblich. Ihr werdet aber in Euren Gegenden mit erneuten Kriegsgerüchten heimgesucht werden, und die Hannoveraner vielleicht mit mehr als Gerüchten, obwohl ich auch an diesem noch zweifle. Schreibe mir ja darüber, was Du weißt; ich sehne mich überhaupt sehr nach Nachricht von Euch. Du adressirst, wie ich Dir schrieb, an Hrn. Prof. Schelling zu Murrhardt, über Studtgardt, dem Murrhardter Boten mitzugeben. Ich werde diese Woche nach Studtgard fahren, die Unzelmann ist dort und spielt, ich muß die Kleine sehn und sprechen. Was mögt ihr treiben? Ich habe die Geschichte mit dem Baron schon aus dem Gedächtniß verlohren, jedoch noch glücklich 2 Bouteillen Tokeyer für den Prälaten mit anhero gebracht.

Bamberg ist mir der liebste Ort, der Lage nach, den ich kenne, dort möchte ich wohnen, wo auch Auguste noch so unbeschreiblich froh gewesen ist. Marcus ist ganz Thätigkeit und voll Ernst etwas rechtes für die Medicin im Lande zu gründen. Kilian ist als zweiter Arzt des Krankenhauses in Bamberg berufen, und als Beisitzer des Medicinalkollegiums.

Für Würzburg scheint aber das Bedeutendste geschehn zu sollen, wegen der dortigen großen fonds. Die Lage ist eingeschränkter wie die von Bamberg, aber immer, zwischen Weinbergen und am Mayn, noch schön genug. Übrigens sind diese Länder alle im Umgestalten begriffen unter der neuen Regierung, und Zufriedenheit wie Unzufriedenheit reiht sich dichter auf einander. Grüße die Mutter. Der alte Schelling hat mir schon mehrere Briefe von unserm Vater gezeigt, der viel auf ihn gehalten haben muß. Ich küsse die Kinder. Emmas Puppe habe ich hier mit her gebracht.

Mit Carl haben wir unendlich viel Spaß. Die Buben (wie sie hier sagen) kamen uns Meilen weit entgegen zu Pferd, das ganze Städtchen lief zu Thür und Fenster, wie wir auf die Prälatur fuhren.

63 An Luise Wiedemann

[München, 8.?-17. September 1803]

[Auszug. Anfang fehlt.]

…ist von Seiten Loders besonders recht unartig, da er doch 25 Jahr lang von Weimar gehegt und gepflegt worden ist. Merkwürdig ist es auch, wie sie vermeiden Schelling unter denen zu nennen, welche die Bayersche Regierung von Jena abruft. – Den Umstand weißt Du vielleicht auch nicht, daß Hufeland mit Schütz zu Würzburg in gleichen Absichten zusammentraf, er hat sich dem Grafen Thürheim von allen Seiten angetragen, zugleich aber im Voraus schon gethan, als habe *er* Anträge erhalten, was durchaus nicht der Fall ist, indem man ihn wirklich auch schon wieder aufgegeben hat, und dadurch vors erste bewirkt, daß man ihm das Versprechen einer Zulage von 200 rh. nachgesandt hat. Übrigens ist Martens nach Jena gerufen; Sömmering hat nicht angenommen, aber einen gewissen Ebel vorgeschlagen, der über die Schweizergebirgs-Völker geschrieben. Man wird in Jena nun vermuthlich abwarten, bis sich die ganze gährende Masse gesetzt hat, und dann sehn, was übrig bleibt.

Mittlerweile hat der Geheimerath Zentner, der hier das Universitäts-Wesen dirigirt, an Schelling geschrieben und ihn veranlaßt, auf jeden Fall seinen Weg über München zu nehmen, weil er gern ihn kennen lernen und mündlich mit ihm reden will.

Wir sind erst seit gestern Abend spät hier, also kann ich Dir noch nichts sagen, indem ich eben die Stunde benutze Dir zu schreiben, wo Schelling bey Zentner ist.

Mir war es höchst interessant München auch noch zu sehn, wo es eine Menge vortrefflicher Kunstsachen giebt, was mir als die Hauptstadt von Bayern merkwürdig war, und überhaupt war die Jahrszeit für die Schweiz fast schon zu weit vorgerückt, wir reisen nun weit bequemer. Es führte uns ein Kutscher von Augsburg hieher, der schon oft in Italien bis nach Venedig gewesen ist, und uns gar gern dahin bringen möchte. Auch ist das Reisen hier zu Land nicht so enorm theuer wie in der Schweiz.

Von Studtgard gingen wir zuerst nach Tübingen, wo Schelling sich noch nicht präsentirt hatte vor den alten Karikaturen, die sich dort Professoren nennen. Ich habe da alles gesehn, wo er gelebt und gelitten, im Stipendium gewohnt, gegessen, wie er als Magister gekleidet gewesen, wie der Nekkar unter seinen Fenstern vorbeygeflossen und die Flotzen darauf, und alle alte Geschichten, die er so hübsch erzählt, ich habe auch Bebenhausen besucht, wo er seine erste Kindheit zugebracht; sein Vater war Professor der dortigen Klosterschule; es liegt mitten im Walde, die Hirsche kommen und fressen einem aus der Hand, Du weißts ja.

Von Tübingen gingen wir über die sogenannte Würtembergische Alp nach Ulm, wo schon die Donau zwar nicht breit, aber tief und reißend strömt, von da nach dem prächtigen Augsburg, das in einer schönen Ebne liegt, und was ich möchte gekannt haben, ehe seine Kaufleute Grafen wurden –

von dort nach München, alles auf Chausséen, über welche die Wagen wie mit Flügeln rollen.

Hier ist nun eine ganz andre Welt, dergleichen ich noch nicht gesehn, nicht von Seiten der Natur, denn auch München liegt in einer unabsehlichen Ebne, und die Tyroler Gebirge zeigen sich nur von einer Seite wie leichte blaue Schatten am Horizont, aber der Menschen, der Trachten usw. Das ist ein Blut und ein Fleisch und Bein! Die Mädchen wunderschön, goldne Mützen, vortreflichen Haarwuchs und dazu lange seidne Kleider für die eleganten, für die Philisterinnen Röcke mit hunderttausend Falten, lange Taillen, Kamisöler mit steifen Schößen, mit silbernen Ketten, das Brusttuch geschnürt, offne Busen und welche! Die Bauerweiber in Pelzkappen und steifen bunten Corsetten wie ein Panzer, in dem sie nur so drin stecken. Ich habe schon alles Volk durcheinander gesehn, denn heut ist eben ein Feyertag, und es gab eine Procession, der fast die ganze Bürgerschaft folgte. Solche dicke Andacht ist mir denn doch noch nicht vorgekommen, die Leute scheinen in ihrer derben Leiblichkeit doch gar nichts mehr von ihrem Leibe zu wissen, wenn sich der hochwürdige Leib naht. Ihre Rosenkränze nehmen kein Ende, die Kügle daran so dick wie welsche Nüsse und silberne Krucifixe von ¼ Elle. Dafür nehmen sie es in Franken etwas leichter.

[...]

d. 16 September

Es ist nun entschieden, liebe Luise, Schelling ist in Würzburg auf seine selbst gewählten Bedingungen angesetzt, eine nur darunter, die *ich* nicht gewählt haben würde, ist die, daß die Reise nach Italien aufgeschoben bleibt, die Erlaubniß dazu ihm indeß schon im voraus gegeben ist, sobald er sie begehrt. In Absicht der zweideutigen Lage des Landes, und daß wir, so wie die Sachen jetzt stehn, doch nicht wohl bis nach Neapel hätten gelangen können, hat er vorgezogen bey dem ersten Beginn in Würzburg gegenwärtig zu seyn.

In Kurzem werde ich also so ziemlich wieder in Deiner Nachbarschaft seyn. Wir gehn von hier nach Würzburg, um dort eine vorläufige Einrichtung zu treffen, und von dort wieder nach Schwaben, um bey den Eltern zu bleiben bis zu Eröffnung der Universität, etwa am Ende des November, wo wir dann Beate mit uns zu nehmen gedenken.

Ich kann Dir nicht sagen, mit welcher Achtung und entschiedner Zuneigung der Freund hier aufgenommen wird, ob es schon das Land ist, wo sie zugleich am heftigsten gegen ihn geschmiert und pasquilliert haben. Es sind zum Theil sehr auserlesene Menschen, die am Ruder stehn. Den Geh. R. Zentner habe ich selbst kennen gelernt, er hat zweimal 3-4 Stunden des Abends in unserm Zimmer zugebracht und auch mit mir gute Freundschaft gemacht. Da er hier einzeln lebt, so bin ich nicht in seinem Hause gewesen. Vorgestern war es, wo Schelling bey dem ersten Minister Hrn. v. Montgelas zum Diner geladen war, und nun nach der Tafel ihm erklärt wurde, wie sehr man sich freue, daß er nicht abgeneigt sey in Bayerische Dienste zu treten usw. Darauf begleitete ihn Hr. von Zentner zu mir zurück, um es mir ebenfalls anzukündigen. –

Kannst Du Dir aber vorstellen, daß eben in diesen Tagen nochmals neue Vorschläge von der Literatur Zeitung ankommen, ungeachtet sie schon ihre Erhebung in den Preußenstand so verkündiget hat. Sie müssen ein starkes Bewustseyn davon haben, was es für sie ist, nach Halle verpflanzt zu werden. Hier haben sie einestheils nicht die Summe gefordert, die ihnen der König von Preußen bewilligt haben soll, anderntheils aber die absurde Proposition gemacht, daß ihnen die Regierung jedes Exemplar, das sie künftig weniger absetzten (und sie haben den jetzigen Absatz so hoch angegeben, daß es alle Wahrscheinlichkeit, wie vielmehr die Wirklichkeit übersteigt), mit 6 rh. vergüten solle. Da dieß nun die hiesige Regierung auf ungemessne Zeiten hinaus mit einer artigen Summe belasten würde, und die Zeitung dadurch ihre Schwäche so vollständig verrieth, so hätte es nicht einmal der persönlichen Verachtung, die auf dem Schützen ruht, bedurft, um ihn fehlschießen zu machen. – Vielleicht bietet er sich selbst in Jena wieder an, wo man aber schon sehr beschäftigt ist eine neue LZ. einzurichten. – Den Gedanken an Hufeland hatte man hier aufgegeben, indem er sehr starke Forderungen gemacht haben mag, aber Schelling hat sie sehr dazu ermuntert ihn zu rufen. ... *Ebel* hat auch abgeschlagen, wie man aus Jena schreibt. Nun denkt man auf *Rosenmüller* in Leipzig. Ich weiß nicht, was den Ruf an Wiedemann etwa zurückhalten mag, da er doch sehr nahe läge. In Würzburg wird man mit der Besetzung der Stellen nicht eilen – Schelling ist nur vorläufig so früh ernannt. Es wäre sehr erwünscht für uns, wenn ihr dorthin kämt. Würzburg wird unstreitig ein unendlich viel mannichfaltigerer Aufenthalt seyn wie Jena. Da sind die großen medicinischen Anstalten. Eine Sammlung von Gemählden und Abgüssen kommt hin, die Verschiedenheit der Religionen, ein Sitz für die Regierung, ein Theater, das zwischen Bamberg und Würzburg abwechselt, der Handel, der Mayn, die Weinberge, und also auch die Weinlese, und was nicht alles! Und mir ist es überdem ein heiliger Boden, den ich nur mit Schmerz in anderm Besitz gesehn, eine halbe Tagereise von Würzburg ruht Auguste. – Wie es kommt, daß Du die Büste noch nicht erhalten, weiß ich so wenig, als warum Tiek sie mir selbst noch nicht schickte. Ich habe keine Zeile von ihm gesehn, es wird sich aber nun alles fügen. Ludw. Tiek, sagt man, bringt den Winter in Jena zu. Steffens ist in Giebichenstein und holt seine Frau.

Ich bin zwey Tage nicht wohl gewesen, sonst würden wir von hier aus noch das Salzburgische Gebiet, das wegen seiner ausgezeichneten Natur so berühmt ist, bereiset haben, es war schon alles bestellt. Vielleicht geschieht es dennoch am Ende unsres hiesigen Aufenthalts, der noch einige Tage dauern wird.

Theile der Mutter vorläufig alles mit, was ich schreibe. Sobald ich mehr Ruhe habe, schreibe ich ihr selbst, und ich hoffe, sie wird sich mit meiner Lage gewiß aussöhnen.

Schreibe mir etwas von der unsres armen Vaterlandes, wenn Du etwas weißt, das die Zeitungen nicht enthalten. Adressire einen Brief nach Bamberg bei Hofr. Marcus abzugeben, denn wir kommen vermuthlich jetzt über Bamberg.

Schellings gute liebe Eltern werden ganz entzückt seyn über diese Wendung der Dinge. Die Mutter konnte sich über Italien nicht zufrieden geben, da sie dort einen Sohn verlohren hat, sie schrieb noch zulezt: Gott geleite euch, aber nur bis München. – Jetzt sind wir nur anderthalb Tagreisen von ihnen. Von euch nur 3 – und ich umarme meine kleinen Nichten nicht mehr aus so weiter Ferne, und möchte sie gar zu gerne ganz bey mir haben. Schelling grüßt euch herzlich – er ist hier sehr beschäftigt. München kann einen außerdem wohl unterhalten, es sind vortrefliche Dinge zu sehn. Lebe recht wohl.

Geschlossen am 17ten Sept.

64 *An Julie Gotter*

W[ürzburg] d. 12 März [1806]
Indem ich Dir schreiben will, liebes Julchen, fällt es mir fast schwer mich zu besinnen, wo denn die Welt stand, wie ich Dir das leztemal schrieb. Du wirst beynah noch weniger wißen, wo ich jetzt stehe, oder wie es überhaupt mit uns steht. Wer hätte sich auch so verruchtes Zeug träumen lassen! Es ist ein Spott des Zufalls, daß wir am Ende noch kaiserlich werden müßen. Am *Ende* freylich werden wirs nicht bleiben. Schelling hat sich bereits aus der Schlinge gezogen, indem er sie zerriß. Er hat von Anfang den Weg genommen lieber alles aufzugeben als sich einer zweideutigen Lage hinzugeben, hat daher an nichts Theil genommen, weshalb man ihn als übergegangen ansehn konnte, keine Kollegia angekün-

digt, schließlich am 6ten März den neuen Diensteid nicht geleistet, und wir gehen gleich nach Ostern von hier weg, zu meiner großen Freude. Schelling geht nach München und wartet dort seine anderweitige Anstellung ab, ich werde indeß seine Eltern besuchen.

Was sagt man denn zu diesem wunderlichen Schicksal der nach Würzburg berufenen Gelehrten? Wenigstens für den Moment muß es wunderlich aussehn, indessen ist keine Frage, daß Bayern sie nicht abandonniren wird – die höchst seltsamen Conjuncturen und Ungewißheit aller Dinge halten die Entschließungen nur zurück; und man möchte derweil diese Männer gern noch von hier aus bezahlen lassen, da man es sonst dort thun müßte. Schellings Gradheit hat sich indessen den politischen Maaßregeln nicht hingeben können. Niemand hat sich mehr gekrümmt und gewunden als der niederträchtige Paulus, und niemand möchten beyde Theile lieber los seyn. – Schelling, der bey der allgemeinen Präsentation bey dem kaiserl. Komissar, Hrn. von Hügel, nicht gegenwärtig war, hat ihn doch nachher besucht, und ist mit der grösten Auszeichnung und recht markirt guter Gesinnung aufgenommen worden; man sagte dann auch gleich, er würde hier bleiben, woran er nie dachte.

Was nun das Schlimmste ist, so bekommen wir jetzt noch französische Truppen ins Land, und die Kaiserlichen werden wieder weichen, denn dieser Napoleon weidet mit scharfen Zähnen ein Land nach dem andren ab, und wirft sie dann erst den beschüzten Regenten zu, er, der König der Könige, dem der Herr aller Herren doch gnädiglich bald den Hals brechen möge.

[Besorgung.] Mit Schmerz habe ich aus Deinem Brief erfahren, daß Deine Mutter eingebüßt hat. Meine arme Mutter, ja auch die Eltern Schellings (der Vater war in der aufgehobenen Landschaft) sind im nehmlichen Fall – und welcher Deutsche nicht?

[Würzburg] 21 Aprill [1806]
Muß ich Dir denn nun wirklich schreiben? Ich will es nur
bald thun, damit ich in die Gewohnheit komme. So lange ich
Dich noch unterwegens weiß, noch dieser scharfen Luft ausgesetzt, habe ich keine Ruhe für meinen Freund, den billig
kein Lüftchen anwehn sollte. Morgen kann ich höchstens
Dich mir an Ort und Stelle denken. Der Zeitpunkt scheint in
so fern nicht ungünstig, als Du dort alles in guter Laune über
die Befestigung des Friedens finden wirst, über die Räumung
von Cattaro, die Räumung von Deutschland usw. So sagen
uns wenigstens die Zeitungen. – Köhler hat mir wenig Gescheutes von Dir gesagt, ich wolte nämlich entsetzlich viel
wissen, nachdem aus Morgen und Abend schon ein entsez-
lich langer Tag in meiner – nicht Schöpfungs- sondern Ver-
nichtungsgeschichte geworden war, während dem er bey Dir
war, ich aber nicht. Ich hätte gewiß mehr zu erzählen gewußt
an seiner Stelle. Er war aber ganz wild geworden, denn wie er
nach Haus kam, fand er den Freimüthigen mit seinen einge-
sendeten Inserat über die Vorlesung, und diese kleine Wirkung in die Ferne hin hatte ihn ganz begeistert. Schon war
der gute Sturmfeder bey Schott gewesen und hatte ihm mit-
leidig mitgetheilt, daß der arme Köhler gar übel wäre mitge-
nommen worden. Klein hingegen fand ihn geschont – diesem
ist es nun eröffnet worden, allein er kann sich nicht darein
finden. Köhler will nun durchaus die Vorlesung drucken lassen, doch laß ich hierin nichts geschehn ohne Dich. Über
Würzburg stand noch verschiednes im Freimüthigen, was Du
am besten selbst nachliesest – offenbar von Fischer – daß Du
und Paulus sich nicht hätten verpflichten lassen, wäre höchsten Orts übel vermerkt worden, es sey juristisch nicht recht
usw., übrigens nichts gegen oder über Dich, aber bereits Ze-
termordgeschrei über die Gallsche Recension, die burschikos
genannt wird, und über die Hallische LZ., die bis zum Drolli-

chen zuweilen sänke, ZB. Schlegels Elegie. Wirklich ist der Kleine bis zum Drolligen wüthig. »Wann doch endlich eine wirkliche Akademie der Wissenschaften eine LZ. entrepreniren würde!« Bereite ihm doch dort diesen Spaß.

Beyliegendes von Walter ist gekommen und lange unterwegs gewesen, denn er hat es über Fuld gehn lassen. Ich schicke es mit, weil Du ihm wohl darüber Nachricht geben mußt. Die Abhandlung behalte ich hier, es scheint ein precieuses Stück zu seyn.

In der Leipziger Zeitung steht: Hr. Prof. Schelling habe Würzburg verlassen, nachdem ihm die Studierenden am 24 März noch eine sehr feyerliche Nachtmusik gebracht hätten. Sonst nichts. Auch hier scheint man nicht zu wissen, was Du willst. *[Geschäfte.]* Sturz kann sich auch keine größre délice als Würzburg bayerisch denken. Er ist krank geworden, vielleicht vor Ärger, denn es ist wahr, die Bürger sind ganz toll, und ziehn ihm immer vor seinen logis vorbey zum exerciren. Gestern hat die Stadt den ganzen Tag von Kriegstrommeln wiederhallet, sie sind aus und ein gezogen, und bis gegen Morgen haben sie Musiken mit Fackeln gebracht. Hutten und Groß haben ihre Söhne auch in kleine Generalsuniformen gestekt, das sieht aus wie Seebach und sein Junge als großer und kleiner Capellmeister. Die ganze Mannschaft zog gestern die Neubaugasse hinunter und salutirte bey dem Nachbar Präsidenten. Die Dame hat sich vor Entzücken gewiß nicht zu lassen gewußt.

Ich hatte einen schlimmen Tag gestern, einen meiner heftigsten Kopfwehtage, wodurch denn alle schöne Plane auszugehn und mich in der Welt umzuthun verwickelt wurden, jedoch mein contemplativer Geist nicht ganz gebeugt. Die beyden ersten Tage Deiner Abwesenheit über hatte ich mich verkältet, theils weil mir die liebe Wärme der Gegenwart entzogen war, theils weil ich mir viel im Hause zu schaffen machte. Das Mädchen benimmt sich sehr gut; sie hat mir gestern Abend von Eichstädt erzählt, wo ich Dich eben vermuthete. Heut habe ich auch wieder einen Brief aus Hieres, es muß denn doch wahrhaftig so schön da seyn, als man sich wohl träumt. Bringe nur eine Reise zu Stande und bleibe gesund.

Von Marcus noch nichts. Aus einem angelangten Briefchen von Fritz seh ich, daß der *Mehmel* bei Liebeskinds eingeladen war.

Wie ich eigentlich lebe, frage mich nicht, aber habe auch keine Sorge darum. Wenn ich den ganzen Tag ungefähr so viel wie gewöhnlich gesprochen habe, so kommt es mir am Abend doch vor, als wäre ich ganz stumm gewesen. – Morgen geh ich aus, zu Martinis, die ich am Sonnabend besuchen wollte, sie war aber versagt, und gestern ließ sie mich bitten. Um die Sicherheit hat es wohl keine Noth – oben ist alles verschlossen, wir existiren in meiner Etage, und Blank hat mir auch seinen ritterlichen Schuz angeboten. Lebe wohl, mein Herz, meine Seele, mein Geist, ja auch mein Wille. Ich habe Dein Bild zu mir genommen und spreche mit ihm.

66 *An Friedrich Wilhelm Joseph Schelling*

[Würzburg] 15. May [1806]

[Auszug.]

O Du lieber Freund, es ist hohe Zeit für mich zu enden, denn ich weiß mir gar nicht mehr zu helfen. Die verruchten Geschäfte sind noch ein Glück – doch was sag ich, sie sind ja mein Unglück, denn was hielte mich sonst ab, mich Morgen in den Wagen zu werfen. Sehr ernsthafte Gesichter mache ich, das Weinen ist mir näher wie das Lachen, und die Freunde klagen über mich, die am meisten, die es sich einfallen lassen die Abreise zu bedauern, denn da werde ich ganz trocken oder gar unartig.

Ich schreibe Dir, aber wirklich kann ich Dir gleichfalls nichts definitives melden, außer daß ich wohl hoffe und gewiß darauf rechne am 20sten zu reisen – am 24 in München einzutreffen.

Was mich jezt beunruhigt, ist, daß ich noch keinen Bescheid wegen des Ersatzes hab, daß ich diesen doch nicht im Stich lassen kann, desgleichen die andern 100 fl. –

Eben habe ich Deinen lieben Brief mit den Einlagen erhalten – er hat mich so glücklich gemacht, so die gespannten Kräfte beruhigt wie ein Kuß von Dir – ach könnte ich nur meinen kleinen Kopf dabey an Deine Brust lehnen.

Ich will von Geschäften sprechen, damit ich nicht weinen muß. …

[…]

Es heißt, daß Franzosen hier heut oder Morgen durchpassiren um Bareuth zu besetzen. Wie läßt sich denn das verstehn?

Danke dem guten Zentner vorläufig, daß er mich will aus meinen Exil frey lassen. Adieu, Du angebeteter Gemahl.

67 *An Luise Gotter*

München d. 28. Nov. [1806]
Mehr wie ich ausdrücken kann und wiederholen mag hat mich in dieser letzten Zeit das Schicksal jener friedlichen Gegenden bekümmert, wo auch Du, liebe Freundinn, mit den Deinigen lebst, wo ich selber so lange gelebt habe und alle Wege und Stege kenne, die jetzt mit Leiden und vergeblich vergoßnen Blut bezeichnet sind. Mitten in der scheinbarlichen Ruhe, die wir hier genießen, hat uns jenes Loos der Welt wirklich keinen Augenblick Ruhe gelassen. Es war so und mußte so seyn, und was nicht mehr bestehn kann, muß untergehn – aber die vielen unglücklichen zerrütteten Menschen, die zum Theil nie wieder erlangen, was sie hierbey einbüßen! – Im Allgemeinen weiß ich wohl, wie es in Gotha steht und daß solche Auftritte wie zu Jena und Weimar an

euch vorübergegangen sind, doch bitte ich Dich und ersuche Dich bey unsrer alten Freundschaft mir bald nähere Auskunft über Deine eigne Lage und solcher, die Dir lieb sind, zu geben. – Alles, was mir näher angehört, ist mehr oder weniger in diesem Umsturz begriffen. Auch meinen ältesten Bruder betrifft er auf eine Art, die mich besorgt macht; weißt Du etwas von ihm, so theile es mir mit, weißt Du noch nichts, so suche es doch bald zu erfahren. – Der jüngste ist auch im eroberten Land – meine Mutter und Schwester schienen dem tragischen Ende von Braunschweig aus dem Wege gegangen, denn kurz zuvor waren sie nach Kiel abgereißt, allein auch hier, an diesem äußersten Ende, sind sie kaum noch vor dem Andrang des Kampfes geschützt worden; Blücher schlug sich zwischen Kiel und Lübeck; Kiel ist mit Flüchtlingen angefüllt.

Unser Geschick hat uns allen kriegerischen Scenen bis jetzt entzogen – wir haben weder den Sieger noch Besiegte zu sehn bekommen. Besiegte sind wir zwar sämmtlich. – Ich lebe hier in der Hauptstadt, als wenn ich auf dem Lande lebte, nach meiner gewöhnlichen stillen Weise. Wir haben ein logis, wo die Face der Häuser auf einen freyen Platz vor der Stadt hinausgeht, und ich sehe die Tyrolergebirge aus dem Fenster. Mein Mann ist sehr heiter, sehr gesund und so placirt, wie er es nur wünschen konnte. Er hat als Mitglied der Akademie der Wissenschaften seine ganze Zeit für sich und ein Gehalt, das ihn vor Sorge schützt. Eingerichtet habe ich mich nur ganz nothdürftig, mich dünkt, ich möchte mich nirgends mehr ansiedeln, und es ganz buchstäblich nehmen, daß wir nur Pilger sind.

Iffland hat sich unserm König angetragen; ich weiß noch nicht mit Gewißheit, ob er angenommen worden ist.

Was machen Deine Töchter? Pflegen sie auch Kranke und Verwundete? Eure Stadt hat sich immer als die hülfreiche ausgezeichnet und wird auch diesesmal deshalb gerühmt. Am meisten fürchte ich bey euch die Theurung, die zuweilen

Mangel geworden seyn mag. Gieb mir bald Nachricht und gedenke meiner als derjenigen, die nicht aufhört euch in ihrem Herzen zu tragen. C. S.

68 An Familie Gotter

München den 4ten Jan. 1807

An die Mutter und ihre drei Töchter.

Möget ihr euch so sehr erfreut haben wie ich, da ihr gewahr wurdet, daß unsre Gesinnungen wie unsre Briefe sich auf halbem Wege begegnet sind. Anfangs hielt ich euren Brief nur für eine sehr schnelle Antwort; es war aber noch besser, eine Antwort, welche die Frage divinirt hatte. Ein solches Vorherwissen geht nun mit sogenannter natürlicher Magie zu. Übrigens halt ich euch sämtlich für übernatürlich Begabte –

Denn Du ZB., liebe Pauline, die Du im Thüringer Walde auf einmal italiänisch wie eine Römerin sprichst, derweil ich hier in der Nachbarschaft der Zitronen und Olivenwälder noch nicht sechs Worte Wälsch, das nicht sehr kauderwälsch wäre, zusammenbringen kann, wie soll man das deuten? Wie gern möchte ich Dich selber so in fremden Zungen sprechen hören, wenn es nur nicht so weit weg wäre. Seht doch zu, ob ihr nicht in eurer Kunst ein Mittel findet um ohne Pferde und Wagen, eine nach der andern, zu mir zu kommen und mir in der Einsamkeit der Hauptstadt holde und lehrreiche Gesellschaft zu leisten. Dem kleinen Gries jedoch wäre es zu gönnen, daß niemand wie er selber den Tasso und noch mehr den Messer Ludovico Ariosto in der Ursprache lesen könnte, denn daß *er* taub ist und auch sonst nicht recht lebendig, zeigt sich bei der Vergleichung mehr, wie ihm gut ist. Dieser Kleine war bei mir, kurz ehe ich Würzburg verließ, er reißte nach Heidelberg und ging von Jena weg, in der Ahndung unstreitig, daß dessen Ruin nahe wäre, wie man wohl Störche und andre häusliche Vögel vorempfindend die Städte verlassen sieht, deren Mauern und Thürme nächstens in Schutt zusammenfallen sollen. Wie hat mir selbst schon das Herz um Jena und alle die friedlichen Hügel geblutet. Wenn Du so leichtsinnig der Schmach gedenkest, und wie der alte Kraus daran gestorben, so möcht ich wohl sagen:

Ihr sprecht ja fast wie ein Franzos –

Ich hab es anfänglich nur für einen Spaß gehalten, da Kraus aber wirklich todt ist, so hat er auch wohl wirklich Gänse gerupft. Dem Augusti kann das Stiefelputzen freylich nicht schaden. Bei solchen Umwälzungen kommt manches Ding und mancher Mensch eben wieder an die rechte Stelle, aber so ein junges Frauenzimmer sollte doch ein empfindsamer Gemüth haben!

Tieck wird eben noch nach Haus gekommen seyn, ehe ihm die Monarchie über dem Kopf eingestürzt ist; niemand hat Nachricht von ihm. Baron Knorring ist eben hier durchgereißt von Rom kommend, nach Sachsen gehend – er hat Mad. Bernhardi und Friedrich Tieck noch dort zurückgelassen, wird auch selbst zurückkehren, sich eine kleine Villa bey Rom kaufen und Madame wird dann wohl Baronesse werden. – O wie sind die einst zu Jena in einem kleinen Kreis Versammelten nun über alle Welt zerstreut, und lehren alle Heiden. Mein Kummer ist nur, daß sie alle miteinander nichts mehr dichten – wenigstens hören wir von den Gesängen nichts.

Andre stehen dagegen auf, liebe Cäcilie, und der ungläubigste Thomas müßte ja an Inspiration glauben, wenn er den kleinen Thomas Werke der Begeisterung vollbringen sieht. So lange hat er den schönen Geistern Briefe getragen, bis er selber einer geworden ist. Das recht Charakteristische hiebei ist die Huldigung gegen die Frauen, und besonders die eigne Frau – das ist Zeitsitte. – Glückliches Land aber, wo der Fürst und der Briefträger Idyllen und Ideale liefern. Nicht wahr, außerdem habt ihr auch gar keine Schriftsteller? Euer *Ast ist in unser Landeshut* verpflanzt, und treibt zwar Ästlein, seit er seine Lucinde geheirathet, will aber nicht zum Stamm werden. – Wenn Du nun noch Künstlerinn wärest, heilige Cäcilie, was könnt ich Dir nicht von unserm hiesigen Gemähldeschaz sagen, der durch die Düsseldorfer Gallerie wenigstens zu der 2ten Sammlung in Deutschland angewachsen ist. (Gebe Gott, daß Dresden die erste bleibe!) Nun könnt ich freilich Dir *dennoch* davon sagen, denn Liebhaberinn bist Du gewiß noch geblieben, es ist nur schwer anzufangen. Unter den Vorzügen unser jezigen Lage ist es mir der liebste, eine solche Sammlung täglich sehn zu können. So viele und entschiedne Ruhepunkte habe ich zwar noch nicht darin gewinnen können, wie in der Dresdner, doch wünsche ich allen, denen ich Gutes gönne, den öftern Anblick der Himmelfahrt der Jungfrau von Guido Reni und des Johannes in der Wüste. – Es wird sich nun hier eine Akademie für Mahler und Zeichner bilden unter Direction der *Langer* von Düsseldorf. –

Und wer weiß, bestes Julchen, ob ein gewisser Hummel von Kassel nicht hergerufen wird. Denn dort scheinen mir auch die Künste und Musen auseinander gesprengt zu werden, und alle erhabnen Flüchtlinge finden bey uns eine Zuflucht. – Ifflanden zwar hat man zurückgewiesen, das ganze Theaterpersonal und die Politik hat sich dagegen gesetzt, indem Iffland sich zu Berlin auf dem Theater mit Äußerung politischer, nämlich nicht-politischer, antifranzösischer Gesinnungen befleckt hat. Ich gehe hier fast gar nicht ins Theater und nur bey Opern. Das Haus ist zu klein, man findet keinen Platz, und die ganze Anstalt im kleinlichsten Styl. Im Achilles habe ich diesen Sommer den Brizzi singen hören und in den Horatiern den Brizzi, die Bertinotti und Schmalz. Das war der Mühe werth. – Was treibt denn Julchen eigentlich – die nützlichen oder die schönen Künste?

Nunmehr wende ich mich zur lieben Mutter. Du siehst,

liebe Freundin, daß es mir am Herzen lag zu wissen, was Du mir schriebst, wie Dir, was ich Dir geschrieben, denn wenn ich nicht sehr irre, so habe ich Dich nach meinem Bruder gefragt wie Du mich nach meiner Mutter und Schwester. An den lezten ist das Kriegsungewitter nur eben vorbei gegangen, die Wetterscheide war fast vor den Thoren von Kiel nach Lübek zu, aber daß sie ganz unbesucht bleiben sollten, glaub ich kaum; wenns am besten abgeht, so bekommen sie eine gelinde französische Einquartirung. Mutter ist gesunder in Kiel wie zuvor, ungeachtet des feuchten und strengen Klimas. Wiedemann befindet sich wohl; die beyden kleinen Mädchen leben und sind der Trost ihrer Mutter.

Aber wie zerrissen sieht es in der Welt aus – welche Unsumme von Elend, vernichteten Wohlstand, Schlechtigkeit – welcher gänzlicher Mangel an der gemeinsten Sicherheit. Man hört nichts anders in der Nähe und Ferne. Wie mag den Menschen zu Muth seyn, die nun wirklich drinnen stecken mit ihren Geist und Gemüth, und nicht eine Atmosphäre um sich her ziehn können, in welche das alles nur scheinbar dringt. Wie viel lieber wollte ich in einem Dorf auf der Schlachtlinie von Jena gewohnt haben und in Staub mit getreten seyn, als mir die Seele anstecken lassen durch diese abscheuliche Verwirrung aller moralischen Dinge. Ich bin aber auch sehr glücklich, daß ich die Aegide neben mir habe, denn geht von einer Seite die ganze Convenienz Welt mit allen ihren alten Formen unter, so geht mir an einem schönern Horizont eine umwandelbare Welt auf. Der, in dem ich sie finde, ist ein unerschöpflicher Brunquell alles Herrlichen und Tröstlichen.

Vielleicht schreibt Dir der Bruder jetzt nicht oder doch mit solcher Vorsicht, daß wenig daraus zu nehmen ist für die Lage der Sachen. Es soll Unruhen dort geben. – Hier ist alles sehr stille, die Bürger besetzen die Wachen der Hauptstadt, so rein haben wir das Militair weggeschickt. Ich weiß oft nicht anders, als daß ich in einem ansehnlichen Landstädtchen wohne. Der Kreis meines Umgangs ist eng gezogen, wir wollen es selbst nicht anders. Zu denen, die ich viel sehe, gehört die Nièce von Weißhaupt und seine Schwester, die eine prächtige alte Frau ist. Sie korrespondirt viel mit ihrem Bruder und möchte auch gern immer durch die dritte Hand von ihm hören, aber Du siehst ihn wohl nicht. Er hat an Prinz August wieder viel verloren – sag mir, ob Ihr nicht auch dabei eingebüßt habt. Er hätte wohl Deinen Töchtern etwas vermachen können.

Deiner guten verstorbenen Schwägrin wird wohl seyn. Wie bringt sich aber die Tante Lenchen noch durch und Dein lieber Vater? – Grüße Minchen und melde mir immer, was in eurem Leben sich verändert zum bessern oder auch nicht bessern – ich muß wenigstens wissen, wie es euch geht.

Die Wiebeking hat ein paar sehr liebenswürdige Töchter. Das kanst Du nur der Siegfried sagen. An Fanny werde ich noch ein wenig von der Education von ma chère Mère gewahr – Wir haben einmal Kupferstiche nach Raphael in großer Gesellschaft besehn, wo Fanny und ich allein wußten, was das für Leute waren, Platon, Diogène, Epicure etc. in der Schule von Athen. Hier wissen sie nur von Jes Mari Josep!

Lebt recht wohl, ich begrüße euch auch in so fern als Bundesgenossen, daß ihr mit zum Rheinischen Bund getreten seyd. –

C. S.

69 An Friedrich Wilhelm Joseph Schelling

[1807]
Endesunterzeichnete hat versprochen für 100 fl. (hundert Gulden) nicht nur alles abgeschrieben zu haben, was sie abgeschrieben hat bis zum heutigen Datum, sondern dafür auch abzuschreiben, was sie abschreiben wird [ihr abzuschreiben aufgetragen wird Schelling], bis zum 31 Mai 1807,

von solcherlei Manuscript, welches ihr Gemahl [selbst verfaßt und gestrichen Sch.] in den Druck giebt oder zu eigenen
Gebrauch aufbewahrt [oder – aufb. Sch.].

Habe hierauf erhalten 50 fl.

Caroline.

Unter obigen eingefügten Clauseln
Ratifié par Moi Souverain de ma Femme
Frederic.

70 *An Luise Gotter*

München d. 15 Jan. [18]08
[Besorgungen.] – Wir haben hier kurz vor Weinachten Frau von
Stael nebst ihrer Familie und Schlegel gesehn. Diese Anwesenheit, welche etwa 8 Tage dauerte, hat uns viel angenehmes
gewährt. Schlegel war sehr gesund und heiter, die Verhältnisse die freundlichsten und ohne alle Spannung. Er und
Schelling waren unzertrennlich. Frau von St. hat über allen
Geist hinaus, den sie besitzt, auch noch den Geist und das
Herz gehabt Schelling sehr lieb zu gewinnen. Sie ist ein Phä-
nomen von Lebenskraft, Egoismus und unaufhörlich geistiger Regsamkeit. Ihr Äußres wird durch ihr Innres verklärt
und bedarf es wohl; es giebt Momente oder Kleidung vielmehr, wo sie wie eine Marketenderin aussieht und man sich
doch zugleich denken kann, daß sie die *Phä*dre im höchsten
tragischen Sinne darzustellen fähig ist. Die Gesellschaft war
hier auf der Durchreise nach Wien.

Gegen das Frühjahr haben sich hier angemeldet Rumohr
und Ludwig Tiek. Daß Werner nicht gekommen, zeugt von
seinem polnischen Leichtsinn; er hätte die Nahmen schon
halten können. – Da dieß noch auf die Post muß, so verspare
ich alles andre auf ein andresmal. Möge es euch wohl gehn in
diesem Jahr!

71 An Johann Diederich Gries

München 18. Apr. 1808

…Was sagen Sie denn zu Goethes Fragment Elpenor? Liegt nicht alle seine Anmuth und Ergebenheit darinn, und lebendiger noch wie in Iphigenien? Der schöne Knabe ist frisch wie Morgenthau. Wenn er das noch vollendete…

C. S.

72 An Pauline Gotter

[München] am 1sten März [18]09

[Auszug]

Sehr habe ich geschmält, liebe Pauline, wie ich den großen Pack Wolle und nicht Ein kleines Wörtchen dazu erhielt, ich hatte freilich Unrecht, denn jene Sendung war so lange unterwegs gewesen, daß in der gothaischen Gemeinde bereits Buß und Bettage ausgeschrieben und, wie Jakobs von seiner Frau behauptet, angestellt waren um eine glückliche Überkunft, und also müste ein Briefchen von Dir viel Langeweile ausgestanden haben. Daß Du keine gehabt hast, habe ich aus demjenigen ersehn, was ich endlich von Dir bekam. Ey Du glückselige Jungfrau! Wahrscheinlich bist Du auch wieder bey dem Fest des 28 Jan. gegenwärtig gewesen um ein Element der Elemente abzugeben. Der liebe alte Herr, er hat schon lange von seinen silbernen Locken gesprochen, die er gewiß immer noch nicht hat, aber Rosen genug windet er sich zum häuslichen Kranze, er umgiebt sich mit Jugend und hält sich so das Alter fern. Mögen alle Götter jetzt für ihn die heilige Sorgfalt verdoppeln. Du, liebe Rose, sey nicht stolz, lieber gerührt und erfreut. Das will ich Dir sagen, wir haben hier eine Nebenbuhlerin von Dir, mit der ich Dich schon ein wenig ärgern muß, wie sie mit dir. Da kürzlich in einem Allmanach eine Erzählung von Goethe unter der Benennung *die pilgernde Thö-*

rin stand, glaubt ich, er könnte niemand anders damit gemeint haben als eben Deine Nebenbuhlerin, doch paßt die Geschichte gar nicht, aber jener Name paßt wie für *Bettine Brentano* erfunden. Hast Du noch nicht von ihr gehört? Es ist ein wunderliches kleines Wesen, eine wahre Bettine (aus den venetianischen Epigrammen) an körperlicher Schmieg- und Biegsamkeit, innerlich verständig, aber äußerlich ganz thöricht, anständig und doch über allen Anstand hinaus, alles aber, was sie ist und thut, ist nicht rein natürlich, und doch ist es ihr unmöglich anders zu seyn. Sie leidet an dem Brentanoischen Familienübel: einer zur Natur gewordenen Verschrobenheit, ist mir indessen lieber wie die andern. In Weimar war sie vor 1-2 Jahren, Goethe nahm sie auf wie die Tochter ihrer Mutter, der er sehr wohl wollte, und hat ihr tausend Freundlichkeiten und Liebe bewiesen, schreibt ihr auch noch zuweilen. Du kanst ihn schon einmal bei Gelegenheit nach ihr fragen. Hier kam sie mit ihrem Schwager Savigny her, welcher in Landshut angestellt ist, blieb aber ohne ihn, um singen zu lernen und Tiek zu pflegen, der seit Weinachten an der Gicht kläglich danieder liegt und viel zartes Mitleid erregt. Den Leuten, die ihn besuchten, hat sie viel Spektakel und Skandal gegeben, sie tändelt mit ihm in Worten und Werken, nennt ihn Du, küßt ihn, und sagt ihm dabei die ärgsten Wahrheiten, ist auch ganz im Klaren über ihn, also keineswegs etwa verliebt. Ganze Tage brachte sie allein bei ihm zu, da seine Schwester auch lange krank war und nicht bei ihm seyn konnte. Manche fürchteten sich ihrentwegen hin zu gehn, denn nicht immer geräth ihr der Witz, und kann sie wohl auch grob seyn oder lästig. Unter dem Tisch ist sie öftrer zu finden wie drauf, auf einen Stuhl niemals. Du wirst neugierig seyn zu wissen, ob sie dabei hübsch und jung ist, und da ist wieder drollicht, daß sie weder jung noch alt, weder hübsch noch häßlich, weder wie ein Männlein noch wie ein Fräulein aussieht.

Mit den Tieks ist überhaupt eine närrische Wirtschaft hier

eingezogen. Wir wußten wohl von sonst und hatten es nur vor der Hand wieder vergessen, daß unser Freund Tiek nichts ist als ein anmuthiger und würdiger Lump, von dem einer seiner Freunde ein Lied gedichtet, das anfängt:

> Wie ein blinder Passagier
> Fahr ich auf des Lebens Posten,
> Einer Freundschaft ohne Kosten
> Rühmt sich keiner je mit mir.

Aber ich meyne, wir haben hier nach der Hand wieder erfahren, was es mit dieser Familie für eine Bewandniß hat, und wie sehr die Gaunerei mit zu ihrer Poesie und Religion gehört. Sie kamen von Wien her, weiß der Himmel warum und was sie für Anschläge dabei gefaßt haben mochten, leben 8 Wochen lang auf's splendideste im Wirtshaus, beziehen dann ein Privatquartier für 100 fl. monatlich, haben einen Bedienten und sonst noch 3 Domestiquen, einen Hofmeister für die Kinder der Bernhardi usw., zu dem allen aber keinen Heller eignes Geld. Es ist bekannt, daß Tiek nie welches hatte, daß er stets auf Kosten seines Nächsten lebte, jetzt unterhielt ihn seine Schwester und sie wird vom Baron Knorring unterhalten, der aber nicht hier ist, weil er von Wien, theils seiner dortigen Verwandten, theils Schulden wegen, nicht weg kann, indem ihm sein Vater nicht Geld genug zu den außerordentlichen Depensen für die Tieks schickt. Eben deswegen kann er auch nur spärlich Geld schicken und nun ist hier alle Augenblicke die Noth; aber die Erfindung und Unverschämtheit, die Ausgelerntheit, hat ihnen bislang noch durchgeholfen; Savigny hat eine große Summe hergegeben unter andern. Indessen sind sie dabei völlig preisgegeben und es möchten bald alle Quellen verstopft seyn, wenn nicht Knorring bald kommt. Die Lage der Dinge ist stadtkundig, aber ihre noble Fassung dabei unerschütterlich. Der arme Tiek erscheint in seiner doppelten Qualität als Kranker und Armer in seiner ganzen Unfähigkeit sich selbst zu helfen, weichlich, ohnmächtig, aber immer noch aimable – wenn Leute dabei sind. Bettine sagte ihm einmal, da von Göthe die Rede war, den Tiek gar gern nicht so groß lassen möchte, wie er ist: Sieh, wie Du da so liegst, gegen Goethe kommst Du mir wie ein Däumerling vor – was für mich eine recht *anschauliche* Wahrheit hatte. [...]

Du hast Werner in Weimar gesehn. Es ist ein redlicher Geselle, und wenn Du mit ihm von uns gesprochen hättest, würdest Du, denk ich, gefunden haben, daß er auch ein redlicher Freund ist. Seine Schauspiele haben viel barbarisches an sich, und darinn sind sie am barbarischten, worinn sie am gebildetesten und moderngesinntesten sind, indessen ist sein Talent der Darstellung groß, wovon auch der Attila wieder zeugt. Er war lange in Coppet, und Fr. v. Stael goutirte sein originelles Wesen, wie Schlegel uns schrieb. Von dorther erwartet man noch den Bildhauer *Tiek,* den ich sonst für den leichtfüßigsten von den Geschwistern gehalten, mir aber nun als der solideste vorkommt, denn er lebt doch von dem, was er erwirbt, und borgte nur für seine Schwester. Seine erste Arbeit wird Schellings Büste seyn, die er schon lange auf seine eigne Hand hat machen wollen – nun wünschte sie aber der Kronprinz für seine Sammlung, es sollte sie ein hiesiger Bildhauer machen, worauf Schelling es beim Prinzen dahin vermittelte, daß Tiek die Arbeit bekömmt. Sie wird in Marmor ausgeführt, und er kann seine Kunst schon daran beweisen.

Weißt Du nicht, ob die pilgernde Thörin vielleicht ein Fragment aus der Fortsezung des Wilhelm Meister ist? Damit sie etwas wird, scheint sie noch etwas hinter sich und vor sich haben zu müssen.

Wenn Du einmal wieder nach Jena kommst, so fasse ins Auge einen kleinen jungen Mann und alten Gelehrten, der Prof. Oken heißt; Du triffst ihn auch wohl in Weimar, wenigstens für d. 28 Jan. war er dorthin beschieden, wohl gar um Licht und Wärme vorzustellen, worüber er neulich geschrieben. Er war schon in Würzburg sehr viel bei uns, und ich habe mich oft an der Naivetät erfreut, mit der sich und eine Menge wunderlicher, jedoch guter Gedanken an das Licht zu stellen pflegte.

Ich hörte, daß Goethe schon im Mai nach Karlsbad geht, und Du? – Was wird es künftigen Sommer mit uns hier seyn? Wir stehen wieder am Vorabend eines Krieges. Jakobs sagt mir, daß er um Michaelis nach Gotha reißt und Dich dann vielleicht mitbringen könnte. Das ist noch lange hin.

[…]

73 *An Meta Liebeskind*

[Maulbronn] 28. Aug. [1809]
Aus klösterlichen Mauern schreibe ich Ihnen – wir sind kaum 10 Tage abwesend von der Hauptstadt und schon in selige Unwissenheit begraben. Der Frieden, hofften wir, würde hinter uns drein kommen, dagegen fanden wir den Krieg auf unsern Wege, besonders zwischen Augsburg und Ulm, wo den ganzen Tag über bald Kürassiere aus Spanien, bald Depots von Infanterie und vor allem furchtbare Pulvervorräth uns entgegen kamen, Wägen mit Fässern so stark beladen, daß immer 10-12 Pferde vorgespannt waren. In Zusmarshausen kamen wir in ein gewaltiges Gedränge, ein Zug von Blessirten war mit uns angelangt, ein Infanterie Bataillon rückte von der andern Seite ein und eben trieb der Hirt die zahlreiche Hornviehheerde durch den Ort. Gutes Wetter hatten wir übrigens, außer daß wir in Ulm mit einem heftigen Ungewitter eintrafen – und leider, seit wir hier in Maulbronn sind, regnet es viel, was uns um so hinderlicher fällt, da Maulbronn mehr ein Platz ist, von dem man leichter an eine Menge von reizenden Orten, Aussichten und Gegenden gelangen kann, als daß er selbst eben schön wäre. Wir werden das Land rings umher zu Fuß und zu Roß durchstreifen, so-

bald sich das Wetter heitrer zeigt. Einstweilen schreiben Sie mir sogleich, meine Liebe, wie es bey Ihnen steht. – Beinah müssen wir fürchten den großen Kaiser wieder versäumt zu haben. Bei unserer Durchreise durch Stuttgard erwartete man ihn dort für die nächsten Tage, die Kanonen waren aufgeführt, die ihn begrüßen sollten. Hier erfährt man nur, was die Zeitung bringt, welches nicht immer das rechte und neueste ist. War er in München, so melden Sie mir davon alles, was Sie wissen, im historischen Styl – ich sehe eben, daß General Beaumont durch München vorrückt – wer weis, ob wir da nicht Einquartirung bekamen. *[Besorgungen.]*

Das Werk: Materialien zur Geschichte des Osterreichischen Revolutionskrieges ist unstreitig von der nehmlichen Hand wie die Plane? Wie geht es mit Tyrol, davon las ich noch nichts weiter in den Zeitungen, als was wir vor 14 Tagen wußten. Ich hoffe, Sie haben Nachricht von Adalbert. Grüßen Sie sich und Ihren Mann von uns beyden, auch Flads. –

Wir fuhren noch vor Ihren Fenstern vorbei. Günzburg liegt allerliebst, es würde mir keine Überwindung kosten dort zu wohnen. In Ulm bestiegen wir den Münster, drinnen predigte eben Martin Miller; im Durchgehen hörten wir ihn viel von den *Unannehmlichkeiten* und *Beschwerden* des Lebens hererzählen, und die Ausführung schien mir so wenig neu wie der Text. Sturz ist wohl angelangt?

Sie vergessen nicht die Adresse: An Hrn. Direktor Schelling zu Maulbronn über Stuttgard.

Leben Sie wohl und lesen Sie dieses Blatt nicht so flüchtig, daß Sie etwa ganz andere Dinge lesen, als darinn stehn. *[Besorgung.]*

Dokumente

Reskript des Königs von Preussen, Friedrich Wilhelm

Wohlgelahrter, besonders lieber. Es ist ganz und gar nicht
Mein Wille, daß schuldlose Personen das verdiente Schicksal
der Verbrecher theilen sollen, die sich die Gefangenschaft auf
dem Königstein zugezogen haben. Da Ich nun Eurer Versicherung, daß Eure daselbst befindliche Schwester, die Witwe
des Bergmedikus Boehmer nichts verschuldet habe, allen
Glauben beylege, so habe Ich dem Major von Lucadow befohlen, dieselbe, nebst ihrem Kinde, auf freyen Fuß zu stellen.
Ich mache Euch solches auf Euer Schreiben vom 1sten dieses,
in Antwort bekannt und bin Euer gnädiger

Fr. Wilhelm.

Im Lager bey Marienborn d. 4ten Jul. 1793.

Reskript von Moers

An den Doktor Medicinae Michaelis, zu Frankfurt
Der Frau Doktorin Böhmer ist zu bedeuten, daß, nachdem
Se. Kurf. Gnaden ihre weitere Deklarazion nicht verlangten
und nun auch von des Königs von Preußen Majestät ihre Befreiung resolvirt seyn, sie nebst ihrem Kinde hiermit nach be-
zalten Kosten, wovon in der Anlage ein Verzeichniß beigebo-
gen ist, freigegeben werde. Dieselbe muß sich aber mit ihrem
Kinde hieher verfügen und bei dem Königl. Preusischen
Herrn Kommandanten dahier in der Absicht melden, damit
sie die erforderlichen Pässe zu ihrer Rückreise erhalten
könne.

Von Moers.

Frankfurt d. 11. Juli 1793.
K. Amtskeller zu Kronberg.

An den Prorector Hofrat Feder zu Göttingen

Es ist vorgekommen, wasmaasen die sich itzt in Gotha aufhaltende Doctorin Böhmer, gebohrene Michaelis, sich vor einiger Zeit dort eingefunden hat. Da wir nun derselben den Aufenthalt in Göttingen nicht gestatten können, in Rücksicht der achtungswerthesten Familien, denen sie angehört, aber wünschen, daß ihnen diese Unsere feste Willens-Meinung auf eine schonende Weise hinterbracht werden möge; so erteilen Wir hiemit dem Herrn Prorector den Auftrag, solches der Mutter der besagten Doctorin Böhmer und, falls es nötig seyn sollte, auch den übrigen Verwandten auf die angegebene Weise bekannt zu machen. Wenn jedoch wider Vermuthen mehrerwehnte Doctorin sich dort einfinden sollte, so wird sie sofort wegzuweisen seyn, und wird der Herr Prorector dieses Rescript bei dem Prorectorats-Wechsel seinem Nachfolger im Amte zur Nachahmung zu überliefern haben und hierunter bei den folgenden Prorectorats-Wechseln ein gleiches zu beobachten sein.

Wir zc. Hannover den 16. August 1794.

Königlich-Großbritannische zur Churfürstlichen Braunschweig-Lüneburgischen Regierung verordnete Geheime Räthe.

Gf. Kielmansegge.

An den Prorektor, Konsistorialrat Planck, und Hofrat Meiners zu Göttingen

Unsere freundliche Dienste zuvor, Ehrwürdiger-Hochgelahrter, auch Ehrenfest-Hochgelahrter, insonders vielgünstiger guter Freund, auch günstig guter Freund! Wir vernehmen von mehreren Seiten, daß der Professor August Wilhelm

Schlegel aus Jena mit seiner Frau, der vormaligen verwitweten Böhmer, gebohrne Michaelis, sich dort einfinden wird.

Da nun, laut der abschriftlichen Anlage, wie bereits untern 16ten Aug. 1794 beliebet worden, der itzt verehelichten Schlegel den Aufenthalt dort nicht zu gestatten; So werden Derselben und ihr, falls gedachte Professorin sich dort länger als ein paar Tage auf einer Durchreise verweilen wollte, ihren Anverwandten und nöthigenfalls ihr selbst eröfnen, daß sie sich zu entfernen habe.

Diese Verfügung betrifft aber allein die Professorin Schlegel, und ist ihrem Ehemanne der Aufenthalt gleich andern Gelehrten dort zu gestatten. Sollte aber der Bruder des Professors, der durch seine sittenverderblichen Schriften berüchtige Friedrich Schlegel, sich dort einfinden, um sich einige Zeit daselbst aufzuhalten; So ist selbigen gleichfalls solches nicht zu erlauben, sondern ihm die Bedeutung zu thun, daß er Göttingen zu verlassen habe.

Wir verbleiben dem Herrn Prorektor und euch zu freundlichen Diensten beflissen und geneigt.

Hannover den 26ten September 1800.

Königlich-Großbritannische zur Churfürstlichen Braunschweig-Lüneburgschen Regierung verordnete Geheime Räthe.

Gf. Kielmansegge.

Caroline und August Wilhelm Schlegel,
Gesuch um Scheidung

Durchlauchtigster Herzog
Gnädigster Fürst und Herr!

Das unbegränzte Zutrauen zu Ewr. Herzogl. Durchlaucht Huld- und Gnadevolle Gesinnungen verstattet uns Höchstdenenselben die folgende unterthänigste Bitte vorzulegen.

Seitdem wir uns vor sechs Jahren mit einander verbunden

haben, sind in unsern beiderseitigen Verhältnissen solche entschiedne Veränderungen eingetreten, daß wir uns in die Lage versetzt sehn, eine rechtliche Trennung unsrer Verbindung, als eine gleiche Nothwendigkeit und ein gleiches Glück für beide, zu betrachten.

Keine Kinder machen das Band unsrer Ehe für unser eignes Gefühl unauflöslich, und dieser Umstand allein reicht, selbst den Gesetzen gegenüber, hin, die Bitte um Trennung eines Bandes gewähren zu machen, dessen Schutz sie besonders in Ansehung elterlicher Verhältnisse sind.

Ganz verschiedne, und in mehr als Einem Sinn divergirende Lebenszwecke, die dem Unterzeichneten zum Theil durch seine literarischen Bestimmungen, der Unterzeichneten zum Theil durch den Zustand ihrer Gesundheit, gebietend vorgeschrieben werden, machen es uns unmöglich an Einen und demselben Ort fortwährend zu leben, und verhindern jeden von uns beiden an der entschiednen Ergreifung solcher Maaßregeln, die zu seinem Besten nothwendig sind.

Obgleich diese Umstände schon seit längerer Zeit obwalten, und uns unsre Verbindung seit Jahren unter uns selbst als getrennt haben ansehn lassen, haben wir selbige doch mit allen drückenden Folgen, dergleichen zum Beyspiel die durch sie nothwendig gewordne doppelte Haushaltung ist, lieber ertragen, als einen unüberlegt raschen Entschluß fassen, oder den Schein eines solchen auf uns ziehn wollen, und glauben uns jetzt erst, der nothwendigen Rücksicht auf unsre eigne Zufriedenheit und Ruhe, die Bedingungen unsrer Wirksamkeit und unsres Lebens, sowohl, als der Rücksicht auf die Welt diese Entschließung schuldig zu seyn, der wir von unsrer beiderseitigen Übereinstimmung und gegenseitigen Achtung keinen größern Beweis als die freundschaftliche gemeinsame Beschließung unsrer förmlichen Trennung geben zu können glauben, nachdem unhintertreibliche und unveränderliche Umstände und Gemüthslagen uns die äußerliche Trennung nothwendig gemacht haben.

Der Weisheit Ewr. Herzogl. Durchlaucht dürfen wir es kühnlich überlassen zu ermessen, wie die verschiednen Ursachen durch ihre Zusammenwirkung und Verwicklungen endlich einen Punkt der Spannung aller Umstände herbeiführen, der durchaus zu einem Entschluß auffordert und uns keinen andern als den angezeigten übrig läßt. Nicht minder zutrauensvoll dürfen wir uns an die menschlichen Gesinnungen des gnädigsten Fürsten wenden, der einer, durch den Verlust einer geliebten Tochter aller Lebensgüter beraubten Mutter gern ihren einzigen Wunsch der Ruhe, wie dem durch seine Bestimmung zur Thätigkeit aufgerufnen Mann die vollkommne Freiheit in Ansehung ihn forthin nur beschränkender bürgerlicher Verhältnisse, aus seiner Huld ertheilen wird.

Es ist das Bewußtseyn von der Reinheit dieses Entschlusses sowohl als der Gründe unsrer Bitte, was uns den Muth giebt, dieselbe unmittelbar an die höchste Person Ewr. Herzogl. Durchlaucht zu richten. Die Vorsehung hat auch darum Fürsten angeordnet und mit ihrer Macht bekleidet, damit in Fällen, wo die Formen der äußern Gesetzgebung die Gründe, welche in innern Zuständen liegen, nicht mehr erreichen, in der sichtbaren Welt eine Persönlichkeit sey, in deren Beurtheilung sie mit Vertrauen niedergelegt werden können und die über sie aus höherer Macht entscheide.

Diese allgemeine Betrachtung, wie die besondre in dem gegenwärtigen Fall eintretende, daß der gewöhnliche Gang der Entscheidung in solchen Angelegenheiten dem Gelehrten, der sich ihr unterwerfen muß, einen unersetzlichen Zeitverlust zuzieht, daß die sonst nothwendigen Formen der bürgerlichen Gerichte aus Ursachen aufgestellt sind, welche bey uns nicht eintreten, ist der Grund, der uns, wir wagen es zu hoffen, auch in den Augen Ewr. Herzogl. Durchlaucht rechtfertigen wird, wenn wir unsre Trennung, anstatt durch die gewöhnlichen Formalitäten, unmittelbar aus den Händen und dem höchsten Willen Ewr. Herzogl. Durchlaucht, und ohne

Persönliches Erscheinen vor der geistlichen Gerichtsstelle, zu erlangen hiemit unterthänigst bitten.

Was uns der huldvollen Gewährung dieses Gesuchs noch mehr versichert, ist, daß Ewr. Herzogl. Durchlaucht auch schon früher ein Beyspiel dieser Gnade zu geben geruht haben, so wie, daß die völlige Übereinkunft unsrer Seits nicht nur in Ansehung des Hauptentschlusses, sondern auch der Auseinandersetzung unsrer oekonomischen und andern Angelegenheiten, deren Regulirung ebenfalls in andern Fällen nur durch bürgerliche Gerichtshöfe geschehn kann, uns für uns selbst von der Nothwendigkeit zu ihnen unsre Zuflucht zu nehmen frei spricht.

Die Gnade, welche Ewr. Herzogl. Durchlaucht uns durch Gewährung unsrer unterthänigsten Bitte erzeigen, werden wir Zeitlebens mit dem größten Dank verehren, so wie wir in tiefster Devotion verharren

Ewr. Herzogl. Durchlaucht

Berlin zc.   A. W. S.

Jena zc.   C. S. geb. M.

Friedrich Schlegel an Caroline

[Berlin, Nov.? 1797]

[Auszug]

Wenn ich doch nur mehr schreiben könnte, liebe Caroline! Es geschähe so gerne. – Sie müssen nicht übel nehmen, daß ich nun in dem Gedränge von Allem, was ich eigentlich schreiben wollte und sollte, jetzt immer dem den Vorzug gebe, was das Journal betrifft. – Schreiben Sie mir doch ja, alles was Sie für sich dazu zu thun denken, auch noch *ehe* Sie fixirt sind. Ich rathe Ihnen dann, so gut ichs weiß. Rathen auch Sie mir, und überlegen Sie alles, was ich von meinen Arbeiten und Projekten dafür schreibe, recht kritisch und gründlich. – Besonders aber auch das, was Wilhelm thun kann und will, befördern Sie durch Ihre Theilnahme. Wenn er meinen Vorschlag wegen der neuesten lyrischen Gedichte des Meisters eingeht: so können Sie ihm gewiß sehr viel dazu helfen. – Lassen Sie sich weder [durch] Wilhelms Treiben noch Ihre Arbeitsscheu den Gedanken verleiden, selbst Beyträge zu geben. Wenn Sie dieß aber auch nicht gleich können oder wollen, so bleibt Ihnen doch sehr viel übrig – durch Theilnahme und Rath unsern Eifer zu verdoppeln und zu berichtigen. –

Ich habe immer geglaubt, Ihre Naturform – denn ich glaube, jeder Mensch von Kraft und Geist hat seine eigenthümliche – wäre die *Rhapsodie*. Es wird Ihnen vielleicht klar, was ich damit meyne, wenn ich hinzusetze, daß ich die gediegene feste klare *Masse* für Wilhelms eigentliche Naturform, und *Fragmente* für die meinige halte. – Ich habe wohl auch Rhapsodien versucht und W. kann gewiß sehr gute Fragmente machen, aber ich rede nur von dem, was jedem am natürlichsten ist. Man erschwert sichs gewiß sehr, wenn man, besonders bey wenig Uebung, eine Form wählt, die Einem nicht natürlich und also nur durch große Kunst und Anstrengung erreichbar ist. – Sollten Sie jemahls einen Roman schreiben: so müßte vielleicht ein andrer den Plan machen, und wenn nicht das Ganze aus Briefen bestehn sollte, auch alles darin schreiben, was *nicht* in Briefen wäre. –

Sie können wohl *Fragmente* sprechen und auch in Briefen schreiben: aber sie sind immer grade nur in dem, was ganz individuell und also für unsern Zweck nicht brauchbar ist. – Ihre Philosophie und Ihre Fragmentheit gehn jede ihren eignen Gang. – Seyn Sie also ja vorsichtig bey der Wahl der Form, und bedenken Sie, daß *Briefe* und *Recensionen* Formen sind, die Sie ganz in der Gewalt haben. An den Briefen über Shakespears komischen Geist schreiben Sie doch auch mit, wenn der Vorschlag acceptirt wird? –

Was sich aus Ihren Briefen drucken ließe, ist viel zu rein, schön und weich, als daß ich es in Fragmente gleichsam zerbrochen, und durch die bloße Aushebung kokett *gemacht* sehn möchte. Dagegen denke ich, es würde mir nicht unmöglich seyn, aus Ihren Briefen *Eine* große philosophische Rhapsodie zu – diaskeuasiren. Was meynen Sie dazu? – Das wäre etwas für den Sommer, wenn ich wieder bey Ihnen bin: denn ich bin sehr geneigt mit Euch zu ziehn und im Sommer vollends bey Euch zu bleiben: dagegen aber auf den Winter wieder hierher zurückzukehren. – Was mir auf die Länge jetzt noch in Jena *sehr* fehlen würde, sind Bücher, die ich hier haben kann, wie ich wünsche, und die ich dort ganz entbehren muß. Wenn ich mich schon in Ruhe hinsetzen dürfte und einen meiner Romane ausführen, so wäre es etwas anders. Doch würde ich auch dabey homogene Lektüre brauchen. – Es freut mich sehr, daß Wilhelm mich wieder zu sich wünscht, und wie haben Sie glauben können, daß ich einer Einladung wiederstehen könnte, die nur (mit) meinen Wünschen entgegenkam?

Was Sie mir von Augusten schreiben, freut mich sehr. Nur das nicht, daß Sie sie nicht mitbringen wollen. – Singen kann sie hier so gut lernen, wie irgendwo. Vielleicht könnte ich ihr Zutritt in der Faschischen Singakademie verschaffen, wo sie Vokalmusik hören würde, wie man sie selbst in Dresden gar nicht hat. So oft Ihr in Gesellschaften gingt, wo sie nicht Lust hätte, oder Sie nicht gut fänden, daß sie mitginge, könnte sie mit mir ins Theater gehn. Ich verspare das absichtlich auf die Zeit und bin seit einem Vierteljahr nicht dreymahl dringewesen. – Oder sie kann auch Griechisch mit mir lesen. – Ich bitte Sie recht sehr, es zu überlegen. Mit der Unschuld, das ist nichts. Erstlich kann Auguste Berlin sehen und unschuldig bleiben. Wenn die Unschuld aber darin besteht, daß man immer an demselben Fleck klebt: so ist Auguste, die schon so vieler Menschen Städte und Sitten gesehn hat, ein weiblicher Odysseus, nicht mehr unschuldig, und hat also nichts zu verliehren. – Im Ernst, ich dächte, es könnte ein kleiner Beytrag zu der Art von Bildung, die ihr nächst dem Beyspiel doch auch etwas der Zufall gegeben hat, und die sie so sehr von andern Mädchen ihres Alters unterscheidet, seyn, Berlin zu sehn. – Und dann, denken Sie nicht an die Trennung?

[…]

Friedrich Wilhelm Joseph Schelling an Luise Gotter

Stuttgart, den 24. Sept. 1809

Sie wissen es nun bereits, verehrteste Freundin der ewig theuren Caroline, daß die beste, geliebteste Frau für dieses Leben nicht mehr ist. Ihnen als ihrer treuesten Freundin hätte diese betrübte Nachricht billig nicht zuerst durch Fremde zukommen sollen; aber der unsägliche Schmerz erlaubte mir kaum den Einen nöthigsten Brief an den Bruder in Haarburg zu schreiben: noch immer fehlt mir die nöthige Fassung, und ich weiß nicht, wie ich im Stande sein werde, Ihnen auch nur die Hauptumstände zu melden. Doch ist der Gedanke, an Sie zu schreiben, tröstend für mich. Ich weiß, auch Ihre Thränen fließen bei dem schmerzlich-süßen Andenken, wie die Ihrer lieben Töchter. Auch Sie alle haben eine Freundin an ihr verloren, wie es keine oder wenige giebt – und Sie begreifen meinen Schmerz, Sie können ahnden, wie viel ich verloren habe. –

Caroline wünschte mit wahrer Sehnsucht die Reise nach dem Würtembergischen; sie bedurfte der Erholung: zwei Monate hatte sie meiner gewartet, da ich fast seit dem Frühling krank war. Die sonstige Ordnung hatte sich verkehrt: immer besorgt für *ihre* Gesundheit wurde ich nun der Gegenstand ihrer Sorgen – ach die viele Mühe, die ihr meine Wartung verursachte, hat ohne Zweifel die Schwäche vorbereitet, die der Krankheit nachher so schnelle Wirkung verstattete. Wir verließen München am 18. August, sie fröhlich, heiter, wie immer auf der Reise, ohne Anstoß in ihrer Gesundheit; wir eilten über hier nach Maulbronn, einem würtembergischen Kloster, dem Aufenthaltsort meiner guten Eltern, bei denen ich vor 6 Jahren mit Caroline fast den ganzen Sommer gelebt hatte und denen sie äußerst lieb und ergeben war.

Mich hat auf der ganzen Reise ein drückend schmerzliches Gefühl begleitet, das ich mir nicht zu erklären wußte, wie ich den ganzen Sommer mehr gemüths- als körperlich krank war: ihr Tod hat eine schreckliche Klarheit auf dieses wunderbare Gefühl geworfen. *Sie* schien wenigstens keine bewußte Ahndung zu haben: das Einzige, was alle meine Verwandte bemerkten, war, daß sie diesmal so ganz besonders liebevoll und zärtlich gegen alle war, recht als ob sie noch mit ihnen abletzen wollte: allen schien sie wie verklärt zu sein und schwebt ihnen jetzt nach ihrem Tode wie ein göttliches Wesen vor. Auf einer kleinen Nebenreise von Maulbronn aus – in eine der schönsten Gegenden dieses Landes – die auch ihr Wunsch war, die aber – ach! ich bin es nur zu gewiß – mit zur Erschöpfung ihrer Kräfte beitrug, so sehr sie sonst durch Bewegung und Reisen gestärkt wurde – auf dieser ganzen Reise war sie auf eine wunderbare Art still und in sich gekehrt, wenn gleich bei dem äußeren Ausdruck der völligsten inneren Heiterkeit. Hundertmal trieb es mich, sie zu fragen, warum sie so still sei, und immer wurde ich durch die Gesellschaft daran verhindert. Ich sehnte mich innig, mit ihr wieder allein und zu Hause zu sein: aber wenige Stunden nach der Rückkehr zeigten sich auch die ersten Anfälle der Krankheit.

In der Gegend von Maulbronn hatte schon seit einem Monat eine epidemische Ruhr mit Nervenfieber grassirt: nur Maulbronn war bis zu unserer Ankunft noch immer verschont geblieben. Erst am zweiten Tag unsres Daseins wurde die Frau eines dortigen Professors *Pauli* davon ergriffen. Noch vor 3 Jahren hätte ich bei der ersten Nachricht davon den Unglücksort verlassen und Caroline gerettet. Damals wachte ich beständig über sie und beobachtete jeden Schritt, der ihr gefährlich werden konnte. Seitdem sie in der gesunden Luft Münchens neu aufgeblüht ist und so stark und gesund geworden war, daß sich alle meine Verwandte beim Wiedersehen darüber verwunderten, seit dieser Zeit war ich sicherer geworden und überließ sie in Allem ihrer natürlichen Freiheit. Bei der Rückkehr von jener Reise war ihre erste Frage: was die gute Professorin Pauli machte, (die sie übrigens nie gesehen hatte, an der sie aber vielen Theil nahm). Die Antwort war: sie sei gestern gestorben! – Einige Stunden nachher kamen die ersten Anfälle mit einigen schnell auf einander folgenden Ausleerungen: Caroline scherzte noch selbst darüber und fürchtete nichts; auch wurden durch die Anwendung der gewöhnlichen Hausmittel die Anfälle vor der Hand zurückgehalten; aber spät am Abend stellten sich Schmerzen und Fieber ein und schon am andern Morgen, da ich frühe vor ihr Bette trat, sagte sie zu mir die Worte: »Ich fühle die Destruction solche schnelle Fortschritte machen, daß ich glaube, ich könnte diesmal – sterben!« Ach, sie hatte nur zu wahr geredet! – Schon der erste Anblick, die auffallende Veränderung ihres Gesichts zeigte die Heftigkeit der Krankheit: ihr Puls setzte mich in den äußersten Schrecken. Ich redete ihr den Gedanken aus, ob ich gleich meine Bestürzung nicht ganz verbergen konnte. Alles zeigte, daß sie von der unseligen Krankheit ergriffen sei. Von diesem Augenblick an wurde alles aufgeboten sie zu retten. Ich übergab sie dem Maulbronner Arzt, einem allgemein für geschickt gehaltenen Mann, der eine Menge Kranker in der ganzen Gegend an der nämlichen Epidemie behandelt hatte. Ein Expresser ging nach Stuttgart, meinen Bruder zu rufen, der hier als praktischer Arzt in besondrem Ansehen steht und zu dem auch Caroline das größte Zutrauen hatte. Aber leider kam er zu spät, da keine Hülfe mehr war. – Lassen Sie mich diese Tage des Schmerzes und der schrecklichsten Furcht übergehen! Die einzige wenn gleich schwache Beruhigung ist, daß Caroline jede Art von Hülfe und Wartung genossen hat, die sie bedurfte. Bei dem höchst schmerzlichen Gedanken, daß sie auf der Reise, nicht im eignen Hause hinscheiden mußte, ist dies das einzig Tröstende, daß sie wenigstens in den Armen zärtlicher Eltern gestorben ist. Die großen Schmerzen, die mit dieser Krankheit verbunden sind, hat sie fast nur Einen Tag und mit der edelsten Standhaftigkeit und wahrer Geistesgröße getragen. Ihre letzten Tage waren ruhig: sie hatte kein Gefühl von der Gewalt der Krankheit noch der Annäherung des Todes. Sie ist gestorben, wie sie sich immer gewünscht hatte. Am letzten Abend fühlte sie sich leicht und froh; die ganze Schönheit ihrer liebevollen Seele that sich noch einmal auf; die immer schönen Töne ihrer Sprache wurden zur Musik; der Geist schien gleichsam schon frei noch dem Körper und schwebte nur noch über der Hülle, die er bald ganz verlassen sollte. Sie entschlief am Morgen des 7. Septembers sanft und ohne Kampf: auch im Tode verließ sie die Anmuth nicht; als sie todt war, lag sie mit der lieblichsten Wendung des Hauptes, mit dem Ausdrucke der Heiterkeit und des herrlichsten Friedens auf dem Gesicht. – – Ach so lange sie noch dalag, so lange ich noch die letzten Reste von ihr mit meinen Thränen benetzen konnte, war ich nicht ganz unglücklich; nie kehrte ich von dem Anblick zurück ohne gestärkt und getröstet zu sein, so heiter war ihr Ausdruck. Ach, endlich mußte ich mich auch von dem Letzten trennen, ich begleitete sie zu ihrem Grab, wohin sie mit jeder Feierlichkeit gebracht wurde, die zur Ehre der edeln Verstorbenen gereichte, der ich leider! im Leben nicht alle die Ehre hatte erzeigen können, die ich gern wünschte. Nun ruht sie in dem stillen Thale, an dessen romantischem Anblick ihr Auge oft mit stiller Schwermuth gehangen hatte, an einer Stätte, wo einst auch meine guten Eltern ruhen werden.

Dies war das Ende Ihrer – meiner Caroline. Ich stehe da erstaunt, bis ins Innerste niedergeschlagen und noch unfähig meinen ganzen Jammer zu fassen. Meine Verwandte haben mich jetzt hierher geführt; aber mein Herz und alle meine Gedanken sind dort, wo ich sie leiden und sterben sah und wo ihre Hülle schlummert. – Welch ein schrecklicher Kreis von Verhängnissen wird durch diesen Tod geschlossen! Vor 9 Jahren raffte die nämliche Krankheit auf der Reise die liebliche Tochter dahin; jetzt ebenfalls auf der Reise unterliegt ihr das theure Leben der Mutter. *Ihr* ist jetzt wohl; der größte Theil ihres Herzens war schon längst jenseits dieses Lebens. Mir bleibt der ewige durch nichts als durch den Tod zu lösende Schmerz einzig versüßt durch das Andenken des schönen Geistes, des herrlichen Gemüths, des redlichsten Herzens, das ich einst in vollem Sinne *mein* nennen durfte. Mein ewiger Dank folgt der herrlichen Frau in das frühe Grab. Gott hatte sie mir gegeben, der Tod kann sie mir nicht rauben. Sie wird wieder mein werden, oder vielmehr sie *ist* mein auch in dieser kurzen Trennung. – –

Sie, verehrte Frau, sind eine von den Wenigen, mit denen ich ganz nach meinem Herzen von Caroline reden darf. *Sie* haben nie aufgehört sie zu lieben, und auch *ihr* Herz gehörte Ihnen. Lassen Sie einen Theil der Freundschaft, die Sie zu der Lieben getragen, auf mich übergehen. Ich werde einen Trost darin finden, von denen, welche sie im Leben geliebt, mit Freundschaft angesehen zu werden. Lassen Sie mich ein theilnehmendes Wort von Ihnen und Ihren lieben Töchtern hören!

Könnte ich die letzten Briefe, die Ihnen Caroline geschrieben, erhalten, so würde mich dies erquicken. Ich sammle jede Relique der Theuren. Die Briefe sollen Ihnen nicht verloren sein. Erhalte ich bald ein Wort von Ihnen, so trifft es mich noch hier. Den harten einsamen Rückweg nach München muß ich antreten. Ich habe noch die heilige Pflicht auf mir, die Verlassenschaft der Seligen in Ordnung zu bringen. Dieser Gedanke wird mir Kraft geben, in das öde Haus zurückzukehren, wo zugleich das süße Andenken an sie durch jeden Gegenstand erneuert wird.

Leben Sie wohl, edle Frau, mit allen den Ihrigen; möge nie ein ähnliches Ereignis Ihre weiteren Tage trüben! Ich empfehle mich Ihnen allen und bin und bleibe mit der innigsten Hochachtung

Ihr ergebenster Schelling.

Anmerkungen

Die Anmerkungen folgen der Numerierung der Briefe.

Briefe der Caroline Schlegel-Schelling
1781-1809

2

87 *Lotten:* Carolines jüngere Schwester Lotte hatte sich in einen Jurastudenten aus Portugal namens Petro Hockel verliebt, der im Hause Michaelis einquartiert war. (Ständig wohnten dort im Seitenflügel etwa zehn bis zwölf Studenten.) Die Eltern schickten das Mädchen daraufhin in eine Pension nach Gotha, sie durfte erst zurückkehren, als Hockel Göttingen verlassen hatte. *Mad. Schlözer:* Ihr Mann kehrte mit der zwölfjährigen Tochter Dorothea von einer halbjährigen Italienreise zurück.

89 *Grosmannische Schauspieler Gesellschaft:* Truppe von Großmann, spielte wiederholt in Göttingen; mit der *schönen Frau* meint Caroline seine Ehefrau, Mutter der später mit A.W. Schlegel befreundeten Schauspielerin Friederike Unzelmann. *Ifland und der Räuber Sceene:* Iffland spielte in Schillers Drama am Gothaer Hoftheater den Franz Moor; Gotter hatte Iffland sehr gefördert.

3

89 *Göthe war hier:* Goethe kam am 28. September 1783 mit Charlotte von Steins Sohn Fritz auf der Rückreise vom Harz nach Göttingen.

4

Am 15. Juni 1784 heiratete Caroline den Arzt Johann Franz Wilhelm Böhmer und folgte ihm in das Harzstädtchen Clausthal, wo Böhmer als »Berg- und Stadt-Medicus« praktizierte.

92 *wie Hymen gekleidet:* Hymenaios ist der griechische Gott der Hochzeit; oft als Jüngling mit Fackel und Kranz dargestellt.

94 *auf ein Tableau silhouettiren:* (franz.) auf einem schwarzen Brett den Schattenriß zeichnen.

94 *Spirits:* (engl.) Lebensgeister.
in the whole: (engl.) im ganzen.

6

96 *Vetter Schichtrupp:* soll sicher Schachtrupp heißen; Carolines
Vater war in erster Ehe mit einer Schachtrupp aus Clausthal
verheiratet.
Fr. v. Reden: Frau des Berghauptmanns Claus Friedrich von Reden (1736-1791), Mitbegründer der Bergakademie Clausthal
und hannoverscher Berghauptmann von 1769-1791; Reden war
auswärtiges Mitglied der Göttinger Sozietät.
bouche close: (franz.) hier offensichtlich im Sinne von jetzt genug, Schluß.
Gallisch: wahrscheinlich ein neuer in Lichtenbergs Almanach
veröffentlichter Aufsatz des in Göttingen lebenden Dichters
und Mediziners Friedrich Andreas Gallisch.
Theile von Möser: Gemeint sind wahrscheinlich die »Patrioti-
schen Phantasien« von Justus Möser (1720-1794).
Cecilie: Roman. »Cäcilie oder die Geschichte einer reichen Wai-
se. Aus dem Englischen.« 1783 f. erschienen.

8

97 *Niederkunft:* Am 28. April 1785 gebar Caroline ein Mädchen,
Philippine Augusta (Auguste).
Das Übrige der Rheinischen Thalia: »Rheinische Thalia«, Zeitschrift, herausgegeben von Schiller; im erwähnten Heft waren
noch enthalten: das »Merkwürdige Beispiel einer weiblichen
Rache« nach Diderot und der »Verbrecher aus Infamie« sowie
die Mannheimer Theaterrede und »An die Freude«.

9

99 *decidirt:* entschieden.

10

99 *plattitude:* (franz.) Plattheit, Gemeinplatz.

99 *but, as there is no occasion for a sweet one:* (engl.) aber, wenn
   da keine Veranlassung für eine süße (Schwermuth) ist.

100 *unhonorig:* hier im Sinne von unaufwendig, wenig repräsentativ.

101 *ennuyirt:* langweilt.
   Sans comparaison: (franz.) ohne Gefährte.

102 *Winkelmann:* eine der Schriften des Archäologen und Kunst-
   wissenschaftlers Johann Joachim Winckelmann (1717-1768);
   wahrscheinlich sein in ganz Europa berühmtes, 1767 erschiene-
   nes Hauptwerk »Geschichte der Kunst des Altertums«, das an
   die Stelle der älteren, biographisch-chronikalischen Kunst-
   schriftstellerei eine völlig neuartige philosophische Betrachtung setzt.
   Oßian: Ossian – angeblich gälischer Sänger aus dem 3. Jahrhundert, dessen fragmentarische Dichtungen 1765 von dem
   Schotten James Macpherson (1736-1796) herausgegeben wurden. In Wirklichkeit waren die Gesänge meisterhafte Nachah-
   mungen alter Volkspoesie. Von den Zeitgenossen begeistert
   aufgenommen und in zahlreichen Übersetzungen – u. a. von
   Herder, Goethe und Lenz – verbreitet.

102 *das zu hoffende Kind:* Caroline erwartete ihr zweites Kind;
   Therese (Röschen) wurde am 23. April 1787 geboren.
   Unkepunz: mundartlich – kleines Kind, Scheusälchen.

Am 4. Februar 1788 starb Carolines Ehemann an einer Infektion, die er sich in der Praxis zugezogen hatte. Caroline war
zum drittenmal schwanger, am 20. Juli gebar sie in Göttingen
den Sohn Wilhelm, er starb nach wenigen Wochen. Caroline
löste den Haushalt in Clausthal auf und ging nach Göttingen in
das Haus ihrer Eltern zurück.

103 *Mein Bruder:* Im Frühjahr 1789 zieht Caroline nach Marburg
   zu ihrem Halbbruder Fritz, der dort als Professor für Medizin
   lehrt.
   Convenienzen: Rücksichten auf Umstände und Verhältnisse;
   hier im Sinne von eigenen Vorstellungen.

105 *Genesung unsres Königs ... Prinz August:* Im Sommer 1786 waren an der Göttinger Universität drei englische Prinzen immatrikuliert worden.

106 *ein Gedicht:* Zum 72. Geburtstag des Vaters überreichte Caroline ihm im Namen ihrer Kinder ein Gedicht: »Gebet an den Gott der Heilkunde von Augusta und Therese Böhmer«. Verfaßt hatte es der zweiundzwanzigjährige Student August Wilhelm Schlegel, der im Hause gegenüber bei Heynes wohnte.

14

108 *La Roche:* Caroline lernte sie in ihrem ersten Marburger Jahr kennen, als diese ihren Sohn Fritz besuchte.
Nur noch ein Kind: Am 17. Dezember 1789 starb Carolines Tochter Therese, genannt Röschen.

15

113 *Depensen:* von Dépendance, (franz.) Abhängigkeit.
Prätensionen: Ansprüche.

115 *dépit:* (franz.) Ärger.
von Schiller, der Bürgern um alle menschliche Ehre recennsirt hat: Dichtung »für das Volk« war das künstlerische Hauptanliegen Bürgers, Balladen wie »Lenore« oder »Der Bauer an seinen Durchlauchtigen Tyrannen« hatten seinen Ruf als »Volksdichter« begründet. 1791 veröffentlichte Schiller in der »Allgemeinen Literatur-Zeitung« Nr. 13 eine Rezension der Gedichte Gottfried August Bürgers, die 1789 in einer umfänglichen Ausgabe erschienen waren. Schiller maß und verwarf die Gedichte, ohne die Leistung des volksverbundenen Dichters zu würdigen, wandte sich auch mit ungerechtfertigter Härte und Kälte gegen den Menschen Bürger, der diesen Angriff nie verwunden hat. Dabei waren Bürgers Gedichte für Schiller eigentlich nur Anlaß kritischer Aburteilung eigener Jugenddichtung. Der scharfe Ton resultiert aus persönlicher Betroffenheit; Schillers Bürger-Rezension ist eine Absage an die Volkstümlichkeitsideale des Sturm und Drang und analysiert die Situation und die Voraussetzung, unter der Kunstproduktion künftig möglich ist.

116 *à plus forte raison:* (franz.) um so mehr.
Bürger dem Ehemann: 1790 geht Bürger eine dritte Ehe mit der

zwanzigjährigen Elise Hahn ein, die sich ihm als eine Verehrerin seiner Kunst in einem Gedicht als Frau angetragen hat. Die Ehe wurde unglücklich. Elise vernachlässigte die Kinder, hatte Beziehungen zu anderen Männern, u. a. offenbar auch zu Carolines Bruder Philipp. 1792 endete Bürgers Ehe mit einem Scheidungsprozeß. Der Streit mit Schiller und der Eheskandal, die zeitlich zusammenfielen, verletzten Bürger tief.

16

116 *Supplement:* Ergänzung.

Mirabeau hat in seinem Kerker: Mirabeau schrieb während seiner mehrjährigen Haftzeit, die er wegen der Entführung Sophie de Ruffeys verbüßte, an sie Briefe, die nach seinem Tode unter dem Titel »Lettres originales de Mirabeau, écrites du donjon de Vincennes« in Paris 1792 veröffentlicht wurden.

Ich bin nun hier: Im Herbst 1791 war Caroline von Marburg wieder nach Göttingen gegangen. Ihr Entschluß, nach Mainz zu gehen, stand offenbar seit Dezember fest. Ende Februar oder Anfang März kam Caroline in Mainz an. Sie bezog ein kleines Zimmer in der Welschen Nonnengasse, fünf Minuten Fußweg von der Wohnung der Familie Forster entfernt.

117 *wenn der Krieg ausbrechen sollte:* Am 20. April 1792 erfolgte die französische Kriegserklärung an den »König von Ungarn und Böhmen«. Am 6. Mai 1792 wurde die preußische Mobilmachung befohlen. Der alliierte Feldzug der preußischen und österreichischen Armee gegen das revolutionäre Frankreich begann. Am 25. Juli 1792 veröffentlichte der Oberkommandierende der Koalitionsarmeen, Herzog Carl Wilhelm Ferdinand von Braunschweig, ein Manifest, in dem die Wiederherstellung vorrevolutionärer Zustände in Frankreich proklamiert wurde; falls der königlichen Familie ein Leid geschehe, solle Paris »einer militärischen Exekution und einem gräßlichen Ruine« preisgegeben werden. Als die erste Niederlage der Franzosen bekannt wurde, verfügte die Nationalversammlung, ein Heer von 20 000 Mann bei Paris zusammenzuziehen. Der König versagte seine Zustimmung, daraufhin setzten die Girondisten alles in Bewegung, um den König zu stürzen. Am 20. Juni 1792 verlangte eine Volksmasse vor dem Schloß die Abschaffung des

königlichen Vetorechtes. Das Versagen gegenüber den Interventionstruppen bewirkte am 10. August 1792 den Pariser Volksaufstand (Sturm auf die Tuilerien, Gefangennahme des Königs). Am 21. September löste sich die Nationalversammlung auf, der Nationalkonvent trat an ihre Stelle.

Das Sammellager der preußischen und österreichischen Armee war in Rübenach bei Koblenz. Der alliierte Feldzug begann, man glaubte, es werde sich um einen militärischen Spaziergang handeln; der Weimarer Herzog Carl August schrieb am 28. Juli 1792: »Wir werden Campagner trinken, ohne einen Schuß zu tun.«

spirituell: geistig.

118 *regrettiren:* regredieren: zurückgreifen, sich erinnern.

Ameublement: Wohnungseinrichtung.

der groß Cophta: »Großkophta«, 1791 erschienen, Lustspiel von Goethe; er setzt sich darin mit der Französischen Revolution auseinander. Forster und auch Caroline sind von dem Stück und Goethes Haltung enttäuscht.

119 *auf welche Cagliostro selbst Wirkung gehabt:* Caroline spielt hier auf den Umstand an, daß Goethe für sein Drama »Großkophta« die Gestalt des Abenteurers und Geisterbeschwörers Cagliostro nutzte. Dieser war mit den Freimaurern verbunden und gründete eine eigene Richtung, genannt die ägyptische Maurerei; Cagliostro sah sich in der Rolle des Sendboten des Propheten Elias oder des Groß-Kophta.

mit Hülfe der aegyptischen Loge: Vereinigung der Freimaurer, die Cagliostros Richtung folgten.

horrible: (engl.) schrecklich.

Donamar: »Graf Donamar«, Briefroman von Friedrich Bouterwek, dreibändig, der erste Teil erschien 1791.

supprimiren: verbergen.

120 *Klingers Medea:* entweder »Medea in Korinth« (1786) oder »Medea auf dem Kaukasus« (1791) von Friedrich Maximilian Klinger (1752-1831).

Bürger ... mit seiner Musenallmanachs Liebschaft: vgl. Anm. *Bürger dem Ehemann* zu Brief 15.

von Meyer in Hamburg: Meyers »Darstellungen aus Italien«, 1792 erschienen.

121 *Amalie:* Amalie Reichard.

Zusammenkunft des Deutschen Reichs: Am 14. Juli 1792 war in Frankfurt (Main) Kaiserkrönung von Franz II. Der Mainzer Kurfürst und Erzbischof Friedrich Karl Joseph von Erthal hatte sie vorgenommen und anschließend Könige, Herzöge, Minister und Gesandte zu einer Nachfeier nach Mainz eingeladen.

122 *Ingredienz:* Bestandteil.

123 *Jeden Abend bin ich dort:* Forsters und Carolines Sympathien sind auf französischer Seite. Am 12. August 1792 schreibt Caroline an Meyer: »Für das Glück der kaiserl. und königlichen Waffen wird freylich nicht gebetet – die Despotie wird verabscheut, aber nicht alle Aristokraten – kurz, es herrscht eine reife edle Unparteylichkeit …«. Goethe nahm im Gefolge Herzog Carl Augusts am Feldzug teil, er besuchte Ende August an zwei Abenden Forster in Mainz. Caroline war zugegen. Vgl. Brief 32. In der »Campagne in Frankreich« schreibt er dreißig Jahre später: »Von politischen Dingen war die Rede nicht, man fühlte, daß man sich wechselseitig zu schonen habe: denn wenn sie republikanische Gesinnungen nicht ganz verleugneten, so eilte ich offenbar, mit einer Armee zu ziehen, die eben diesen Gesinnungen und ihrer Wirkung ein entschiedenes Ende machen sollte.«

gegen keinen mehr ungerecht: Im Brief vom 6. Dezember 1791 an Meyer ergreift Caroline noch einseitig für ihre Jugendfreundin Therese Partei. »Forster ist unerträglich …«, schreibt sie. »Sie haben ihr jüngstes Kind an den inokulirten Blattern verlohren. – F. sorgt indeß für Ersatz, und das ist zehnfach ärger … der doch wißen muß, daß er seines Weibes Herz nicht besizt …«

124 *Connektionen:* einflußreiche Verbindungen.

die Kunst des glücklichen Selims: wahrscheinlich Anspielung auf das Werk »Selim der Glückliche« von Müller von Itzehoe, 1792 erschienen.

Ihre Gedichte: Von Meyer erschienen 1793 »Spiele des Witzes und der Phantasie«.

2te Theil von Forsters Ansichten: Forsters als Ergebnis seiner mit Alexander von Humboldt unternommenen Reise entstandenes literarisches Hauptwerk »Ansichten vom Niederrhein, von Brabant, Flandern, Holland, England und Frankreich, Mai und Junius 1790«; erschienen 1791 bis 1794 in drei Bänden.

Cothurne: dicksohlige Fußbekleidung der Schauspieler im antiken Theater zur Erhöhung der Gestalt; hier im übertragenen Sinne für erhabenen Stil.

Nebucadnezar: ungeklärt, eventuelle Anspielung auf Tatter, dessen Besuch Caroline in Mainz erwartete.

125 *einen Brief voll Glückseligkeit:* Lotte stand kurz vor der Heirat mit dem Verlegersohn Heinrich Dieterich (1760-1837).

Popens Eloise: »Heloise an Abelard. Frei nach Pope«; übersetzt von G. A. Bürger.

18

126 *high treason:* (engl.) Hochverrat.

127 *Ihr gerechter Zorn:* Meyer, dessen Briefe an Caroline nicht erhalten sind, war ganz offensichtlich ein Gegner der Revolution und der revolutionären Veränderungen in Mainz. Am 9. Juli 1973 schrieb Meyer an Bürger, »daß so elende Bursche als Georg Böhmer und Wedekind Mainz mit eiserner Rute beherrschen«. Caroline muß er wiederholt Vorhaltungen wegen ihrer demokratischen Gesinnungen gemacht haben. Am 12. August 1792 entgegnet sie ihm: »Das rohte Jakobiner Käppchen, das Sie mir aufsezen, werf ich Ihnen an den Kopf.« Aber sie verfolgte die Ereignisse mit entschiedener Sympathie für die revolutionäre Sache. Briefe, so an die Schwester Luise, die Mutter und an Tatter, die darüber näher Aufschluß geben könnten, sind vernichtet. Aber Caroline gab sie im Oktober 1793 Friedrich Schlegel zu lesen, und der berichtete im selben Monat seinem Bruder August Wilhelm: »Wenn ich ihre Ansicht des Ganzen nur von wenigen Zügen, die einer ungerechten Eigenthümlichkeit, oder der ersten Hitze ihr Daseyn verdanken, reinige, so ist sie ganz die meinige. Einen Brief nach dem Verlust von Frankfurt, glühend von dem schönsten Unwillen, hat sie mir schenken müssen. ... Diese Begeisterung für eine große öffentliche Sache macht trunken und thörigt für uns selbst und unsere kleinen Angelegenheiten, muß es machen, wenn sie ächt ist.«

unsre höflichen wackren Gäste: Am 20. September 1792 hatte die französische Armee bei Valmy den Vormarsch der Koalitionstruppen zum Stehen gebracht, der Herzog von Braunschweig befahl den Rückzug. Die Franzosen rückten vor, Worms und Speyer wurden eingenommen. Am 21. Oktober 1792 marschierte die französische Armee unter General Custine in Mainz ein; die Festung Mainz wurde den Franzosen kampflos übergeben.

der Deutsche Jacobiner-Club: Am 23. Oktober 1792 wurde in Mainz eine »Gesellschaft der Freunde der Freiheit und Gleichheit« gegründet. Präsident wurde der Kaufmann Georg Häfelin. Zu den Mitgliedern gehörten Professoren der Universität; der Theologe Blau, der Jurist Hofmann, der Mathematiker Metternich, der Mediziner Wedekind; weiterhin Studenten, ein Holzhändler, ein Gastwirt u. a. Forster war zu der Zeit noch nicht Mitglied des Klubs.

vivre libre ou mourir: (franz.) frei leben oder sterben.

des gueux et des misérables: (franz.) hier im Sinne von Strolchen und Schurken.

Insulten: Beleidigungen.

delabrirt: hier im Sinne von verfallen; von franz. délabrement = Verfall, Zerrüttung.

la situation ... de la notre: (franz.) die großartige Lage ihrer Armeen und die jämmerliche der unseren.

ne vous fiés pas à vos armées mourantes: (franz.) verlassen Sie sich nicht auf Ihre untergehenden Armeen.

haranguirt: Man führt das große Wort bzw. redet überflüssigerweise.

128 *sansculotte:* (franz.) Ohnehose; in und nach der Französischen Revolution Bezeichnung für die revolutionären Proletarier und Kleinbürger, die statt der höfischen Kniehosen lange Hosen, sogenannte Pantalons, trugen.

Concert des puissances: (franz.) Konzert der Mächtigen; Anspielung auf die im Juli in Mainz anläßlich der Nachfeier der Kaiserkrönung versammelten Oberkommandierenden der Koalitionsarmee und ihr Manifest mit den Drohungen gegen Frankreich.

129 *inkommodiren:* hier im Sinne von Ungelegenheiten machen.

Forsters Erinnerungen: Georg Forsters »Erinnerungen aus dem Jahr 1790«; 1793 erschienen.

Bereits Ende Januar 1793 will Caroline aus Mainz fort. Therese
Forster hatte im Dezember 1792 mit ihren Kindern Mainz verlassen. Forster hatte sich gegen ihren Weggang vehement zur
Wehr gesetzt. In einem Brief vom 4. Dezember 1792 beschwört
er Huber, Therese müsse seiner »Ehre« das »Opfer« ihres
Bleibens bringen. »Publikum und Klub werden sagen: wir sind
verloren, denn Forster schickt seine Frau und Kinder schon
fort; und er hat auch nur das Maul aufgerissen, wie die anderen, um uns im Stich zu lassen, jetzt, da es gilt.« Nach dem Weggang Thereses sorgte Caroline für Forster. Urteile über ihren
Einfluß auf Forsters revolutionäre Haltung wurden gefällt. So
schrieb Sömmering am 29. Januar 1792 an Heyne: »Mde. Böhmer, die Witwe, ist an Forsters Unglück nebst Huber am meisten Schuld.« Heyne, Forsters Schwiegervater, der sich später
aus politischen Motiven von Forster lossagen wird, schreibt in
blinder Antipathie gegen Caroline nach schweren Vorwürfen
wegen Thereses Trennung von Forster am 11. April 1793: »Das
schändlichste von allen Geschöpfen, die Böhmerin, die an Deinem Fehltritt so viel Anteil hat...« Und am 3. September an
Huber: »Terese hätte nur sollen aus aller Politik heraus bleiben,
und der Teufel von einem Weibe, wie die Böhmerin, hätte nicht
ins Spiel gezogen werden sollen.«
Forster, der konsequent seinen Weg geht, weiß um diese Zeit,
wie aus seinen Briefen hervorgeht, bereits um den Ausgang der
Mainzer Republik, um ihren Kampf auf Leben und Tod. Am
25. März geht er als Deputierter nach Paris; fünf Tage später
verläßt Caroline die Stadt; gemeinsam mit der vierundsechzig-
jährigen Sophia Magdalena Wedekind, der Mutter eines füh-
renden Klubisten, deren Schwiegertochter Maria und Meta
Forkel. Mit ihnen reisten vier Kinder.

20

Am 30. März 1792 wurden Caroline, die anderen Frauen und
die Kinder von preußischen Posten bei Oppenheim aufgehalten
und nach Frankfurt gebracht und verhört. Am 2. April erfolgte
die Festnahme, am 8. wurden sie auf die Festung Königstein im
Taunus gebracht. Der Grund der Verhaftung: Die Frauen tru-

gen Namen führender Mainzer Jakobiner. Caroline wurde vom preußischen König für die Frau Böhmers gehalten; dem Kurfürst von Mainz war ihre Verbindung zum Hause Forsters bekannt. Auf Georg Forsters Kopf waren 100 Dukaten gesetzt, und möglicherweise behandelte man sie als Geißel; im Lande herrschte Lynchjustiz gegen die Mainzer Demokraten.

Hrn. Coadjutor: Gemeint ist Dalberg. Gotter wandte sich offenbar mit der Bitte um Hilfe an ihn. Auf der Rückseite des Briefes steht – laut dem ersten Herausgeber Waitz – von fremder Hand: »Aber es darf nicht directe an Mad. Böhmer nach Königstein geschrieben, wenigstens dieses empfangenen Briefes auf keine Weise Erwähnung gethan werden.«

21

131   *Brief ... an Humbold:* Caroline hat sich mit Briefen an Wilhelm von Humboldt gewandt, und er hat ihr auch geantwortet. Die Briefe sind verschollen. Später schreibt er an A.W. Schlegel: »Ihre Freundinn genießt die Freiheit wieder, und auf eine Art, die ihr zugleich die ehrenvollste ist. Gern hätte auch ich dazu mitgewirkt. Aber am Maynzischen Hofe war schlechterdings nichts fürs Erste zu thun, und den Weg, den der Bruder eingeschlagen hat, schien, ob er gleich am Ende geglückt ist (da alle Gefangenen allein vom Kürfürsten abhingen) so wenig zu versprechen, daß man ohne genaue Localkenntnisse ihn kaum zu versuchen wagen konnte. – Ich selbst habe nie das Glück gehabt, Me. Böhmer selbst zu sehen, so sehr ich es auch nach allem, was ich durch Sie, die Forster und andere von ihr hörte, gewünscht hätte. Aber die drei Briefe, die ich bei dieser Gelegenheit von ihr erhalten habe, können mir gewißermaßen statt einer Bekanntschaft dienen. Gerade der hohe Geist, den Sie so schön schildern, drückt sich in ihnen, vorzüglich in dem ersten (da die durch das ungewisse Schicksal eines Briefs nach einer Festung veranlaßte Kälte meiner Antwort, die mich gewiß nicht hinderte, mit aller Wärme thätig zu seyn, sie zurückhaltend und vielleicht gar mißtrauisch gemacht hatte) auf eine äußerst charakteristische Art aus.«

mein Leben ... in Gefahr kömt: Caroline entdeckte in der Gefangenschaft, daß sie schwanger war.

132 *ehe Mainz übergeht:* Am 30. März hatten die gegenrevolutionären Armeen des Königs von Preußen das Rheinland von Bingen bis Worms erobert und begannen mit der Belagerung von
Mainz. »Ich höre hier … den Donner des Geschüzes; und nur
ein etwas naher Berg entzieht mir den vollen Anblick des
Schauplazes«, schreibt Caroline am 12. Mai 1793. Vier Monate
wurde Mainz belagert und bombardiert. Am 23. Juli 1793 fällt
die Stadt in die Hände des Absolutismus zurück.
avouiren: (franz.) hier im Sinne von zugeben, gestehen.

133 *detestiren:* verabscheuen.
Moniteur: führende, 1789 gegründete Pariser Tageszeitung.
qu'on a mené … veuve Böh, amie du Citoyen Forster: (franz.)
daß man die Witwe Böh., die Freundin des Citoyen Forster, auf
die Festung K. geschickt hat.

23

Am 14. Juni 1793 war Caroline von der Festung Königstein
nach Kronberg verlegt worden.

135 *ein paar Zettel:* Diese Briefe bzw. Aufzeichnungen Georg Forsters sind verlorengegangen.
ging er aufs Land: Forster hielt sich zur Vorbereitung der Wah-
len unter den Bauern auf.

137 *Proselytenmacherin:* eine, die Andersdenkende in aufdringli-
cher Weise für ihre Anschauungen gewinnen will.

24

139 *ich bin frey:* Carolines Bruder Philipp kam am 17. Juni aus Italien nach Kronberg geeilt; am 19. Juni wandte er sich, nachdem
Friedrich Wilhelm II. eine Intervention des Hannoverischen
Ministeriums schroff abgewiesen hatte, an den preußischen
König direkt. Wie Humboldt setzte auch Goethe, der an der Belagerung von Mainz teilnahm, keine Hoffnung darauf. Am
7. Juli schrieb er an Jacobi: »Für die Gefangenen etwas zu thun
wird schwer halten; sie sind dem Churfürsten übergeben und
überlassen.« Der König reagierte aber, vom 4. Juli ist das Reskript datiert; am 11. Juli 1793 wurde Caroline auf freien Fuß
gesetzt.

Rescripte: siehe Dokumente, S. 243.

bonne tournure à mauvais jeu: (franz.) gute Miene zum bösen Spiel.

August Wilhelm Schlegel, der aus Amsterdam Caroline zu Hilfe geeilt war, begleitete sie von Kronberg über Frankfurt nach Leipzig.

25

140 *mich ihnen zu vertraun:* Caroline vertraute Göschen und seiner Frau Henriette an, daß sie ein Kind erwartete. Göschen vermittelte Caroline eine Unterkunft im Hause eines Arztes in dem südlich von Leipzig gelegenen, zum Herzogtum Altenburg gehörenden Städtchen Lucka.

141 *Für mein Kind ist gesorgt:* Die Briefe, die Caroline mit dem Vater des zu erwartenden Kindes gewechselt hatte, sind nicht erhalten.

26

Friedrich Schlegel, der als Student in Leipzig war, besuchte fast täglich Caroline in Lucka. Er handelte im Auftrag seines Bruders August Wilhelm, der auf seinen Hofmeisterposten nach Amsterdam zurückgekehrt war und dem er Berichte über Carolines Befinden sandte.

28

Am 3. November 1793 gebar Caroline einen Sohn. Im Kirchenbuch der Stadt Lucka steht auf Seite 369/70: Taufregister 1793, Nummer 58: »Ein Söhnlein Wilhelm Julius nat. 3. Novbr. renat. eodem die Mater Madame Julie Krantzin verehelicht mit Herrn Julius Krantz Speditions- und Handelsherrn auf Reißen als eine aus Hamburg sich hier eine Zeitlang aufhaltende Person.

Die Paten:

1. die Frau Kornschreiber Christine Elisabeth verwittwete Wismar,

2. Herrn Johann Heinrich Koenigsdörffer, Doctor Medicinae,

3. Herr Friedrich Schlegel Studiosus Juris Leipzig.«

29

144 *Ich bin seit 12 Tagen hier:* Anfang Februar 1794 ging Caroline mit ihrer Tochter Auguste nach Gotha. Den Sohn ließ sie bei Pflegeeltern in Lucka. Gotters nahmen sie auf. Über ein Jahr lebte sie in Gotha.

146 *Bei Forsters Tod:* Georg Forster starb am 10. Januar 1794 in Paris.

Therese hat mich …: Bereits Ende 1793 erreichte Caroline in Lucka ein Brief Therese Forsters, in dem es hieß, Caroline und sie seien »Rivalinnen gewesen von Kindesbeinen an«. Therese schilderte zudem die Geschichte ihrer Ehe und betonte den schon von Anfang an bestehenden körperlichen Ekel vor Forster. Wie die nachgewiesenen Streichungen Thereses in den Briefen Forsters darauf hinausliefen, Caroline einer Verbindung mit ihrem ehemaligen Mann zu verdächtigen, um so die eigene Beziehung zu Huber zu rechtfertigen, so ist wohl auch dieser Brief eine Art Rechtfertigung ihrer Verbindung mit Huber.

147 *Erlösung:* »Die Erlösung«, Erzählung von Meyer, im Februar 1793 in den »Annalen des Theaters« veröffentlicht.

Im August 1794 unternimmt Caroline von Gotha aus eine Reise nach Göttingen. Sie bekommt daraufhin Aufenthaltsverbot für ihre Vaterstadt Göttingen. Siehe Dokumente, S. 244.

30

Im August 1795 war Caroline von Gotha aus nach Braunschweig gegangen, wo sie eine gemeinsame Wohnung mit ihrer Mutter bezog. A. W. Schlegel weilte noch in Amsterdam.

148 *Aufsaz über den französischen Nationalcharakter:* der in Schillers Zeitschrift »Die Horen« 1795 erschienene »Beitrag zur Geschichte des französischen Nationalcharakters« von dem Jenaer Historiker Karl Friedrich Woltmann.

31

Im Spätsommer 1795 kam A. W. Schlegel um Carolines willen nach Braunschweig. Die beiden berieten ihre Zukunft, darunter war auch ein Plan, nach Amerika auszuwandern. Schillers freundliche Einladung ließ sie dann die Entscheidung für die thüringische Universitätsstadt Jena treffen. Am 10. Dezember

1795 hatte Schiller an A. W. Schlegel geschrieben: »Warum können Sie nicht hier in Jena bei uns leben? Dieß sollte mir große Freude seyn.«

Am 1. Juli 1796 heirateten Caroline und A. W. Schlegel, in Braunschweig in der St.-Katharinen-Kirche wurden sie getraut.

Am 8. Juli 1796 kam das Ehepaar mit Carolines Tochter Auguste, nach einer kurzen Zwischenstation bei Gotters in Gotha, in Jena an. Caroline bezog zunächst ein Sommerquartier, im Herbst dann eine große Wohnung nahe dem Roten Turm, Löbdergraben.

149 *Weg ins Paradies:* Spazierweg an der Saale.

Ende von Wilhelm Meister: Die ersten beiden Bände lagen bis Ostern 1795 vor, der dritte erschien im Oktober 1795; der letzte erschien im Oktober 1796. Caroline hat die Druckbögen vom 7. und 8. Buch des »Wilhelm Meister« gelesen, worüber sich Schiller gereizt äußerte: »Es ist doch sonderbar«, schreibt er an Goethe, »daß die S. früher die gedruckten Bogen Ihres Romans erhält als Sie selbst.«

et même très fort(e): (franz.) sehr betont.

32

150 *an den flachen Ufern:* Gemeint ist Hannover, dort lebte der Bruder von A. W. Schlegel mit seiner Frau Julie, geb. von Erxleben, einer Professorentochter aus Göttingen.

Mütterchen: Schwiegermutter Carolines.

Beck und Gilbert: Jakob Sigismund Beck, Philosoph; Ludwig Wilhelm Gilbert, Physiker.

33

151 *partie carreé:* (franz.) hier: Spiel oder Partie zu viert.

Ankunft meines Schwagers: Gemeint ist Friedrich Schlegel; seine Ankunft meldet Schiller an Goethe schon am 8. August 1795; er war dann aber für einige Wochen Gast von Novalis in der Saline Dürrenberg. Im September kam er dann für einige Zeit in Carolines Haus.

152 *mit Raupen:* Goethe am 21. August 1795 in sein Tagebuch: »Beobachtungen an Raupen angefangen«; an Christiane am 4. Sep-

tember: »Die Raupen ... beschäftigen mich in den übrigen Stunden.«

mit dem Todschlagen: Anspielung auf die »Xenien«, eine Sammlung meist zweizeiliger satirischer Epigramme, die Goethe Ende 1795 begonnen und zum großen Teil mit Schiller gemeinsam verfaßt hatte. In wenigen Wochen entstanden über 200 Xenien, die Angriffe aus dem Lager der Spätaufklärer und der Frömmler abwehrten. Die »Xenien« erschienen im »Musenalmanach auf das Jahr 1797«, hrsg. v. Schiller. Caroline teilt die Xenien also vom Hörensagen bzw. als Abschriften von Druckbogen mit. Das von ihr erwähnte Goethische »Musen und Grazien in der Mark« vom Mai wurde z. B. im Juni Schiller gegeben und ging am 4. September im Aushängebogen an Zelter. Schiller verstimmte das wie bereits beim »Wilhelm Meister«. Goethe antwortete ihm aber: »Heil unserer Freundin S., daß sie unsere Gedichte abschriftlich verbreiten und sich um unsere Aushängebogen mehr als wir selbst bekümmern will! Solchen Glauben habe ich in Israel selten gefunden.«

Hr. von Wohlzogen: Caroline und Wilhelm von Wolzogen verweilten von August bis in den November in Jena.

faut soit peu: (franz.) ein klein wenig.

34

153 *nach Weimar:* Im Dezember 1796 weilte Caroline für einige Tage in Weimar.

von Einsiedel: Er war mit Gotter befreundet; daher offenbar Carolines besonderes Interesse.

154 *nachher gutes gesagt:* Böttiger teilt am 7. Januar 1797 A. W. Schlegel mit, Wieland habe über Carolines Zustimmung gesagt, daß ihm der Beifall der »edlen C.«, daß ihm ihr »Zunicken mehr werth sey: als das Geschnatter der ganzen auf der litterarischen Gemeindetrift hüthenden Autorenheerde«.

155 *ein Epigramm:* Klopstocks Vers »Der zweite Wettstreit«, Fortsetzung der Grammatischen Gespräche, gegen das 29. Venetianische Epigramm Goethes gerichtet, worin das Deutsche als »schlechtester Stoff« bezeichnet wird; im »Archiv der Zeit u. ihres Geschmacks«.

Falk: Falk schrieb über den Besuch an A. W. Schlegel: »Ihre kleine liebenswürdige Frau grüßen Sie mir tausendmahl. Sagen Sie ihr, daß ich die Augenblicke, die ich in Weimar in Ihrer beiderseitigen Gesellschaft verlebt habe, zu den interessantesten meines Lebens rechne.«

Jean Paul Richter: Er hatte sich im Frühjahr 1796 in Weimar aufgehalten. Caroline lernte ihn im Sommer 1798 dann in Dresden kennen.

die Beylage in der Hamburger Zeitung: Reaktion auf die »Xenien«; Ebeling war der Verfasser.

156 *im Journal Deutschland:* Der von Friedrich Schlegel verfaßte Aufsatz erschien 1796 fälschlicherweise unter dem Titel: »Göthe. Ein Fragment, von A. W. Schlegel« im ersten Band von Reichardts Zeitschrift.

Panegiristen: Verfasser von Lobreden.

Die heftigste Antwort: Reichardt, mit Xenien angegriffen, erwiderte mit einer »Erklärung des Herausgebers an das Publikum über die Xenien«.

Jahrgänge der schönen Bibliothek: »Neue Bibliothek der schönen Wissenschaften und Künste«, in Leipzig erschienen; Schlegel griff sie später heftig an.

35

157 *die Rezension:* Friedrich Schlegel, der sich mit seinen Arbeiten um Aufnahme in Schillers »Horen« bemühte, wurde von ihm mehrfach zurückgewiesen. Als Schiller ihm die dritte Arbeit zurückgab, veröffentlichte Schlegel eine Kritik der Schillerschen Zeitschrift; u. a. kritisierte er darin ein Zuviel an Übersetzungen in den »Horen«.

Schlegel in Gefahr ist: A. W. Schlegel war Mitarbeiter von Schillers »Horen«; dies war ihm eine wichtige Publikations- und Erwerbsmöglichkeit. Die Übersetzungen stammten von ihm. Schiller entzog ihm nach der öffentlichen Kritik seines Bruders die Freundlichkeit und verzichtete auf seine Mitarbeit. Am 31. Mai 1796 schrieb Schiller A. W. Schlegel: »Es hat mir Vergnügen gemacht, Ihnen durch Einrückung Ihrer Übersetzungen aus Dante und Shakespeare in die Horen zu einer Einnahme Gelegenheit zu geben, wie man sie nicht immer haben kann, da ich aber annehmen muß, daß mich Herr Friedrich Schlegel zu der nämlichen Zeit, da ich Ihnen diesen Vorteil verschaffe, öffentlich deswegen schilt, und der Übersetzungen zu viele in den Horen findet, so werden Sie mich für die Zukunft entschuldigen. Und um Sie, einmal für allemal, von einem Verhältnis frei zu machen, daß für eine offene Denkungsart und eine zarte Gesinnung notwendig lästig sein muß, so lassen Sie mich überhaupt eine Verbindung abbrechen, die unter so bewandten Umständen gar zu sonderbar ist, und mein Vertrauen zu oft kompromittierte.« In bezug auf den Verdacht, Caroline sei die Verfasserin, heißt es: »Versichern Sie Madame Schlegel, daß ich von dem lächerlichen Gerüchte, sie sei die Verfasserin von jener Rezension, nie Notiz genommen habe, und sie überhaupt für zu verständig halte, als daß sie sich in solche Dinge mische.«

36

157 *in Weimar zurück:* Caroline und August Wilhelm Schlegel waren am 12. Oktober 1798 zur Einweihung des umgebauten Weimarer Theaters gefahren. Caroline fuhr mit Schelling zurück, der seit dem 5. Oktober in Jena weilte.
in der besten Laune über das Athenäum: Im Herbst und Winter 1797/98 beschäftigten sich die Schlegels mit dem Plan einer eigenen Zeitschrift. Sie war das Gründungsdokument der jungen Romantik in Deutschland. Friedrich Schlegel, der am 31. Oktober 1797 in einem Brief an A. W. Schlegel den Plan der Zeitschrift erstmals erwähnte, lud Caroline ausdrücklich zum Mitdenken und zur Mitarbeit ein. In einem Nachsatz dieses Briefes heißt es an sie gerichtet: »Überlegen Sie ja den Herkules recht vernünftig, liebe Karoline. Ich empfehle das unbändige Kind Ihrer mütterlichen Zärtlichkeit und Ihrem mütterlichen Schutze.« Neben »Herkules« wurden »Schlegelneum«, »Parzen« und »Freya« als Titel der Zeitschrift in Erwägung gezogen, bis man sich – nach Athen, der symbolischen Stadt antiker Demokratie und politischer Freiheit – für »Athenäum« entschied. Caroline ist offenbar der wiederholten Aufforderung und Ermutigung Friedrich Schlegels nicht gefolgt, hat aber schöpferischen Anteil am Gesamtprojekt sowie an einzelnen Fragmenten genommen.
Im Mai 1798 war in einer Auflage von 1250 Exemplaren das erste Heft des »Athenäums« erschienen; das zweite Heft erschien

noch im gleichen Jahr. Autoren waren Friedrich und August Wilhelm Schlegel, Friedrich von Hardenberg (Novalis), Johann Ludwig Tieck und August Ludwig Hülsen. Bereits im ersten Heft wurde Goethe als »wahrer Statthalter des poetischen Geistes auf Erden« bezeichnet; d. h., nach den Auseinandersetzungen mit Schiller ergriff die Gruppe offen Partei für Goethe. Die Reaktion der beiden Dichter auf die neue Zeitschrift ist nicht getrennt davon zu sehen. Während Goethes Reaktion freundschaftlich wohlwollend ist, verstimmte Schiller das »ewig Formlose« und »Nebulistische«. – »Mir macht diese naseweise, entscheidende, schneidende und einseitige Manier physisch wehe«, schreibt er am 23. Juli 1798 an Goethe. Dieser entgegnet ihm am 25. Juli 1798 beschwichtigend: »Das Schlegelsche Ingrediens in seiner ganzen Individualität scheint mir denn doch in der Olla potrida unseres deutschen Journalwesens nicht zu verachten. Diese allgemeine Nichtigkeit, Parteisucht fürs äußerst Mittelmäßige, diese Augendienerei, diese Katzbuckelgebärden, diese Leerheit und Lahmheit, in der nur wenige gute Produkte sich verlieren, hat an einem solchen Wespenneste, wie die Fragmente sind, einen fürchterlichen Gegner ... Bei allem, was Ihnen daran mit Recht mißfällt, kann man doch den Verfassern einen gewissen Ernst, eine gewisse Tiefe und von der andern Seite Liberalität nicht ableugnen. Ein Dutzend solcher Stücker wird zeigen, wie reich und wie perfektibel sie sind.«

Ihren Wilhelm Meister: Friedrich Schlegels Rezension »Über Goethes Wilhelm Meister«, im zweiten Heft des »Athenäums«. An Schleiermacher schrieb Friedrich am 3. Juli 1798: »Über meinen Übermeister habe ich hier noch nichts bedeutendes vernommen... für Caroline ist das erste Stück zu klein gewesen, um ihr einen recht entschiedenen Eindruck zu geben. Sie giebt indessen doch zu, daß Goethe kein ganzer Mensch sei; daß er aber, wie ich behaupte, teils ein Gott, teils ein Marmor ist, will sie nicht zugeben. So stehts mit ihr und ihre Absicht ist auch noch dieselbe.«

158 *von der griechischen Poesie:* Friedrich Schlegels Aufsatz »Über das Studium der griechischen Poesie« in »Griechen und Römer, historische und kritische Versuche über das klassische Altertum«; 1797 erschienen.

Fragmente: Gemeint sind die Stücke aus dem ersten Heft des »Athenäums«. Die Romantiker bevorzugten das Fragment als eigenwillige, provokatorisch-offene Form. »Texte zum Denken« nennt Novalis sie, Friedrich Schlegel galten sie »ein Lessingsches Salz gegen die geistige Fäulnis«, Schleiermacher als »kritische Späne«, die das Licht eigenständigen Denkens entzünden sollten. Die Fragmente waren auf publizistische Operativität gerichtet, der selbständige, aktive Leser sollte »aus dem Azote der Konstruktionen in den lieblichen Strom der Praxis stürzen« (Friedrich Schlegel). Daß Friedrich Schlegel aus Carolines Briefen eine »philosophische Rhapsodie« zusammenstellen will (vgl. Brief Friedrich Schlegels an Caroline vom November 1797, s. Dokumente, S. 244 f.), hat seinen Ursprung darin, daß die Frühromantiker – Fichtes Philosophie folgend – den Anspruch auf Autonomie jedes Individuums und die Selbsttätigkeit seiner geistigen Kräfte und Anlagen, die eigenen Wege der Erkenntnis verteidigten; sich wehrten, »die Ecken der Individualität wegputzen« zu lassen (Friedrich Schlegel). Die »Formen der modernen Philosophie« waren daher für sie »ganz individuell«: Briefe, Autobiographie, Roman, Fragmente.

von Oertel: Friedrich v. Örtel »Über Jean Paul Richter«; im Oktoberheft des »Teutschen Merkur«.

Nicolais Unfug: Nicolai hatte im »Archiv der Zeit« 1798 eine Liste von Tiecks sämtlichen Werken drucken lassen und druckte – trotz Tiecks Protesten – danach eine Ausgabe.

159 *Ein Architekt:* der auch für den Schloßbau verantwortliche Architekt Nikolaus Friedrich Thouret.

Wallensteins Lager: Schillers Drama »Wallensteins Lager« und Kotzebues »Die Corsen« wurden am 12. Oktober 1798 aufgeführt.

160 *Die Korsen ... gingen vorher:* August Kotzebues Drama »Die Corsen«.

161 *Sternbald:* Ludwig Tiecks Roman »Franz Sternbalds Wanderungen. Eine altdeutsche Geschichte«, 2 Bände, Berlin 1798. Goethe wollte den »Sternbald« und Wackenroders »Klosterbruder« in der Zeitschrift »Propyläen« besprechen und begann seine Notizen dazu mit dem Satz: »Zu viel Morgensonne.« Am 8. September 1798 schickt er das Buch an Schiller mit der Be-

merkung: »Den vortrefflichen ›Sternbald‹ lege ich bei, es ist unglaublich, wie leer das artige Gefäß ist.« Später hat er sich öfters über das »Sternbaldisiren« geäußert, das ihm verhaßt war. Caroline gibt Goethes Urteil hier offenbar sehr zustimmend wieder, weil es auch ihrem Gefühl entsprach, wie im folgenden aus ihren Anmerkungen über den 2. Teil des Tieckschen »Sternbald« hervorgeht. Im Gegensatz dazu steht Friedrich Schlegels Urteil. Er schrieb an A. W. Schlegel: »…ein göttliches Buch … der erste Roman seit Cervantes der romantisch ist, und darin weit über Meister«.

Franz: Tiecks Held Franz Sternbald.

162 *Tiecks liebe Amalie:* Tiecks Ehefrau Amalia; von ihr ist überliefert, daß sie beim Vortrag der Werke ihres Mannes oft einschlief.

37

162 *Dithyramben:* Lobgesänge.

über das mercantilische Genie: wahrscheinlich Bezug auf Novalis' Plan eines »litterärischen republikanischen Ordens, der durchaus merkantilisch und politisch ist«. Mit »merkantilischen« Plänen beschäftigt sich Novalis u. a. auch im Hinblick auf das eigene Leben; die Poesie bezeichnet er als »vertraute und nützliche Gespielin« seiner »Nebenstunden« und legt viel Wert auf eine praktische Ausbildung (zu dieser Zeit studierte er an der Bergakademie Freiberg bei dem Geologen Abraham Gottlob Werner) und einen festen bürgerlichen Beruf.

165 *Appellation:* Berufung. Fichte hatte im Jahr 1798 einen Aufsatz veröffentlicht: »Über den Grund unseres Glaubens an eine göttliche Weltregierung«. Daraufhin wurde er des Atheismus angeklagt. Dieser »Atheismusstreit« war das Modell einer Kraftprobe zwischen feudaler Reaktion und den progressiven bürgerlichen Kräften. Fichte erwiderte scharf mit der »Verantwortungsschrift gegen die Anklage des Atheismus«, die 1799 in Jena und Leipzig erschien. Caroline schrieb am 9. Juni 1799 an Gries: »Wie wenig Sinn ich also eigentlich für Fichtens System, das ich erst durch die lezten Streitigkeiten ein wenig zusammen buchstabirte, habe, können Sie denken. Das Gute um des Guten willen, das begreife ich in ihm, das erhebt meine Seele, und

ausserdem bewundre ich an ihm die Höhe des menschlichen Geistes und interressire mich für den Verfechter der Freyheit im Denken ...« Fichte wurde vom Weimarer Fürsten bzw. seinem Beamtenapparat gerügt und seines Amtes als Professor der Universität enthoben.

Evénement: (franz.) Ereignis.

die Veit: Dorothea Veit. Friedrich Schlegel plante, mit seiner Lebensgefährtin nach Jena zu kommen.

Lucinde: Roman von Friedrich Schlegel, 1799 erschienen.

38

Caroline reagiert auf Novalis' erneute Verlobung. Seine erste Braut Sophie von Kühn war am 19. März 1797 fünfzehnjährig gestorben. Nunmehr verband er sich mit Julie von Charpentier.

167 *Thielemann:* Offizier, später General, mit Wilhelmine von Charpentier, der Schwester Julies, verheiratet.

abandonniren: hier im Sinne von preisgeben.

in Preußen honnet verfahren: Fichte wurde eine Stelle in Berlin angeboten.

168 *die Elegie geendigt:* A. W. Schlegels großes Programmgedicht »Die Kunst der Griechen. An Goethe. Elegie« eröffnete das »Athenäum« II, 2.

mit Optik für die Propyläen: wissenschaftliche Ausarbeitungen für die von ihm herausgegebene Zeitschrift.

39

169 *Wallenstein:* Schillers Drama »Wallensteins Tod« hatte am 20. April 1799 am Weimarer Theater Premiere.

170 *Von der Fichtischen Sache:* Vgl. Anm. *Appellation* zu Brief 37.

Geheimerath Voigt: Regierungsbeamter in Weimar; hatte an Fichtes Abberufung Anteil. An ihn wandte sich Fichte am 22. März mit einem Brief, daß er im Falle eines Verweises um seine Demission bitten werde. Voigt hatte diesen Brief dem Herzog vorgelegt; es kam zum Verweis. Goethe, der einstmals Fichte für die Professur vorgeschlagen hatte, trat nicht für ihn ein.

171 *von der Schützischen Comödientollheit:* Die Frau des Prof.

Schütz hatte, aus Berlin zurückgekehrt, den Plan der Gründung eines Liebhabertheaters. Der Herzog lehnte diesen Plan ab.
Entreprise: Unternehmung.

40

Auguste war am 20. September 1799 nach Dessau zur Familie des Porträtmalers Tischbein gereist.

171 *Desperazion:* Verzweiflung.
Mumu: Großmutter Schlegel.

172 *les vœux téméraires von Mad Genlis:* (franz.) »Die waghalsigen Wünsche«; einer der etwa 100 Romane, die die Genlis verfaßt hat. Sie war Erzieherin bei Philippe Egalité; hielt sich als Emigrantin viele Jahre in Deutschland auf.
Unkepunz: mundartlich – kleines Kind; Scheusälchen.
Effecten: hier im Sinne von beweglichen Gütern bzw. von Reisegepäck.

41

173 *appanagirt:* von Apanage = Jahresgeld an nicht regierende Mitglieder fürstlicher Häuser.

42

174 *Tieks:* der Dichter Ludwig Tieck mit seiner Frau Amalie und der Tochter Dorothea.
in den Arkadiern: »Die neuen Arkadier«, Singspiel mit Musik von Süßmeyer.
Stück von Holberg vorgelesen: Tieck schätzte den dänischen Lustspieldichter Ludvig Holberg (1684-1754) sehr.
Spuk in Leipzig: Aufführung von Kotzebues Stück »Der hyperboreische Esel oder die heutige Bildung«.

175 *Müller:* der Bürgermeister von Leipzig Karl Friedrich Müller.
tout de bon: (franz.) allen Ernstes, tatsächlich.
Melish: Frau des englischen Diplomaten Joseph Charles Mellish. Er lebte mit seiner Familie seit 1797 in Weimar. Übersetzer Goethes und Schillers.

176 *enfin:* (franz.) kurz.

Mad. Bohn: Frau des Buchhändlers Bohn, Schwester von Johanna Frommann in Jena.

Buonaparte ist in Paris: Am 8. Oktober kehrte Napoleon aus Ägypten zurück.

Sonnet auf den Merkel: Der Schriftsteller Merkel hatte Tieck angegriffen, ebenso Friedrich Schlegel, vor allem dessen Roman »Lucinde«. Die Brüder Schlegel und Tieck erwiderten mit dem Sonett »Ein Knecht hast für die Knechte Du geschrieben«. Sie ließen das an einem Abend fabrizierte Werk auf Visitenkarten drucken und in Berlin verteilen.

177 *malice:* (franz.) Bosheit.

178 *die Rezensionen:* Am 21. Oktober 1799 veröffentlichte Huber in der »Allgemeinen Literatur-Zeitung« eine Rezension, »Athenäum. 1798. 1799«, die die Zeitschrift frontal angriff. Das Verhältnis der Romantiker und Schellings zur ALZ hatte sich bereits seit einiger Zeit verschlechtert; die progressive Richtung paßte der Zeitung nicht, und sie gab schlechten Kritikern Gelegenheit, die Romantiker unqualifiziert anzugreifen. Caroline hat in ihren beiden großen Verteidigungsbriefen (der zweite, nicht in unserer Ausgabe enthaltene, stammt vom 24. November 1799) scharfsichtig die politischen Fronten der literarischen Szene beurteilt; die Verbindung zu den allgemeinen Zeitereignissen, auch den Vorgängen in Frankreich, hergestellt. Sie zieht eine Linie zwischen der Huberschen Kritik am »Athenäum« und dem Geschick Fichtes und deutet es als ein Symptom für das Vorprellen der reaktionären Kräfte, in deren Dienst sich Huber mit seiner feigen, angeblich neutralen Kritik stellt.

179 *acharnements:* (franz.) Erbitterung.

180 *Pasquill:* Spottschrift.

Affectation: hier im Sinne von Vorliebe.

181 *Faction:* parteiähnliche Gruppierung, Tatgemeinschaft.

modéré: (franz.) gemäßigt.

et vous avés bien merité de la patrie!: (franz.) Sie haben sich um das Vaterland verdient gemacht!

182 *seit Buonaparte Consul ist:* Durch den Staatsstreich vom 18. Brumaire (22. November 1799) riß Napoleon die Macht an sich und sicherte die Herrschaft der Großbourgeoisie. Er errichtete ein Konsulat als Form der Macht und ernannte sich zum Ersten Konsul.

45

Caroline war Anfang März 1800 schwer erkrankt. Dorothea Veit schrieb am 10. April an Rahel Levin: »Unser schönes Leben hat ein böser Dämon zerstört! Die Schlegeln ist seit sechs Wochen bettlägerig krank, erst gefährlich und dann langweilig.« Am 17. März heißt es in einem Brief an Schleiermacher: »C. ist ernsthaft krank. ... Ich habe jetzt Gelegenheit, die Brownsche Manier kennen zu lernen, und da ich weiter keine Offenbarung darüber haben kann, so muß ich mich begnügen die Wunder, die sie verschafft, anzubeten. Hufeland (der Arzt Johann Friedrich H.) nemlich hat C.n anfangs Antibrown behandelt, und sie verschlimmerte zusehens; Schelling hat aber H. so eingeheizt, daß er endlich nachgab, und flüchtige Reizmittel und unausgesetzt Stärkungen aus China, ungarischen Wein, nährende Cremen, und starke Bouillon nehmen ließ, und sieh da es geschehen Wunder vor unsern Augen. Sie wäre auch schon völlig wieder hergestellt, wenn nicht ein fatales Senfpflaster an der Wade ihr eine Inflammation gemacht hätte, von der sie wieder einige Schritte retrograde ging.« Später, ohne Datum, schreibt Dorothea Veit: »Caroline fährt fort krank zu seyn, und zwar hat sie seit länger als 8 Tagen eine Friesel Ausschlag, den die Ärzte als letzte Crisis angeben, und auf dessen Ende vertrösten.« Am 23. März dann schreibt A. W. Schlegel an Goethe über einen Rückfall mit bösen Krämpfen und die Notwendigkeit stärkerer Mittel wie Moschus, Opium und zur Kräftigung beständig Ungarwein, um den er Goethe bittet. Am 1. April dankte Caroline Goethe für »die große Erquickung«. Schelling heilt Caroline offenbar durch die Anwendung einer neuen, gegenüber dem gebräuchlichen Aderlaß und Purgieren revolutionären Methode der Brownschen Medizin, die aber sehr umstritten war.
Anfang Mai hat sich Caroline so weit erholt, daß sie zur Badekur nach Bocklet in Unterfranken fahren kann. A. W. Schlegel

begleitet Caroline und Auguste bis Rudolstadt. Dann schloß sich Schelling an, der nach Maulbronn zu seinen Eltern fuhr. Zunächst machten Caroline und Auguste in Bamberg Station, dort blieben sie fünf Wochen, da die gemieteten Zimmer in Bad Bocklet noch nicht bezogen werden konnten.

184 *Mull:* mundartlich; schwäbisch = Kater.

185 *Marcus:* Direktor des Krankenhauses in Bamberg; Schelling und Steffens hatten dort die Brownsche Methode studiert.
Carolines Tochter Auguste starb nach einer kurzen heftigen Krankheit (Ruhr) am 12. Juli 1800 im Alter von fünfzehn Jahren.

46

A. W. Schlegel, der auf die Nachricht von Augustes Tod hin gleich nach Bad Bocklet gekommen war, begleitete Caroline am 1. Oktober 1800 von Bamberg nach Braunschweig. Dort lebte Caroline allein und zurückgezogen bis Mitte April 1801.

185 *Ich schreibe Dir von Göttingen:* Caroline konnte nicht nach Göttingen; wiederum wurde ihr das Betreten ihrer Heimatstadt aus politischen Motiven untersagt; siehe Dokumente, S. 244 f.

186 *Rose:* das auch in den folgenden Briefen oftmals erwähnte Dienstmädchen.

47

187 *am Journal:* »Zeitschrift für spekulative Physik«; damit versuchte Schelling den Freunden der Naturphilosophie ein Organ zu gründen; später gab er, gemeinsam mit Hegel, der im Januar 1801 nach Jena kam, das »Kritische Journal der Philosophie« heraus, es erschien 1802 in Tübingen.
Friedrich seine Querspiele: Friedrich Schlegel promovierte am 18. Oktober 1800 an der Jenaer Universität und bereitete sich auf Vorlesungen vor, die er im Winter 1801 dann hielt. Er las auch über Transzendentalphilosophie. Schelling, der im Wintersemester seine Jenaer Vorlesungen wiederaufgenommen hatte, sprach davon, daß er verhindern wolle, »daß der poetische und philosophische Diletantismus aus dem Kreis der Schlegels unter die Studenten übergehe«.

Wickelmann: offenbar absichtlicher Schreibfehler für August Winckelmann, Mediziner. In seinem Buch »Einleitung in die dynamische Physiologie« bekennt er sich zu Schelling.

Divinität: Göttlichkeit.

Paulussens: Das Ehepaar Paulus verbreitete in Jena gehässige Gerüchte über Carolines und Schellings angebliche Schuld an Augustes Tod.

Über die Veit: Ebensolche Gerüchte und sehr häßliche Urteile über Caroline und ihre Beziehung zu Schelling verbreitete Dorothea Veit.

188 *das Gedicht:* Goethe besprach mit Schelling sein großes Gedicht »Die Natur«.

48

Schelling war auf Goethes Vermittlung 1798 als Professor an die Jenaer Universität gekommen und ihm freundschaftlich verbunden.

190 *einen Wunsch:* Goethe erfüllte Carolines Bitte und nahm Schelling am 20. Dezember aus Jena mit nach Weimar, wo Schelling bis zum 4. Januar blieb.

50

192 *einige von den Sonnetten:* Dem Brief beigelegt waren A. W. Schlegels für Auguste geschriebene Sonette »Todenopfer«.

51

193 *théorie de la terre und époques de la Nature:* »Theorie der Erde und der Epochen der Natur«, Werk des französischen Naturforschers und Leiters des königlichen Gartens Georges-Louis Leclerc Buffon (1707-1788). Vom wissenschaftlichen Standpunkt sind Buffons Werke von geringer Bedeutung, sie waren zu seinen Lebzeiten schon umstritten. Zeitgleich erarbeitete der Schwede Karl von Linné (1707-1778) mit dem »System naturae« (1735) eine wissenschaftlich fundierte botanische Systematik. Der Reiz von Buffons weitverbreiteten Werken bestand vor allem im glänzenden Stil und der poetischen Auffassung der Natur.

Deines Gedichtes: Schellings »Natur«-Gedicht.

194 *Hardenberg:* Novalis war an Schwindsucht erkrankt; Petzold ist offenbar der behandelnde Arzt.

196 *Wilhelm Tell:* Schiller hatte das Stück noch nicht geschrieben; Caroline bezieht sich wohl auf den Vorsatz, von dem sie gehört hat.

Louis Buonaparte: der spätere König von Holland.

Tancred wieder im Boccaz: Geschichte von Guiscardo und Tancredis Tochter Ghismonda aus Boccaccios »Decameron«.

Bürgers Lenardo und Blandine: Bürgers Gedicht »Lenardo und Blandine« beruht nicht direkt auf Boccaccio. A. W. Schlegel bezeichnet Bürgers Romanze als eine »schlimme Verirrung«.

die Canzone: Schellings Lied »In meines Herzens Grunde Du heller Edelstein«, erschienen im Musenalmanach für das Jahr 1802.

Grabschrift des Aretino: (ital.)

Hier liegt der Aretino, toskanischer Dichter, begraben
Der, der Übles über alle sagte, außer über Christus,
Sich dabei entschuldigend, indem er sagte: ihn kenne ich nicht.

198 *Wild:* Johann Christian Daniel Wildt, Philosophie-Professor in Göttingen.

199 *hesiodische Übersetzung:* Schelling übersetzte den altgriechischen Dichter Hesiod. Am 2. März 1800 schreibt Caroline an A. W. Schlegel: Schelling »macht allerley Studien und übt sich unter andern im antiken Sylbenmaß mit Übersetzungen aus dem Hesiodus. Ich wollte, er könnte Dich zu rath ziehen, an seine Hexameter glaub ich vors erste nicht.«

199 *Jerusalems Tochter:* Zur Familie des Abtes und Kurators des Carolineums in Braunschweig Johann Friedrich Wilhelm Jerusalem (1709-1789) – sein Sohn gelangte zu trauriger Berühmtheit als Vorbild für Goethes »Werther« – hatte Caroline schon

während ihres ersten Aufenthaltes in Braunschweig 1795/96 freundschaftliche Beziehungen. Eine der drei Töchter gehörte einem Stift an.

Domina: Stiftsvorsteherin.

200 *Den Freund will ich nicht lassen…:* Nach dem alten Kirchenlied von Helmboldt: »Von Gott will ich nicht lassen / Denn er läßt nicht von mir«.

57

Anfang April 1801 fuhr Caroline für zwei Wochen nach Hamburg.

204 *satt gestopft mit Politik:* Am 3. April 1801 hatte Preußen mit Rückendeckung Rußlands gegen die englische Seekriegsführung gegenüber den neutralen Ländern das in Personalunion mit England verbundene Kurfürstentum Hannover besetzt.

Pauls Tod: Der russische Kaiser wurde am 23. März ermordet.

205 *König Georg:* englischer König.

detestirt: verabscheut.

Hardenberg ist also in Ruhe: Novalis starb am 25. März 1801 in Weißenfels.

Das Feenkind: A. W. Schlegels »Das Feenkind. An Friederike Unzelmann«; ein Huldigungsgedicht an die mit Schlegel befreundete Schauspielerin.

Geheimnisse mit Unger: Zerwürfnis A. W. Schlegels mit dem Verleger wegen unbefugten Nachdruckes der Shakespeare-Übersetzung.

58

Am 23. April 1801 kam Caroline – nach über einem Jahr Abwesenheit – wieder in Jena an. A. W. Schlegel war in Berlin. Am 27. April 1801 schreibt Friedrich an August Wilhelm: »C. ist vorigen Donnerstag Abend hier angekommen. Ich habe ihr die Schlüssel zu Deinem Zimmer und Büreau übergeben. Ich glaubte auch, weil Du sie noch als Deine Frau zu agnosciren scheinst, ihr einen Besuch machen zu müssen; er ist zwar von beiden Seiten recht köstlich ausgefallen, aber doch so frostig, daß ich zweifle, ob ich ihn ohne besondere Veranlassung sobald wiederholen werde.«

Ein Act fertig: ein in Arbeit befindliches Schauspiel von A. W. Schlegel nach Euripides, »Ion« genannt.

Deckel des Gefäßes: Anspielung auf die Büchse der Pandora.

206 *wie sich das zwischen Fichte und Schelling entscheidet:* Schellings Naturphilosophie, aus Fichtes Wissenschaftslehre hervorgegangen, hatte sich in der »Identitätsphilosophie« über sie erhoben, während Fichte sein System in bewußtem Gegensatz zu Schelling weiterentwickelte. In seiner »Ankündigung der neuen Darstellung der Wissenschaftslehre«, erschienen in der Allgemeinen Zeitung 1801, Beilage Nr. 1, beklagt Fichte sich, daß er nicht verstanden werde; Schellings Name fällt dabei. Damit beginnen die Auseinandersetzungen zwischen Fichte und Schelling. Zunächst betont der Jüngere die Anregung durch Fichte. »Fortan werde ich«, schreibt er Fichte im Mai 1801, »sagen: das was ich will, ist nur dasselbe, was Fichte denkt, und ihr könnt meine Darstellungen als bloße Variation seines Themas betrachten.« Er schickt Fichte zugleich seine Schrift »Darstellung meines Systems der Philosophie« (1801), die mit einigen Sätzen schon auf Fichtes »Ankündigung« reagiert. Fichte weist Schelling zurecht. Dessen Haltung schlägt damit um. Mit Hegels gerade erschienener Schrift »Differenz des Fichteschen und Schellingschen Systems der Philosophie« argumentiert er gegen Fichte in einem Brief an ihn vom 13. Oktober 1801. Schließlich kommt es – über beiderseitige persönliche Beleidigungen – im Januar 1802 zum vollständigen Bruch; 1806 dann zu einer scharfen öffentlichen Polemik.

59

208 *Resolution:* hier im Sinne von Entscheidung.

Ion: »Ion, Schauspiel in fünf Aufzügen«, Hamburg 1803, von A. W. Schlegel. Goethe inszenierte das Stück am Weimarer Theater. Er hatte es am 20. Oktober 1801 gelesen, nennt es dem Hoftheater »höchst willkommen« und wandte große Sorgfalt an die Aufführung.

209 *ihren Florentin:* Dorothea Veit hatte einen Roman mit dem Titel »Florentin« geschrieben.

auf diese Indiskretion: Am 19. Januar 1802 schrieb A. W. Schlegel an Goethe mit Hindeutung auf Dorothea Veit, durch sie sei sein Name vorzeitig genannt worden. Goethe erwiderte Anfang Februar: »Die zu frühe Entdeckung Ihres Namens hat freylich sogleich eine starke Oppositionswoge erregt und es ist nicht ohne Händel abgegangen, deren Eclat ich jedoch zu verhindern glücklich genug war.« Am 3. Januar 1802 wird Schlegels »Ion« in Weimar aufgeführt. Am 16. Januar 1802 erschien in der Nr. 7 der »Zeitung für die elegante Welt« anonym ein Bericht der Aufführung, verfaßt von Caroline Schlegel. Goethe lobt ihn im »Journal des Luxus und der Moden« im März 1802: »Wir wünschen, daß jener Freund unseres Theaters, welcher … die Darstellung des Ion, mit so viel Einsicht als Billigkeit, recensirt, eine gleiche Mühe in Absicht auf Turandot übernehmen möge.« A. W. Schlegel mißfiel jedoch die Rezension; er verteidigte sich in der »Zeitung für die elegante Welt«, ging auf mehrere erschienene Rezensionen ein und polemisierte öffentlich gegen Caroline, sie kenne kein Griechisch und habe nicht einmal die schlechte Bothische Übersetzung des Euripides gelesen.

60

A. W. Schlegel, der an eine Rückkehr nach Jena offenbar nicht dachte, hatte sich in Berlin einen neuen Lebenskreis geschaffen; seine Vorlesungen über Literatur waren zudem in Berlin gut angekommen. Ende März fährt Caroline nach Berlin, Anfang Mai reist sie zurück. Während ihres Berlin-Aufenthaltes muß die Scheidung beschlossen worden sein.

210 *Entwurf zum Memorial:* Ehescheidungsgesuch Carolines und A. W. Schlegels. Das Konzept Carolines wurde am 11. Oktober 1802 von Schelling an Schlegel nach Berlin geschickt. Siehe Dokumente, S. 245 f.

Herzog: Carl August in Weimar.

Konsistorium: Gremium der Weimarer Regierungsbeamten.

Mereauischen Angelegenheit: die Scheidung von Sophie Mereau, der späteren Frau von Clemens Brentano; der Herzog hatte dabei vermittelt.

an einen Mann gewandt: an Goethe, mit dem Schelling über die Scheidung korrespondierte.

211 *Erneuerung jener verhängnißvollen Schlechtigkeiten:* der Vorwürfe, Schelling habe Augustes Krankheit falsch behandelt.

Am 10. August 1802 erschien in der ALZ ein Artikel von dem Würzburger Theologen Franz Berg, in dem behauptet wurde, Schellings Eingreifen in die Behandlung der kranken Auguste habe ihr den Tod gebracht. Der Informant war Büchler, der Kissinger Arzt, dem Schelling die Behandlung entzogen hatte. A. W. Schlegel stellt sich sofort auf Schellings Seite, verteidigte ihn und veröffentlichte eine Schrift gegen die »in der Jenaischen A. L. Z. begangene Ehrenschändung«.

61

215 *das letzte Wort:* Im Herbst 1802 hatten (vgl. Anm. zu Brief 60) Caroline und A. W. Schlegel ein gemeinsames Scheidungsgesuch direkt an den Herzog Carl August gerichtet. Die beiderseitigen Vertreter vor dem Herzoglichen Oberkonsistorium waren Hufeland und Hesse. Unter Carolines nachgelassenen Papieren befand sich – laut Herausgeber Schmidt – eine Vollmacht Schlegels in der vorliegenden Rechtssache, eine von Herder am 14. Dezember unterzeichnete Vorladung Schlegels für den 1. Februar 1803. Durch Vermittlung Goethes wurde dann – auf ein »entschiedenes Rescript Serenissimis« (d. h. Carl Augusts) die Ehe am 17. Mai 1803 geschieden. Beide hatten als Kosten je 25 Reichstaler an den Schulfonds des Landes zu zahlen.

217 *Hegel:* Hegel habilitierte sich Anfang 1801 in Jena als Dozent der Philosophie, lebte dort als Privatdozent, 1806 wurde er außerordentlicher Professor; zu Caroline hat er in der Jenaer Zeit und auch später keine Beziehung gefunden.
Cicibeo: hier im Sinne von Galan.
Ende Mai verlassen Caroline und Schelling Jena.

62

Das 1803 säkularisierte Kloster Maulbronn beherbergte ein evangelisches Stift, dem Schellings Vater als Prälat vorstand. Ende Mai kamen Caroline und Schelling nach Zwischenstationen in Bamberg und Würzburg in Maulbronn bei Schellings Eltern an.

218 *Ausbruch des Kriegs:* Dritter Koalitionskrieg. England verweigerte die Räumung Maltas und forderte die Herausgabe von Piemont. Die Franzosen besetzten Hannover.

Unzelmann ist dort: In Stuttgart wurde Schillers »Maria Stuart« gegeben; Friederike Unzelmann spielte die Maria.

219 *Briefe von unserm Vater:* Vater Carolines, mit dem Schellings Vater früher korrespondiert hatte.

Am 26. Juni 1803 heirateten Caroline und Schelling; sie wurden in Murrhardt von Schellings Vater getraut.

63

Eine Reise führt Caroline und Schelling im Spätsommer 1803 nach Stuttgart, Tübingen, Ulm, Augsburg und München.

219 *von Jena abruft:* Am 29. November 1803 hatte Goethe Schelling bedauernd das Entlassungsdekret übersandt. Er erhielt eine Berufung an die Universität Würzburg. Die mit Caroline und Schelling verfeindeten Jenaer Professoren Hufeland und Paulus wurden ebenfalls dorthin berufen. Anfang November 1803 beziehen Caroline und Schelling eine große Wohnung; Mitbewohner des Hauses sind die Professorenfamilien Hufeland, Paulus und Hoven.

Grafen Thürheim: Thürheim, ehemaliger Mitschüler Schillers, war seit 1803 Kurator der Universität Würzburg, hatte Schelling nach Würzburg eingeladen.

220 *Flotzen:* offenbar Flötzen gemeint; Begriff für Holz auf dem Wasser vorantreiben. In Schwaben wurde in langen Flötzen das Holz den Neckar und den Rhein hinab nach den Niederlanden geleitet.

222 *neue Vorschläge von der Literatur Zeitung:* Die Jenaer ALZ war nach Halle verlegt worden und verkümmerte langsam; in Jena erscheint dann 1804 eine neugegründete Allgemeine Literatur-Zeitung, für diese arbeitet Caroline. Vier Rezensionen erscheinen 1805 von ihr, zwei im Jahre 1806.

223 *die Büste:* Der Bildhauer Friedrich Tieck arbeitet an einer Büste der Tochter Auguste.

64

224 *daß wir am Ende noch kaiserlich werden müßen:* Am 18. Mai 1804 hatte England Frankreich den Krieg erklärt. Am 11. April 1805 kam es zu einem Offensivbündnis zwischen England und Rußland gegen Frankreich. Österreich schloß sich der Koali-

tion an, nachdem Napoleon sich zum König von Italien gemacht hatte. Mit dem zwischen Napoleon und Kaiser Franz I. geschlossenen Preßburger Frieden vom 26. Dezember 1805 wurde Bayern Königreich und bekam Tirol und Salzburg; dafür wurde dem Kurfürsten von Salzburg die Stadt Würzburg gegeben, diese zum Großherzogtum gemacht und aus dem bayrischen Staat herausgelöst.

225 *den neuen Diensteid:* Schelling leistete den Eid auf die neue Regierung nicht und sah sich nach einer anderen Universität um.

abandonniren: aufgeben.

65

226 *Räumung von Cattaro:* Im März 1806 hatte Preußen unter dem Druck Napoleons das Kurfürstentum Hannover besetzt und die Nordseehäfen für englische Schiffe gesperrt.

im Freimüthigen: Am 31. März 1806, Nr. 64 der Zeitung »Der Freimüthige«, wurden die Huldigungen, die die meisten Professoren der neuen Regierung geleistet hatten, veröffentlicht; Schelling und Paulus, die das nicht taten, wurden kritisiert. Am 17. April, in der Nr. 76, erscheint dann ein beleidigender Artikel über Schellings Ausscheiden.

227 *entrepreniren:* unternehmen.

délice: (franz.) Genuß.

Nachbar Präsidenten: Gemeint ist Wagner, der Hofkanzler und Präsident der Justiz und des bayrischen Landgerichtes.

66

Schelling erhielt von der bayrischen Regierung eine Berufung nach München. Als er Würzburg Mitte April 1806 verließ, blieb Caroline dort zurück, um den Hausstand aufzulösen.

67

229 *das Schicksal jener friedlichen Gegenden:* Nach dem Sieg Napoleons in der Doppelschlacht von Jena und Auerstedt am 14. Oktober 1806 werden Weimar und Jena und zum Teil auch Gotha das Opfer der brandschatzenden Sieger.

230 *Face:* (engl.) Gesicht; hier im Sinne von Fassade.

231 *divinirt:* vorgeahnt.

232 *der alte Kraus:* Kraus, der Leiter der Weimarer Zeichenschule, starb am 5. November 1806 an den Folgen der Mißhandlungen durch die Franzosen. Loder schreibt am 24. März 1807 an Hufeland: »Der arme K., welcher alles hergab, mußte Hühner rupfen und ward gemißhandelt, weil er keinen Wein mehr herzugeben hatte; er starb bey Bertuch am folgenden Tage.«

Ihr sprecht ja…: Anspielung auf Goethes Faust I, 2628 f.: »Du sprichst ja wie Hans Liederlich …«

Tiek: Ludwig Tieck war im August 1807 aus Rom abgereist, wo er sich mit den Söhnen seiner Schwester Sophie Bernhardi und seinem Bruder Friedrich seit Sommer 1805 aufgehalten hatte.

233 *Horatier:* von Domenico Cimarosa.

234 *Aegide:* Schutz.

Convenienz Welt: herkömmliche Welt.

235 *Nièce:* (franz.) Nichte.

Weißhaupt: Adam Weishaupt (1748-1830) hatte 1776 den Geheimbund »Illuminaten« (lat. die Erleuchteten) gegründet. Um Einfluß zu gewinnen, war er der Freimaurerloge in München beigetreten. Nachdem er sein Lehramt in Ingolstadt wegen religiösem Fanatismus verloren hatte, fand er in Gotha bei Herzog Ernst Unterkunft.

Education: (engl.) Erziehung.

ma chère Mère: (franz.) meiner teuren Mutter.

zum Rheinischen Bund: Am 12. Juli 1806 schlossen sich die süd- und westdeutschen Staaten unter französischem Protektorat zum Rheinischen Bund zusammen und führten damit das Ende des historisch überlebten Heiligen Römischen Reiches Deutscher Nation herbei.

69

Zettel Carolines an Schelling. Schelling, der sehr unleserlich schrieb, nennt Caroline seine »geheime Cancellistin«. Die Unterschrift parodiert Friedrich den Großen.

236 *Ratifié par Moi…:* (franz.) Genehmigt durch mich, Gebieter meiner Frau.

236 *Frau von Stael:* Bereits im Mai 1804 waren Madame de Staël,
Benjamin Constant und A. W. Schlegel in Würzburg in Carolines Haus zu Besuch gewesen. Schelling und Schlegel verstanden
sich gut, und Schlegel schrieb damals: Caroline »scheint geneigt, alle Bitterkeit der Erinnerung auslöschen zu wollen und
war bei meinem Abschiede gerührt. Ihr Aussehen schien mir besser und gesunder als in Berlin, und dann weiß sie sich immer
noch vorteilhaft zu kleiden und ihre Umgebung zierlich einzurichten.« Nach seinem Besuch in München urteilt A. W. Schlegel am 20. Mai 1809: »Dieser Mensch (Schelling) hat in allen
andern Stücken eben so schlechte Grundsätze als in der Philosophie, wozu ich freilich durch die Gesellschaft, die ich ihm bei-
gegeben, das Meinige gethan haben mag.«
Ludwig Tiek: Tieck kam erst am 19. Oktober 1808 mit seiner
Schwester Sophie in München an. Tiecks verkehrten freundschaftlich im Hause Carolines und Schellings. Er las dort öfters
seine Werke vor.
Werner: Caroline hatte den Dramatiker in München kennengelernt und interessierte sich für sein gegen das Papsttum polemi-
sierendes Stück »Martin Luther oder Die Weihe der Kraft«
(1807).

237 *Goethes Fragment Elpenor:* Dramenfragment, 1806 im 4. Band
der ersten Cottaischen Ausgabe gedruckt.

237 *Fest des 28. Jan.:* Anspielung auf die jährlich in Weimar zum Geburtstag der Herzogin stattfindenden Maskenzüge, die meist
von Goethe entworfen und dirigiert wurden.
Der liebe alte Herr: Gemeint ist Goethe.
eine Nebenbuhlerin von Dir: Gemeint ist Bettina Brentano, die
in München in Carolines und Schellings Haus verkehrte. Am
26. März 1809 schrieb sie an Goethe: »Schelling seh ich auch
selten, er hat etwas an sich, das will mir nicht behagen, und dies
Etwas ist seine Frau, die mich eifersüchtig machen will auf
Dich, sie ist in Briefwechsel mit einer Pauline G. aus Jena, von

dieser erzählt sie mir immer, wie lieb Du sie hast, wie liebenswürdige Briefe Du ihr schreibst e. e., ich höre zu und werde krank davon, und dann ärgert mich die Frau.«

die pilgernde Thörin: »Die pilgernde Törin« in Cottas »Taschenbuch für Damen auf das Jahr 1809« erschienen, eine Übersetzung aus einem anonymen französischen Original der »Cahiers de lecture«, Gotha 1789. Hatte keinen Bezug auf Bettina Brentano, wie Caroline annimmt.

238 *Savigny:* Bettinas Schwager lebte damals im nahen Landshut als Professor für römisches Recht.

240 *aimable:* (franz.) liebenswürdig.

Attila: »Atilla, König der Hunnen« (1808), Tragödie von Zacharias Werner.

Schellings Büste: Am 13. Mai wird in München die Akademie der Bildenden Künste gegründet; der König ernennt Schelling bei einer Gehaltserhöhung von bisher 1200 Gulden auf 3000 Gulden zum Generalsekretär. Am 27. Mai des gleichen Jahres erhielt Schelling das Ritterkreuz des Zivildienstordens der bayrischen Krone.

Der Bildhauer Friedrich Tieck, der eine Zeit in Coppet in der Schweiz bei Frau von Staël weilte, fertigte nach seiner Ankunft in München Schellings Büste. Bettina Brentano schrieb unter dem Datum 21. Februar und 2. März 1806: »Friedrich Tieck macht jetzt Schellings Büste, sie wird nicht schöner als er, mithin ganz garstig, und doch ist es ein schönes Werk. Da ich in Tiecks Werkstätte kam und sah, wie der große breite viereckige Schellingkopf unter seinen feinen Fingern zum Vorschein kam, dacht ich, er habe unserem Herrgott abgelernt, wie er die Menschen machte, und er werde ihm gleich den Atem einblasen, und der Kopf werde lernen A-B- sagen, womit ein Philosoph so vieles sagen kann.«

die pilgernde Thörin: Vgl. Anm. oben. Die Novelle fand Aufnahme in die beiden Fassungen des Romans »Wilhelm Meisters Wanderjahre oder die Entsagenden« (1821 und 1829).

241 *am Vorabend eines Krieges:* Österreich wird ihn mit einem Überfall auf das mit Frankreich verbündete Bayern im April 1809 beginnen. Am 9. April erfolgte die offizielle Kriegserklärung.

241 *Aus klösterlichen Mauern:* Eine geplante Italien-Reise mußte aufgrund der Kriegsereignisse verschoben werden. Caroline und Schelling fuhren statt dessen am 18. August 1809 zu Schellings Eltern nach Maulbronn.

242 *den großen Kaiser:* Napoleon; er hielt sich im August in Wien auf, verläßt die Stadt erst Mitte Oktober.

Materialien: »Materialien zur Geschichte des Österreichischen Regierungssystems« von Aretin, 1809.

die Plane: ebenfalls von Aretin, »Die Plane Napoleons und seiner Gegner«, 1809.

Am 1. September brechen Caroline und Schelling von Maulbronn aus zu einer dreitägigen Wanderung auf. Am 3. September kehren sie zurück. Caroline erkrankt an der Ruhr, bekommt hohes Fieber. Am 7. September 1809 morgens um 3 Uhr stirbt sie. Am 10. September wird sie hinter der Klosterkirche von Maulbronn beigesetzt.

Verzeichnis der Personen

Anna Amalia (1739-1807): Herzogin von Sachsen-Weimar; kunstinteressiert.

Berlepsch, Emilie (1755-1830): Schriftstellerin.

Bernhardi, Sophie, geb. Tieck (1775-1836): Schwester des Dichters Ludwig Tieck; mit August Wilhelm Schlegel befreundet.

Bertuch, Friedrich Justin (1747-1822): Weimarer Verleger; Übersetzer des »Don Quijote«.

Bertuch, Wilhelmine (Minchen): Freundin Carolines aus Gotha.

Biester, Johann Erich (1749-1816): königlicher Bibliothekar in Berlin seit 1784, Mitherausgeber der »Berlinischen Monatsschrift« seit 1783, des Hauptorgans der Berliner Aufklärer.

Böhmer, Georg Ludwig (1715-1797): Schwiegervater Carolines; Jurist. Lehrte an der Göttinger Universität; mehrfacher Prorektor. Publizierte Bücher über Rechtsfragen.

Böhmer, Georg Wilhelm (1761-1839): Schwager Carolines; Theologe. Führender Jakobiner in Mainz. Sekretär bei General Custine, dem französischen Befehlshaber von Mainz. Später Privatdozent in Göttingen.

Böhmer, Johann Franz Wilhelm (1753-1788): Carolines erster Ehemann. Hatte in Göttingen Medizin studiert; Aufenthalt in England. 1780 Privatdozent in Göttingen. Seit 1784 in Clausthal im Harz als Arzt tätig. Im gleichen Jahr Heirat. Starb nach vierjähriger Ehe am 4. Februar 1788.

Böhmer, Philippine Augusta (Auguste) (1785-1800): erste Tochter Carolines aus der Ehe mit Böhmer; an der Ruhr gestorben.

Böhmer, Therese (Röschen) (1787-1789): zweite Tochter Carolines aus der Ehe mit Böhmer; starb zweieinhalbjährig.

Böhmer, Wilhelm: drittes Kind aus der Ehe mit Böhmer, geboren 20. Juli 1788 in Göttingen, starb wenige Wochen nach der Geburt.

Böhmer, Wilhelm Julius (1793-1795): Sohn Carolines aus der Verbindung mit dem Franzosen Jean Baptiste Dubois-Crancé. Am 3. November 1793, wenige Monate nach Carolines Befreiung aus der Gefangenschaft, in Lucka bei Leipzig geboren. Starb eineinhalbjährig.

Böttiger, Karl August (1760-1835): Archäologe in Weimar, Gymnasialdirektor, Mitherausgeber von Wielands »Teutschem Merkur«.

Bouterwek, Friedrich Ludwig (1766-1828): Philosoph und Literaturhistoriker in Göttingen.

Brentano, Bettina, verh. von Arnim (1785-1859): Schriftstellerin.

Brentano, Clemens (1778-1842): neben Achim von Arnim bedeutendster Dichter der Heidelberger Romantik. Er studierte in Jena und gehörte dem Kreis in Carolines Jenaer Haus an.

Brissot, Jean Pierre (1754-1793): französischer Advokat, Politiker und Publizist. Mitglied der Legislative und des Konvents, Führer der Girondisten.

Brizzi, Antonio: Sänger, gefeierter Tenor.

Bürger, Agathon (1791-1813): Sohn des Dichters Gottfried August Bürger und seiner Frau Elise Bürger.

Bürger, Marie Christiane Elisabeth (Elise), geb. Hahn (1769-1833): dritte Ehefrau von Gottfried August Bürger.

Bürger, Gottfried August (1747-1794): Dichter des Sturm und Drang. Seit 1784 in Göttingen als Privatdozent. In den Jahren 1788/89 freundschaftliche Beziehungen Carolines zu Bürger. Briefwechsel verlorengegangen.

Cagliostro, Alexander Graf von, eigtl. Giuseppe Balsamo (1743-1795): italienischer Hochstapler und Abenteurer.

Campe, Joachim Heinrich (1746-1818): Theologe, Erzieher, Jugendschriftsteller; einer der bedeutendsten Vertreter des Philanthropismus. Seit 1786 Schulrat in Braunschweig. Caroline verkehrte während ihres dortigen Aufenthalts 1795/96 in dessen Haus.

Carl August (1757-1828): seit 1775 Herzog, seit 1815 Großherzog von Sachsen-Weimar-Eisenach.

Catel, Ludwig Friedrich: Berliner Architekt, mit dem Wiederaufbau des Weimarer Schlosses beschäftigt.

Charpentier, Julie von (1776-1811): Verlobte des Dichters Novalis.

Condorcet, Marie Jean Antoine Nicolas de (1743-1794): französischer Mathematiker und philosophischer Schriftsteller. Parteigänger der Französischen Revolution. Als Girondist angeklagt, durch Gift gestorben.

Custine, Adam Philippe de (1740-1793): französischer General. Trat

1789 für die Revolution ein. Führte 1792 die Sansculottenheere am Oberrhein. Erster Befehlshaber der Stadt Mainz während der Mainzer Republik. Caroline lernte ihn in Forsters Haus kennen. Von Marat und Billand-Varrennes des Verrates beschuldigt, am 27. August 1793 guillotiniert.

Dalberg, Karl Theodor von (1744-1817): Politiker. Seit 1772 Statthalter in Mainz; ab 1787 Koadjutor (Vertreter mit Nachfolgerecht) des Kurfürsten von Mainz in Erfurt. Wurde 1793 in der Angelegenheit um Carolines Befreiung bemüht.

Dubois-Crancé, Jean Baptiste (1773-1800): Vater von Carolines Sohn Wilhelm Julius. Angehöriger des französischen Freiheitsheeres, stationiert in Mainz. Adjutant und Neffe des Generals d'Oyré, der nach General Custine Befehlshaber des jakobinischen Mainz war. Dubois-Crancé verteidigte Mainz, geriet in preußische Gefangenschaft, wurde später ausgetauscht. Fiel im April 1800 beim Rheinübergang. Seine Briefe an Caroline sind nicht erhalten.

Einsiedel, Friedrich Hildebrand von (1750-1828): Kammerherr in Weimar; dichtete, übersetzte und komponierte.

Ernst, Auguste (Utteline): Tochter von Charlotte Ernst.

Ernst, Charlotte: Schwester von August Wilhelm und Friedrich Schlegel; lebte in Dresden.

Erthal, Friedrich Karl Joseph von (1719-1802): seit 1774 Erzbischof und Kurfürst von Mainz.

Falk, Johann Daniel (1768-1826): Weimarer Schriftsteller.

Fichte, Johann Gottlieb (1762-1814): Philosoph. Seit 1794 auf Goethes Veranlassung Professor an der Jenaer Universität; auf Grund des »Atheismusstreites« 1799 entlassen. Fichte war eng mit dem Kreis der Frühromantiker verbunden, diese sahen in ihm ihren Lehrmeister. Caroline beschäftigte sich infolge des Atheismusstreites mit Fichtes Philosophie, später wandte sie sich unter dem Einfluß Schellings von ihm ab.

Forkel, Sophie Dorothea Margareta (Meta), verh. Liebeskind (1765-1853): in Göttingen aufgewachsen; veröffentlichte mit 19 Jahren den Roman »Maria«. Trennte sich von ihrem Ehemann Forkel. Caroline nahm sie offenbar in Mainz in ihre Wohnung auf, sie wurde ihre Mitgefangene in Königstein; auch später, in Jena und München, freundschaftliche Bindungen an Caroline.

Forster, Clara: Tochter von Georg und Therese Forster.

Forster, Georg: 1792 geborener Sohn von Therese Heyne und Ferdinand Huber.

Forster, Johann Georg Adam (1754-1794): Schriftsteller und Publizist. Seit 1788 Bibliothekar in Mainz, führend an der Mainzer Republik beteiligt, 1792 Präsident des Mainzer Jakobinerklubs. Ging 1793 nach Paris, um den Anschluß Mainz' an die Französische Republik zu fordern. Inzwischen Rückeroberung von Mainz durch die Preußen. Forster starb in Paris. Caroline lernte Forster schon als Vierzehnjährige in Göttingen kennen; war ihm dann in der Zeit der Mainzer Republik freundschaftlich verbunden. Die Briefe, die zwischen Forster und Caroline nach ihrem Weggang von Mainz gewechselt wurden, sind nicht erhalten.

Forster, Louise: 1791 geborene Tochter von Therese Heyne und Ferdinand Huber.

Forster, Therese: (1764-1829): Tochter des Göttinger Altertumsforschers Christian Gottlob Heyne; Jugendfreundin Carolines. 1785 Heirat mit Georg Forster. Seit 1790 Beziehung zu Ferdinand Huber, der im Hause Forsters lebte. Im Dezember 1792 verließ sie mit ihren Kindern Mainz. Wenige Monate nach Forsters Tod Heirat mit Huber. Zu Caroline bestand zeitlebens eine spannungsgeladene Freundschaft.

Friedrich Wilhelm II. (1744-1797): seit 1786 König von Preußen. Carolines Bruder wandte sich 1793 mit einem Bittgesuch an ihn wegen der Befreiung Carolines aus der Gefangenschaft.

Frommann, Karl Friedrich Ernst (1765-1837): Buchhändler, seit 1798 mit seinem Verlag in Jena angesiedelt.

Füssli, Johann Heinrich (1742-1825): Maler aus der Schweiz.

Gallisch, Friedrich Andreas (1754-1783): Dichter, Mediziner; in Göttingen Mitarbeiter an Lichtenbergs Almanach.

Gallitzin, Adelheid Amalie von (1748-1806): mit Hamann, Jacobi und den Brüdern Stolberg befreundet.

Gatterer, Magdalena Philippina (1756-1831): Tochter des Göttinger Historikers Johann Christoph Gatterer (1727-1799). Veröffentlichte 1778 und 1782 zwei Gedichtbände, stand mit Bürger in literarischer Verbindung.

Genlis, Stephanie Félicité (1746-1830): französische Schriftstellerin, Gegnerin von Voltaire und Frau von Staël.

Goethe, Johann Wolfgang (1749-1832): Caroline begegnete Goethe 1792 in Mainz; im Sommer 1796 traf sie ihn in Jena wieder. Durch das Interesse Goethes am Kreis der Frühromantiker und durch seine Freundschaft mit Schelling stand Caroline Goethe nahe. Er vermittelte bei ihrer Scheidung von August Wilhelm Schlegel. Caroline schätzte und verteidigte zeitlebens Goethes Werk und Persönlichkeit.

Göschen, Georg Joachim (1752-1828): Verlagsbuchhändler in Leipzig. Nahm Caroline nach ihrer Freilassung aus der Gefangenschaft für kurze Zeit in sein Haus auf.

Göschen, Henriette: Ehefrau von Georg Joachim Göschen.

Gotter, Cecilie (1782-1844): Tochter von Luise und Friedrich Wilhelm Gotter.

Gotter, Friedrich Wilhelm (1746-1797): Schriftsteller und Dramatiker; am Gothaer Hoftheater. Heiratete Carolines Jugendfreundin Luise Stieler. Mit Caroline befreundet.

Gotter, Julie (1783-1863): Tochter von Luise und Friedrich Wilhelm Gotter; lebte 1801 einige Monate in Carolines Jenaer Haus.

Gotter, Luise, geb. Stieler (1760-1826): lebenslange Freundin Carolines. Sie lernte sie als junges Mädchen bei ihrem Gotha-Aufenthalt kennen. Nach den Mainz-Ereignissen lebte Caroline über ein Jahr in ihrem Haus.

Gotter, Pauline (1786-1854): Tochter von Luise und Friedrich Wilhelm Gotter. Freundin Carolines. Von Goethe verehrt. Nach Carolines Tod heiratet sie 1812 Schelling, hatte mit ihm sechs Kinder und lebte mit ihm 42 Jahre lang zusammen.

Gries, Johann Diederich (1775-1842): Schriftsteller und Übersetzer in Jena. Langjähriger Freund Carolines.

Hardenberg, Friedrich Leopold Freiherr von: s. Novalis

Hegel, Georg Wilhelm Friedrich (1770-1831): Philosoph. Kam 1801 nach Jena. Caroline lernt ihn 1802 als Freund Schellings kennen. Hegel sympathisierte mit dessen Philosophie, kannte Schelling schon aus der Tübinger Stiftszeit und gab 1802 mit ihm das »Kritische Journal der Philosophie« heraus. Zu Caroline fand er keine Beziehung.

Herder, Johann Gottfried (1744-1803): Geschichts- und Religions-philosoph, Ästhetiker, Dichter. Caroline lernt ihn im Dezember 1796 in Weimar kennen.

Heyne, Christian Gottlob (1729-1812): Altertumsforscher, Aufklärer. Professor an der Göttinger Universität.

Heyne, Therese s. Therese Forster

Huber, Ludwig Ferdinand (1764-1804): Diplomat, Schriftsteller, Bearbeiter von Bühnenwerken. Mit Körner und Schiller in Kontakt. Seit 1790 lebte er in Mainz im Hause Forsters. Er war Legationssekretär in kursächsischen Diensten. 1793 Heirat mit Therese Forster. Später wandte sich Huber mit einem Verriß der Zeitschrift »Athenäum« gegen die Jenaer Frühromantiker.

Hufeland, Gottlieb (1760-1817): Jurist. Mitherausgeber der »Allgemeinen Literatur-Zeitung« in Jena.

Hülsen, August Ludwig (1765-1810): Philosoph und Pädagoge. Eng mit Fichte befreundet.

Humboldt, Wilhelm von (1767-1835): Naturwissenschaftler, Sprachphilosoph, Kunsttheoretiker; preußischer Staatsmann. Caroline wandte sich aus der Gefangenschaft mit der Bitte um Hilfe an ihn. Briefe verschollen.

Iffland, August Wilhelm (1759-1814): Schauspieler und Verfasser von Familienstücken, zeitweilig am Gothaer Hoftheater, später Theaterdirektor in Berlin.

Imhoff, Anna Amalie, verh. Helvig (1776-1831): Hofdame in Weimar, jüngste Schwester von Charlotte von Stein.

Jacobi, Friedrich Heinrich (1743-1819): Schriftsteller und Philosoph; mit Schelling und Caroline in der Münchener Zeit bekannt. Wurde 1804 an die neu zu gründende Akademie in München berufen, deren Präsident er von 1807 bis 1813 war.

Jakobs: Philologe und Schriftsteller in Gotha.

Jean Paul, eigtl. Johann Paul Friedrich Richter (1763-1825): Prosadichter, Ästhetiker und Pädagoge. Caroline lernte ihn im August 1795 in Dresden kennen.

Jerusalem, Charlotte Philippine: Domina im Kreuzkloster bei Braunschweig. Mit Caroline befreundet.

Kalb, Charlotte von (1761-1843): lebte in Weimar, enge freundschaftliche Bindungen zu Schriftstellern, u. a. Schiller und Jean Paul.

Klopstock, Friedrich Gottlieb (1724-1803): Dichter.

Knebel, Karl Ludwig von (1744-1834): Kammerherr in Weimar, Dichter und Übersetzer, Freund Goethes.

Knorring, Karl Gregor Baron von: Sophie Bernhardis zweiter Ehemann.

Köhler: Professor in Würzburg.

Kotzebue, August Friedrich Ferdinand von (1761-1819): erfolgreicher Bühnenschriftsteller. Seit 1802 Herausgeber des Journals »Der Freimütige«, das gegen Goethe und die Romantiker Front machte.

Kraus, Georg Melchior (1737-1806): Maler. Direktor der Zeichenschule in Weimar.

Lafontaine, August (1758-1831): Theologiestudium, Hauslehrer, seit 1800 freier Schriftsteller; er schrieb mehr als 150 Romane.

Langer, Peter: Galeriedirektor in Düsseldorf. Leitete seit 1808 die bayrische Akademie der Künste.

La Roche, Sophie von (1731-1807): Romanschriftstellerin. Großmutter der Geschwister Brentano. Caroline lernte sie 1789 in Marburg kennen.

Lichtenberg, Georg Christoph (1742-1799): Naturwissenschaftler, Schriftsteller, Kunstkritiker. Seit 1769 als Professor für Experimentalphysik in Göttingen. 1778 bis 1799 gab Lichtenberg den »Göttinger Taschenkalender« heraus; 1780 bis 1785 gemeinsam mit Georg Forster das »Göttingische Magazin der Wissenschaften und Literatur«.

Liebeskind, Sophie Dorothea Margarete s. Sophie Dorothea Margarete Forkel

Link, Wilhelm: Jurist. Studierte ab 1777 in Göttingen. Jugendfreund Carolines.

Loder, Justus Christian (1753-1832): Professor für Anatomie in Jena. Mit Caroline befreundet.

Löffler, Josias Friedrich Christian (1752-1816): Theologe in Gotha. Hielt um Carolines Hand an.

Manso, Johann Kaspar Friedrich: Philologe und Lehrer in Gotha, später Gymnasialdirektor in Breslau. Scharfer Kritiker der »Horen«; als Schriftsteller Wieland-Nachahmer.

Marcus, Adalbert Friedrich (1753-1816): Mediziner, Direktor des Bamberger Krankenhauses. Bei ihm hatte Schelling die von dem schottischen Arzt John Brown entwickelte »Brownsche Methode« der Heilbehandlung studiert, mit der er Caroline und Auguste behandelte.

Martens: Mediziner in Leipzig.

Martini, Christoph David Anton: Professor für Kirchengeschichte in Würzburg.

Mehmel, Gottlieb Ernst August: Professor für Philosophie in Erlangen, Herausgeber einer Literaturzeitung.

Mereau, Sophie (1770-1806): Schriftstellerin, Frau des Jenaer Professors und Bibliothekars Mereau; in zweiter Ehe seit 1803 mit dem Dichter Clemens Brentano verheiratet.

Merkel, Garlieb Helwig (1769-1850): Kritiker und Schriftsteller, Gegner Goethes und der Romantiker.

Meyer, Friedrich Ludwig Wilhelm (1759-1840): Bibliothekar, Kritiker, Verfasser von Dramen und Schauspielen; Vielschreiber (allein 10 Bände Theaterstücke). Mit Lichtenberg und Bürger befreundet, von Goethe, Schiller und Herder geschätzt. Seit 1785 in Göttingen. Freund Carolines aus der Göttinger Zeit; zwischen 1789 und 1794 Carolines intensivster Briefpartner.

Michaelis, Charlotte Wilhelmine (Lotte) (1766-1793): Schwester Carolines. Heiratet 1792 den Verlegersohn Dieterich: stirbt siebenundzwanzigjährig bei der Geburt des ersten Kindes.

Michaelis, Christian Friedrich (Fritz) (1754-1814): Halbbruder Carolines aus der ersten Ehe ihres Vaters. Lieblingsbruder Carolines. Studierte in Straßburg Medizin, gehörte der von J. M. R. Lenz geleiteten »Straßburger Societät« an, später Stabsarzt bei den hessischen Truppen, die im britischen Sold in Amerika kämpften. War dann Arzt in Kassel und Marburg, starb im Krieg 1814 bei der Versorgung der preußischen Hospitäler an einer Infektion.

Michaelis, Gottfried Philipp (1768-1811): Bruder Carolines, studierte Medizin, wandte sich, um Caroline aus der Festung Königstein zu befreien, an den preußischen König. Später Arzt in Harburg, starb an der Ruhrepidemie.

Michaelis, Johann David (1717-1791): Carolines Vater. Orientalist und Theologe. Seit 1745 Professor in Göttingen. 1761 bis 1770 Direktor der Göttinger Societät. Publizierte zu Fragen des Alten und des Neuen Testamentes. Auswärtiges Mitglied der Pariser Akademie. Lehnte 1763 das Angebot einer Professur in Berlin durch König Friedrich II. von Preußen ab.

Michaelis, Luise Friederike (1770-1846): Schwester Carolines, heiratet 1796 den Arzt Wiedemann; schrieb später Lebenserinnerungen, die 1929 veröffentlicht wurden.

Michaelis, Luise Philippine Antoinette (1741-1808): Mutter Carolines. Tochter des Göttinger Postmeisters, heiratete 1759 Michaelis; Caroline ist das erste Kind dieser Ehe.

Miller, Johann Martin (1750-1814): Prediger in Ulm, Schriftsteller, Autor des publikumswirksamen Romans »Siegwart. Eine Klostergeschichte«.

Mirabeau, Honoré-Gabriel-Victor Riqueti (1749-1791): französischer Politiker und Schriftsteller; überragende Gestalt der ersten Etappe der Französischen Revolution.

Mounier, Jean Joseph: konservativer emigrierter französischer Politiker, leitete später die Erziehungsanstalt des Herzogs Carl August in Belvedere bei Weimar.

Nahl, Johann August: Maler in Kassel.

Napoleon I. Bonaparte (1769-1821): Kaiser der Franzosen von 1804 bis 1814/15.

Nicolai, Carl August: Sohn des Berliner Verlegers Christoph Friedrich Nicolai; war Verlagsbuchhändler in Berlin und Leipzig.

Nicolai, Christoph Friedrich (1733-1811): Berliner Verleger, Schriftsteller und Literaturpapst der deutschen Aufklärung; sein Haus war ein Zentrum des geistigen Lebens. Er gab u. a. von 1765 bis 1806 das Rezensionsorgan »Allgemeine Deutsche Bibliothek« heraus. Nicolai wandte sich mit zahlreichen polemischen Schriften gegen die neuen literarischen und philosophischen Strömungen.

Niethammer, Friedrich Immanuel (1766-1848): Professor der Philosophie und Theologie in Jena. Gab gemeinsam mit Fichte das »Philosophische Journal« heraus.

Novalis, eigtl. Friedrich Leopold Freiherr von Hardenberg (1772-

1801): Dichter. Hatte in Jena bei Fichte Philosophie studiert, mit Friedrich Schlegel eng befreundet. Seit 1796 am Salineamt in Weißenfels. Öfterer Aufenthalt in Carolines Haus in Jena im Kreis der Frühromantiker. In den Jahren 1798/99 freundschaftliche Bindung an Caroline.

Oken, Lorenz Ockenfuß (1779-1851): Naturforscher und Philosoph, Vertreter einer pantheistisch-romantischen Naturphilosophie.

Paulus, Heinrich Eberhard Gottlob (1761-1851): Professor der Theologie und Orientalistik in Jena. Mit Caroline und A. W. Schlegel befreundet. Ab 1803 Professur in Würzburg zur gleichen Zeit wie Schelling.
Paulus, Karoline (1767-1844): Frau von Heinrich Eberhard Paulus.
Podmanitzky von Azód, *Karl Freiherr von:* ungarischer Magnat, 1802 zu Besuch bei Schelling und Caroline.

Reichard, Amalie: Frau von Heinrich August Ottokar Reichard. Freundin von Therese Forster.
Reichard, Heinrich August Ottokar (1751-1828): Gothaer Bibliothekar. Herausgeber eines Theaterkalenders und des Revolutionsalmanachs. Reichard, den Caroline von Gotha kannte, weilte während ihres Mainzer Aufenthaltes bei Forster zu Besuch.
Reichardt, Johann Friedrich (1752-1814): Komponist und Schriftsteller. Herausgeber, u. a. der in Berlin erscheinenden Zeitschrift »Lyceum der schönen Künste«, deren Mitarbeiter Friedrich Schlegel war.
Richter, Johann Paul Friedrich s. Jean Paul
Ritter, Johann Wilhelm (1776-1810): Physiker in Jena. Freund des romantischen Kreises.
Röschlaub, Andreas (1768-1835): Arzt in Bamberg, Vertreter der Brownschen Methode.
Rosenmüller: Mediziner.
Rumohr, Carl Friedrich von (1785-1843): Kunsthistoriker. Briefpartner Carolines aus der Münchener Zeit, weilte wiederholt in ihrem Haus.

Savigny, Friedrich Karl von (1779-1861): Historiker, preußischer Staatsmann.

Schelling, Beate: Schwester des Philosophen Friedrich Wilhelm Joseph Schelling.

Schelling, Friedrich Wilhelm Joseph (1775-1854): Philosoph. Hauptvertreter der romantischen Naturphilosophie, befreundet mit frühromantischen Dichtern und Theoretikern. Mitbegründer der romantischen Schule. 1798 auf Betreiben Goethes Berufung als Professor nach Jena. Caroline lernt Schelling im Sommer 1798 in Dresden kennen. Seit Oktober 1798 weilt Schelling fast täglich in Carolines Haus. Die Beziehung zu Schelling führt seit 1799 zur Auflösung ihrer Ehe mit A. W. Schlegel; die formale Trennung durch Scheidung erst 1803. Im gleichen Jahr Heirat von Caroline und Schelling; 1803 Berufung nach Würzburg, ab 1807 dann mit Caroline in München.

Schelling, Gottliebin Marie, geb. Cleß (1746-1818): Mutter von Friedrich Wilhelm Joseph Schelling.

Schelling, Joseph Friedrich (1735-1812): Vater von Friedrich Wilhelm Joseph Schelling. Theologe, Orientalist. Diakon in der Stadtkirche in Leonberg, später Prälat des Stiftes in Maulbronn, dann Generalsuperintendent.

Schelling, Karl Eberhard: Bruder von F. W. J. Schelling. Kam 1799 als sechzehnjähriger Student nach Jena, studierte dort von 1799 bis 1801 Medizin, später Arzt in Stuttgart.

Schiller, Charlotte, geb. von Lengefeld (1766-1826): Frau von Friedrich Schiller. Caroline lernte sie 1796 bei ihrer Ankunft in Jena kennen.

Schiller, Friedrich (1759-1805): Caroline und A. W. Schlegel kamen auf seine Einladung hin nach Jena; dort lernte Caroline Schiller im Sommer 1796 persönlich kennen. Durch Friedrich Schlegel kommt es zu einem kritischen und persönlich gespannten Verhältnis, in dessen Folge Schiller A. W. Schlegel die Mitarbeit an seinen »Horen« aufkündigt und auch Caroline beschuldigt. Caroline verhielt sich Schillers Werk gegenüber sehr distanziert.

Schläger (Mutter Schlaeger): Frau von Julius Karl Schläger (1706-1786); Caroline lebte als junges Mädchen zwei Jahre in ihrem Haus, als sie in Gotha eine Schule besuchte.

Schläger, Louise: Tochter.

Schlegel, August Wilhelm (1767-1845): Kritiker, Dichter, Sprachwissenschaftler, Übersetzer; mit seinem Bruder Friedrich führender

Kopf der Jenaer Romantiker. Studium in Göttingen ab 1786, dort lernte ihn Caroline kennen. Von 1791 bis 1795 Hauslehrer in Amsterdam; in brieflicher Verbindung mit Caroline. Die Briefe sind verloren. 1796 heiratet er Caroline. Im gleichen Jahr Ansiedlung in Jena; Mitarbeit an Zeitschriften, Shakespeare-Übersetzungen; 1798 Ernennung zum Professor an der Jenaer Universität. 1798 Gründung einer eigenen Zeitschrift, des »Athenäums«. Nach Carolines Hinwendung zu Schelling ging er 1800 als Privatgelehrter nach Berlin; 1803 Scheidung. Von 1804 bis 1813 Sekretär und Begleiter der französischen Schriftstellerin Madame de Staël; ab 1818 bis zu seinem Tod Professor für indische Philosophie in Bonn.

Schlegel, Charlotte s. Charlotte Ernst

Schlegel, Dorothea (1763-1839): Schriftstellerin. Tochter des Philosophen Moses Mendelssohn (1729-1786), in erster Ehe mit dem Bankier Simon Veit verheiratet, nach der Scheidung im Jahr 1799 heiratete sie 1804 Friedrich Schlegel. Caroline nahm sie in ihr Jenaer Haus auf, anfängliche Freundschaft, später Feindschaft.

Schlegel, Friedrich (1772-1829): Dichter, Ästhetiker, führender Kopf der Romantik. Studium in Göttingen und Leipzig. Caroline lernte er im Herbst 1793 kennen; sie regte ihn geistig außerordentlich an, u. a. zu seinem Aufsatz über Georg Forster, seiner Beschäftigung mit Condorcet und zum Romanfragment »Lucinde«. Freundschaftliche Bindungen bis in die Jenaer Zeit. Caroline nahm Friedrich Schlegel und seine Frau Dorothea in ihr Haus auf. Später weltanschauliche und persönliche Differenzen, die zum Bruch führten.

Schlegel, Ihna (1735-1811): Mutter der Brüder Schlegel.

Schlegel, Johann Adolf (1721-1793): Pfarrer. Vater der Brüder Schlegel.

Schlegel, Karl: Bruder von August Wilhelm und Friedrich Schlegel, lebte in Hannover.

Schleiermacher, Friedrich Ernst Daniel (1768-1834): Theologe und Philosoph. Mit dem Kreis der Jenaer Frühromantiker eng verbunden.

Schlözer, August Ludwig (1735-1809): Historiker und politischer Publizist. Professor in Göttingen. Caroline kannte ihn seit ihrer Kindheit und stand noch später, nach ihrer Zeit in Mainz, mit ihm in Briefwechsel. Die Briefe sind nicht erhalten.

Schlözer, Dorothea, verh. Rodde (1770-1825): Tochter von Schlözer; er unterrichtete sie selbst, sie wurde 1787 mit 17 Jahren im Hause von Carolines Vater von der Göttinger Universität zum ersten weiblichen Dr. phil. ernannt.

Schröter, Corona (1751-1802): Sängerin und Schauspielerin, seit 1776 am Weimarer Theater; lebte zuletzt in Ilmenau.

Schütz, Anna Henriette: Frau von Christian Gottfried Schütz.

Schütz, Christian Gottfried (1747-1832): Professor für Beredsamkeit an der Jenaer Universität. Begründer und Herausgeber der »Allgemeinen Literatur-Zeitung«.

Schütz, Friedrich Karl Julius (geb. 1779): Sohn von Christian Gottfried Schütz.

Seidler, Caroline Luise (1786-1866): Tochter des Universitätsstallmeisters; die später von Goethe geförderte Porträtzeichnerin.

Shakespeare, William (1564-1616).

Sömmering, Samuel Thomas von (1755-1830): Arzt in Mainz, Freund von Forster und Heyne; gab Caroline die »Mitschuld« an Forsters revolutionärem Engagement in Mainz.

Spittlern: Frau von Ludwig Timotheus Spittler.

Staël, Germaine de (1766-1817): französische Schriftstellerin. August Wilhelm Schlegel war nach der Scheidung von Caroline von 1804 bis 1813 als Sekretär, Ideengeber und Reisebegleiter in ihren Diensten. Caroline lernte sie 1808 in München kennen.

Steffens, Henrik (1773-1845): Norweger. Professor für Naturphilosophie, Psychologie und Mineralogie in Halle; kam 1799 nach Jena, nachhaltig von Schellings Naturphilosophie beeindruckt, mit dem Kreis der Romantiker befreundet; später Professor in Berlin.

Stieler, Luise s. Luise Gotter

Stollberg, Friedrich Leopold Graf zu (1750-1819): Lyriker und Übersetzer.

Tatter, Georg Ernst (1757-1805): Hofmeister, Prinzenerzieher, Vertrauter des Herzogs Sussex, später des Herzogs von Cambridge. Lebte zeitweise in Göttingen, mit der Familie Michaelis verbunden. Biographische Fakten wenig bekannt. 1793 als Reisebegleiter in Rom, später in Petersburg, dort starb er. Vermutlich ein sehr enger Freund Carolines; die Beziehungen sind unbekannt, da aller Briefwechsel vernichtet ist. Aus den Briefen von August Wilhelm und Friedrich Schlegel geht hervor, daß bis November 1793 218 Briefe zwischen Caroline und Tatter gewechselt wurden.

Thürheim, Karl Friedrich von: seit 1803 Kurator der Universität Würzburg.

Tieck, Amalie: Frau des Dichters Ludwig Tieck.

Tieck, Christian Friedrich (1776-1851): Bruder des Dichters Ludwig Tieck. Bildhauer, Schüler Schadows. Mit dem Kreis der Romantiker befreundet, gehörte für kurze Zeit zur Tischgesellschaft in Carolines Jenaer Haus.

Tieck, Johann Ludwig (1773-1853): Dichter der Romantik, Übersetzer, Kritiker, Herausgeber. Tieck wohnte auf Einladung Carolines vom Oktober 1799 bis Juni 1800 mit Frau und Kind in Carolines Jenaer Haus. Freundschaftliche und kritische Beziehungen zueinander. Caroline verhielt sich zu seinem 1798 erschienenen Roman »Franz Sternbalds Wanderungen« skeptisch.

Tischbein, Caroline (1783-1842): Tochter von Sophie und Friedrich August Tischbein.

Tischbein, Elisabeth (Betty): Tochter von Sophie und Friedrich August Tischbein.

Tischbein, Friedrich August (1750-1812): Maler, ausschließlich Porträtist. Mit A. W. Schlegel seit seiner Zeit in Holland befreundet; malte Caroline, ebenfalls ihre Tochter Auguste.

Tischbein, Sophie (1762-1840): Frau des Malers Friedrich August Tischbein; war mit ihren Töchtern 1799 mehrere Wochen bei Caroline in Jena zu Gast; nahm auch deren Tochter Auguste in ihr Haus in Dessau auf.

Unger, Johann Friedrich (1753-1804): Drucker und Buchhändler in Berlin.

Unzelmann, Friederike Augustine Konradine (1760-1815): Schauspielerin in Berlin. A. W. Schlegel verehrte sie und widmete ihr Verse.

Veit, Dorothea s. Dorothea Schlegel

Voigt, Christian Gottlob von (1743-1819): Regierungsrat in Weimar; Goethe arbeitete in Amtsangelegenheiten eng mit ihm zusammen.

Voss, Christian Friedrich (1722-1795): Buchhändler und Verleger in Berlin.

Voss, Johann Heinrich (1751-1826): Dichter und Übersetzer, demo-
kratischer Vertreter der Aufklärung.

Vulpius, Christiane (1765-1816): seit 1788 Goethes Lebensgefährtin,
seit 1806 seine Frau.

Wächter, Georg Leonhard, Pseudonym Veit Weber (1762-1837): Historiker, Unterhaltungsschriftsteller. 1792 ging er nach Frankreich
und kämpfte im Revolutionsheer bis zu seiner Verwundung 1793.

Wedekind, Georg Christian (1761-1839): Professor der Medizin.
Mainzer Klubist. Neben Forster der maßgebliche Publizist der
Mainzer Jakobiner.

Werner, Zacharias (1768-1823): Dramatiker und Lyriker; Begründer
der sogenannten Schicksalsdramatik. Caroline hat ihn in München kennengelernt.

Wiedemann, Christian Rudolf Wilhelm: Mediziner, Ehemann von
Carolines Schwester Luise.

Wiedemann, Luise s. Luise Michaelis

Wiedemann, Minna: Tochter von Carolines Schwester Luise.

Wieland, Christoph Martin (1733-1813): Dichter der Aufklärung,
Wegbereiter der Klassik. Caroline lernt ihn Ende 1796 in Weimar
kennen.

Wieveking, Karl Friedrich von: Direktor des Wasser-Brücken- und
Straßenbaus in Bayern. Weilte seit 1784 in Gotha zur topographi-
schen Landaufnahme.

Wolzogen, Karoline von, geb. Lengefeld (1763-1847): Schwester von
Schillers Frau Charlotte, geb. Lengefeld.

Wolzogen, Wilhelm Friedrich Ernst von (1762-1809): Ehemann von
Karoline.

Zentner, Georg Friedrich von: Professor der Rechte, Minister in
München.

Lebensdaten

1763   2. September: Dorothea Caroline Albertine Michaelis wird in Göttingen geboren. Ihr Vater Johann David Michaelis, Orientalist und Theologe, lehrt als Professor an der Göttinger Universität. Die Mutter Luise Philippine Antoinette ist die Tochter des Göttinger Postmeisters. Caroline wächst mit ihrem acht Jahre älteren Halbbruder Fritz und den nach ihr kommenden Geschwistern Lotte, Philipp und Luise auf.

1782   Verlobung mit dem Mediziner Johann Franz Wilhelm Böhmer, seit 1780 Privatdozent in Göttingen.

1784   15. Juni: Hochzeit mit Böhmer. Caroline folgt ihm nach Clausthal im Harz, wo er als »Berg- und Stadt-Medicus« praktiziert.

1785   28. April: Geburt der Tochter Auguste.

1787   23. April: Geburt der Tochter Therese.

1788   4. Februar: Tod von Carolines Ehemann.

      20. Juli: Geburt des Sohnes Wilhelm, er stirbt nach wenigen Wochen.

      Rückkehr in das Elternhaus nach Göttingen.

1789   Sommer: Umzug nach Marburg zum Halbbruder Fritz, der an der Marburger Universität als Mediziner lehrt.

      1. Dezember: Tod der Tochter Therese.

1791   Frühjahr: Reise nach Mainz zur Jugendfreundin Therese Forster.

      Sommer: Umzug von Marburg nach Göttingen.

      22. August: Tod des Vaters.

      Herbst: Reise nach Gotha zur Jugendfreundin Luise Gotter.

1792   Februar: Umzug nach Mainz. Umgang mit der Familie Forster.

1793   30. März: Caroline verläßt Mainz. Gefangennahme und Inhaftierung auf der Festung Königstein. Caroline entdeckt, daß sie schwanger ist.

      11. Juli: Freilassung, August Wilhelm Schlegel bringt sie nach Leipzig. Göschen vermittelt ihr eine Unterkunft in Lucka im Altenburgischen.

      3. November: Geburt des Sohnes Wilhelm.

1794   Anfang Februar: Caroline reist nach Gotha und lebt dort fast ein Jahr bei der Familie Gotter, geht dann nach Braunschweig.

1795	20. April: Tod des Sohnes Wilhelm. Sommer: Besuch August Wilhelm Schlegels, im Spätsommer zieht er nach Braunschweig.
1796	1. Juli: Caroline heiratet August Wilhelm Schlegel.
	8. Juli: Ankunft in Jena.
1798	Mai bis September: Aufenthalt in Dresden.
1799	Der Kreis der Jenaer Frühromantiker versammelt sich in Carolines Haus, Beginn der Liebe zu Schelling.
1800	März: schwere Erkrankung Carolines.
	5. Mai: Abreise mit der Tochter Auguste zur Kur nach Bad Bocklet.
	12. Juli: Tod Augustes in Bocklet.
1801	bis März in Braunschweig, Reise nach Hamburg, im Mai wieder in Jena.
1802	März: Caroline reist nach Berlin, wo August Wilhelm Schlegel eine Professur innehat. Entschluß zur Trennung.
	September: Scheidungsgesuch an den Weimarer Herzog Carl August.
1803	17. Mai: Die Ehe wird geschieden. Caroline verläßt mit Schelling Jena.
	26. Juni: Trauung von Caroline und Schelling durch Schellings Vater in Schwaben.
	September: Reise nach München, Schelling tritt in bayrische Dienste, erhält eine Professur in Würzburg.
	November: Einrichtung in Würzburg.
1805	Durch den Preßburger Frieden vom 26.12. wird Würzburg aus Bayern herausgelöst, Schelling leistet den neuen Diensteid nicht, verläßt Würzburg, geht nach München.
1806	Caroline bleibt, löst die Wohnung auf, Pfingstsonntag kommt sie in München an.
	Juli: Schelling wird zum Mitglied der Bayrischen Akademie der Künste ernannt.
1808	Februar: Tod von Carolines Mutter.
	Schelling wird zum Generalsekretär der neugegründeten Akademie der Bildenden Künste ernannt. Krankheit Schellings.
1809	18. August: Reise durch Kriegswirren zu Schellings Eltern nach Maulbronn.

Anfang September: dreitägige Fußwanderung von Caroline und Schelling. Nach der Rückkehr Erkrankung an der Ruhr. 7. September: Tod von Caroline. 9. September: Beisetzung hinter der Klosterkirche zu Maulbronn.

Zu dieser Ausgabe

Eine umfassende historisch-kritische Gesamtausgabe der Briefe Caroline Schlegel-Schellings steht noch immer aus.

Carolines Briefe wurden erstmals 1871, über sechzig Jahre nach ihrem Tod, herausgegeben. Der Historiker Georg Waitz, der Schwiegersohn Schellings, veröffentlicht in zwei Bänden nach über zwanzigjähriger Sammlertätigkeit die Dokumente.

Aus politischen Motiven und aus Gründen der Familienpietät verfuhr er – bei seiner insgesamt verdienstvollen und mühseligen Arbeit – kürzend. Er ließ vor allem Briefe weg, die die Mainzer Periode betrafen, und Briefe, die die seelische Konfliktsituation bei der Trennung von August Wilhelm Schlegel und der Hinwendung zu Friedrich Wilhelm Joseph Schelling schildern. 1882 veröffentlichte Waitz als Ergänzung zu seiner Ausgabe inzwischen noch aufgefundene Briefe und Urteile anderer über Caroline.

Auf der Ausgabe von Waitz fußend, brachte Erich Schmidt 1913 eine vollständig neue zweibändige Ausgabe heraus. Die Ausgabe von Schmidt ist bis heute die umfassendste wissenschaftliche Ausgabe.

Unserer Ausgabe liegt der Text dieser im Insel-Verlag erschienenen Ausgabe unverändert zugrunde: Erich Schmidt (Hrsg.): Caroline. Briefe aus der Frühromantik. Nach Georg Waitz vermehrt herausgegeben. 2 Bde. Leipzig 1913.

Von den vorhandenen Briefen (über vierhundert) haben wir dreiundsiebzig Briefe sowie einige Dokumente und zwei Briefe an Caroline ausgewählt.

Hinzufügungen, erschlossene Angaben zur Datierung, Bemerkungen zum Zustand des Manuskripts stehen in eckigen Klammern. Auszüge aus dem bei Erich Schmidt übermittelten Text sind gekennzeichnet.

Fremdsprachliche Ausdrücke, die im Fraktursatz der Schmidt-Ausgabe nach zeitüblicher typographischer Konvention in Antiqua gesetzt sind, wurden nicht ausgezeichnet. Alle anderen Texthervorhebungen Carolines erscheinen hier einheitlich kursiv.

Der Essay »Begegnung mit Caroline« erschien erstmals 1979 im Verlag Philipp Reclam jun., Leipzig. Er wurde von Sigrid Damm für die vorliegende Ausgabe überarbeitet.

Literatur (in Auswahl)

Texte

Caroline. Briefe an ihre Geschwister, ihre Tochter Auguste, die Familie Gotter, F. L. W. Meyer, A. W. und Fr. Schlegel, J. J. Schelling u. a. nebst Briefen von A. W. und Fr. Schlegel. Hrsg. von Georg Waitz. 2 Bde. Leipzig 1871. Caroline. Briefe aus der Frühromantik. Nach Georg Waitz vermehrt herausgegeben von Erich Schmidt. 2 Bde. Leipzig 1913.

Carolines Leben in ihren Briefen. Hrsg. von Reinhard Buchwald. Eingel. von Ricarda Huch. Leipzig 1923.

Georg Forster nach seinen Originalbriefen. Hrsg. von Paul Zincke. 2 Bde. Dortmund 1915.

Georg Forster, Tagebücher. Bearb. von Brigitte Leuschner. Berlin 1973.

Georg Forster, Werke in vier Bänden. Hrsg. von Gerhard Steiner. Leipzig o. J.

Novalis-Briefwechsel mit Friedrich und August Wilhelm, Charlotte und Caroline Schlegel. Hrsg. von J. M. Raich. Mainz 1880.

Aus Schellings Leben. In Briefen. Hrsg. von G. L. Pitt. 3 Bde. Leipzig 1869 f.

Friedrich Schlegels Briefe an seinen Bruder August Wilhelm. Hrsg. von Oskar F. Walzel. Berlin 1890.

August Wilhelm Schlegel, Kritische Schriften. 2 Bde. Berlin 1828.

Caroline und Dorothea Schlegel in Briefen. Hrsg. von Ernst Wieneke. Weimar 1914.

Briefe von Dorothea und Friedrich Schlegel an die Familie Paulus. Hrsg. von Rudolf Unger. Berlin 1913.

Krisenjahre der Frühromantik. Briefe aus dem Schlegel-Kreis. Hrsg. von Josef Körner. Bern 1969.

Literatur über Caroline

Gertrud Bäumer, Caroline. In: Gestalt und Wandel. Berlin 1939.

Ludwig Geiger, Dichter und Frauen. Berlin 1899.

Ricarda Huch, Die Romantik. Blütezeit, Ausbreitung und Verfall. Tübingen 1951.

Karl Jaspers, Schelling. Größe und Verhängnis. München 1955.

Eckart Kleßmann, Caroline. Das Leben der Caroline Michaelis-Böhmer-Schlegel-Schelling 1763-1809. München 1975.

Brigitte Roßbeck, Zum Trotz glücklich. Caroline Schlegel-Schelling und die romantische Lebenskunst. München 2008.

Brigitte Struzyk, Caroline unterm Freiheitsbaum. Berlin und Weimar 1988.

Luise Wiedemann, Erinnerungen. Göttingen 1929.

Alfred Wien, Caroline. In: Liebeszauber der Romantik. Berlin 1920.

Anonym, Die Mainzer Klubbisten zu Königstein oder Die Weiber decken einander die Schanden auf. Ein Tragi-komisches Schauspiel in einem Aufzug. Leipzig 1907 (Nachdruck der Ausgabe von 1793).

Sigrid Damm
im Insel und im Suhrkamp Verlag

Atemzüge. Essays. it 2585. 299 Seiten

Christiane und Goethe. Eine Recherche. Mit 10 Abbildungen. Gebunden und it 2800. 544 Seiten

Cornelia Goethe. 255 Seiten. Gebunden. it 1452. 260 Seiten

Das Leben des Friedrich Schiller. Eine Wanderung. 504 Seiten. Gebunden. it 2332. 556 Seiten. it 3409. 570 Seiten

Diese Einsamkeit ohne Überfluß. Gebunden und st 3175. 215 Seiten

Goethes letzte Reise. 365 Seiten. Gebunden. it 3300. 380 Seiten

Ich bin nicht Ottilie. Roman. 383 Seiten. Gebunden. st 2999. 392 Seiten

Vögel, die verkünden Land. Das Leben des Jakob Michael Reinhold Lenz. 452 Seiten. Gebunden. it 1399. 430 Seiten

Sigrid Damm als Herausgeberin

»Behalte mich ja lieb!« Christianes und Goethes Ehebriefe. Auswahl und Nachwort von Sigrid Damm. IB 1190. 115 Seiten it 2450. 170 Seiten

Christiane Goethe. Tagebuch 1816 und Briefe. it 2561. 496 Seiten

Jakob Michael Reinhold Lenz. Werke und Briefe in drei Bänden. it 3159. 2750 Seiten

Romantische Märchen. Auswahl und Nachwort von Sigrid Damm. Mit farbigen Abbildungen. it 2829. 265 Seiten

Friedrich Schiller. Die seligen Augenblicke. Gedichte ausgewählt von Sigrid Damm. IB 1263. 97 Seiten

Caroline Schlegel-Schelling. Die Kunst zu leben. Mit einem Essay von Sigrid Damm. it 3160. 520 Seiten

Die schönsten Liebesgedichte. it 1872. 175 Seiten

Sigrid Damm im Hörbuch

Sigrid Damm liest. Ein Hörbuch. Fünf CDs in Kassette. Eine Koproduktion des Hessischen Rundfunks und des Insel Verlags. Inhalt: Vögel, die verkünden Land. Das Leben des Jakob Michael Reinhold Lenz. Cornelia Goethe. Ich bin nicht Ottilie. Diese Einsamkeit ohne Überfluß. Christiane und Goethe. Tage- und Nächtebücher aus Lappland. Das Leben des Friedrich Schiller